〔德〕卡尔·冯·克劳塞维茨 著

陈川 译

ON WAR

战争论

2

CARL VON CLAUSEWITZ

民主与建设出版社
·北京·

Carl von Clausewitz

HINTERLASSENE WERKE ÜBER KRIEG UND KRIEGFÜHRUNG

Zweiter Band

Vom Kriege

Zweiter Teil

Erste Auflage

Ferd. Dümmler's Verlagsbuchhandlung, Berlin, 1833

本卷据费迪南德·迪姆勒出版社1833年版译出

CONTENTS

★ 第五篇 ★
军队

第一章	概要	/ 002
第二章	战区、军团、战局	/ 003
第三章	兵力对比	/ 006
第四章	各兵种的比例	/ 010
第五章	部队的战斗序列	/ 019
第六章	部队的一般部署	/ 025
第七章	前卫部队和前哨部队	/ 031
第八章	前出部队的行动方式	/ 039
第九章	野营	/ 043
第十章	行军	/ 046
第十一章	行军（续一）	/ 053
第十二章	行军（续二）	/ 057
第十三章	舍营	/ 061
第十四章	给养	/ 067

第十五章	行动基地	/ 081
第十六章	交通线	/ 085
第十七章	地形和地貌	/ 089
第十八章	制高	/ 093

★ 第六篇 ★
防御

第一章	进攻和防御	/ 098
第二章	进攻和防御在战术上的关系	/ 102
第三章	进攻和防御在战略上的关系	/ 105
第四章	进攻的向心性和防御的离心性	/ 109
第五章	战略防御的特点	/ 113
第六章	防御手段的范畴	/ 115
第七章	进攻和防御的相互作用	/ 121
第八章	抵抗的方式	/ 123
第九章	防御会战	/ 137
第十章	要塞	/ 141
第十一章	要塞（续）	/ 150
第十二章	防御阵地	/ 156

第十三章	坚固阵地和设防营垒	/ 161
第十四章	翼侧阵地	/ 168
第十五章	山地防御	/ 171
第十六章	山地防御（续一）	/ 178
第十七章	山地防御（续二）	/ 186
第十八章	江河防御	/ 191
第十九章	江河防御（续）	/ 205
第二十章		/ 208
	一、沼泽地防御	/ 208
	二、泛滥地防御	/ 210
第二十一章	林地防御	/ 214
第二十二章	哨所线	/ 216
第二十三章	国土的锁钥	/ 220
第二十四章	翼侧行动	/ 225
第二十五章	向本国腹地退却	/ 236
第二十六章	民众武装	/ 248
第二十七章	战区防御	/ 254
第二十八章	战区防御（续一）	/ 258
第二十九章	战区防御（续二）——逐步抵抗	/ 271
第三十章	战区防御（续三）——不求决战的战区防御	/ 274

第五篇
军队

★ 第一章 ★
概要

我们将从以下四个方面考察军队：

1. 军队的兵力和编成。
2. 军队在战斗以外的状态。
3. 军队的给养。
4. 军队与地形、地貌的总的关系。

也就是说，本篇要研究的只是军队的可被视为**战斗的必要条件**的几个方面，而不是战斗本身。它们与战斗或多或少有密切的联系和相互作用，因此我们在谈到战斗的运用时还要常常提到它们。但是在谈到它们的本质和特点时，我们必须把每个方面都作为一个整体来加以考察。

★ 第二章 ★

战区、军团、战局

要对这三个表示战争中的空间、数量和时间的不同事物下一个精确的定义，实际上是不可能的，但是我们必须努力使这些在大多数场合惯用的术语更明确些，以免有时引起完全错误的理解。

一、战区

人们对战区实际上理解为四面有保护，从而具有一定独立性的整个战争空间的一部分。这种保护可以是要塞或大的地形障碍，也可以是该部分距战争空间的其余部分明显较远。这样的一个部分不是整体的一个简单的组成部分，而是它本身就是一个小的整体，因此多少会出现这样的情况：在其余战场空间发生的变化对这一部分没有直接影响，而只有间接影响。如果人们想要在这里找出一个明确的标志，那么这个标志只可能是：在一个空间里，部队在前进，而在另一个空间里，部队可能在后退；在一个空间里，部队在防御，而在另一个空间里，部队可能在进攻。我们并不是到处都能进行这种区分，做这种区分只是为了指出各战区本来的行动重点。

二、军团

借助战区这个概念，我们很容易说明什么是军团：所谓军团就是在同一战区内的战斗人员。不过这显然没有包括我们使用这个术语的全部含义。1815年，布吕歇尔和威灵顿[1]虽然在同一个战区，但是他们统率的却是两个军团[2]。因此拥有一位最高指挥官是军团这一概念的另一个标志。其间，这个标志与上述军团的定义有很大的共同点，因为在同一个战区只应有一位最高指挥官，这才是组织得当的表现，而且一个专门战区的指挥官一定要有适度的独立性。

然而仅是部队的绝对人数并不像人们一眼看上去以为的那样可以决定是否使用军团这一名称。在同一个战区内和在共同的最高指挥官指挥下行动的数个军团，之所以用军团这个名称，并不是因为它们的兵力，而是因为它们保留了过去的名称（例如1813年的西里西亚军团和北方军团[3]）。此外，人们虽然可以将确定留在一个战区内的大部队分为数个军，但决不能将其分为不同的军团，否则至少是不符合军团这个看上去切合实际的惯用术语的含义。另一方面，假如把每一个在遥远地区单独行动的分遣队都叫作军团，固然是书呆子式的做法，但是我们不得不注意到，当人们把法国革命[4]战争时期旺代人的部队[5]称为军团时，尽

---

[1] 威灵顿（Arthur Wellesley Wellington, 1769—1852），公爵，英军统帅和政治家。曾任英军总司令、英国外交大臣和首相。1813年曾在西班牙的维多利亚打败法军，1815年在滑铁卢会战中与普鲁士的布吕歇尔共同击败拿破仑。——译者注

[2] 1815年3月，英、俄、普、奥等国结成第七次反法联盟。联军从比利时、中莱茵、下莱茵以及意大利等方向进攻法国。其中威灵顿指挥的英国军团和布吕歇尔指挥的普鲁士军团均部署在比利时南部地区，后在滑铁卢会战中共同击败拿破仑。——译者注

[3] 在1813年秋季战局中，第六次反法联盟的联军分为三个军团：主力军团，也称波希米亚军团，由联军总司令、奥地利元帅施瓦岑贝格兼任司令，部署在波希米亚；北方军团，由瑞典王储贝纳多特任司令，部署在柏林附近；西里西亚军团，由普鲁士新晋元帅布吕歇尔任司令，部署在西里西亚。1814年联军转入法国境内作战时，仍保留了这些军团的名称。——译者注

[4] 指1789年开始的法国革命（对法国革命结束时间有多种说法，一种观点认为是1794年7月雅各宾派统治的结束，另有观点认为是1799年雾月政变）。这次革命摧毁了法国封建专制制度，促进了法国资本主义的发展，也震撼了欧洲封建体系。——译者注

[5] 法国革命战争期间，中央政府与西部保王派势力于1793—1796年进行了旺代战争。法国革命后，旺代（Vendée，法国西部的一个省，濒临大西洋）民众起初拥护革命的原则，但对外战争的惨烈、对王族的残杀，以及宗教迫害令不少民众难以接受，尤其在旺代这样一个日常生活与宗教密不可分的地区。1793年3月，法国革命后的第四年，共和政府在旺代征召青年赴边疆打仗，成了旺代战争的导火索。博卡什、莫日和布列塔尼沼泽地区的民众发起大规模暴动，一度蔓延到邻近的下卢瓦尔、马恩-卢瓦尔等省，并与里昂、马赛等地的暴动相呼应，对中央政府构成严重威胁。中央政府派军队镇压。战争持续三年，直到1796年3月，天主教保王派军队的首领之一沙雷特被处决。此后小规模暴动仍持续多年，直至1800年才基本被镇压下去。——译者注

管他们的人数并不多，却没有任何人对此感到奇怪。因此军团和战区这两个概念通常是互有联系、互为补充的。

三、战局

尽管人们往往不假思索地把一年中所有战区内发生的军事活动叫作战局，但是更普遍和更确切的是将战局理解为一个战区内发生的军事活动。而如果人们简单地以一年为界限来确定战局，就更不妥当了，因为战争已经不再因为部队进驻固定和长时间的越冬营地而自然分成若干年度的战局了。由于一个战区内的军事活动自然地分为若干较大的阶段，因此，如果一方或大或小的失利产生的直接影响消失，即将开始新的冲突，那么就必须一并考虑这些自然形成的阶段，以便把属于某一年（战局）的全部军事活动都划归这个年度。任何人都不会因为俄、法两军1813年1月1日在梅梅尔河[1]畔，而认为1812年战局是在该河畔结束的，也不会把法军此后继续退过易北河划归1813年战局，因为这一退却显然只是自莫斯科[2]开始的整个退却的一部分[3]。

以上这几个概念即使确定得不十分准确，也根本不会带来什么害处，因为它们不像哲学定义那样可以作为其他定义的某种依据。确定这些概念，只是为了使我们的用语更加清晰和明确。

---

[1] 梅梅尔河（die Memel），即涅曼河，在今白俄罗斯和立陶宛境内，长937公里。——译者注
[2] 莫斯科（Moskau），今俄罗斯首都，历史上曾是莫斯科公国和俄国首都，位于俄罗斯平原中部。——译者注
[3] 1812年10月19日，拿破仑率法军开始从莫斯科退却，12月底退至涅曼河畔，1813年1月渡过维斯拉河，3月退至易北河西岸，至此1812年战局才全部结束。——译者注

★ 第三章 ★

兵力对比

我们在第三篇第八章中已经说过数量优势在战斗中的价值，以及总的占有优势在战略上的价值。人们从中已经可以看出兵力对比的重要性。对这个问题，我们在这里还要再做一些考察。

如果我们不抱任何偏见地研究现代战史，那么就必须承认数量优势越来越起到决定性的作用，因此现在必须把"在决战中尽可能多地投入兵力"这一原则提到比过去更重要的位置。

军队的勇气和精神力量在以往的各个时期都曾使军队的物质力量倍增，今后仍将是这样。但是在历史上也有些时期，在军队组织和装备上的巨大优势造就了士气上的显著优势；还有些时期，在军队机动性方面的巨大优势造就了士气上的显著优势；此后新出现的战术体系造就了士气上的显著优势。然后军事艺术陷于追求巧妙地、按照大而全的原则利用地形[1]，而且有的统帅在这方面不时能够从其他统帅那里争得大的好处，但是这种追求本身已经过时，不得不让位于更自然

---

[1] 18世纪下半期英国军事理论家劳埃德的学说就是一个例子。劳埃德认为：统帅如果熟悉地形，即使使用一支小的军队也可以与超过自己几倍兵力的军队作战；熟悉地形就像学会几何学一样，可以准确地计算作战活动，而且往往不通过战斗就可以解决战争；任何作战如果不与地形条件相适应，就是毫无意义的和可笑的；地形是一本伟大的、独一无二的兵书，无论何人，如果他不会读这本书，那他充其量只能是一名勇敢的士兵，而不可能成为将军。普鲁士的格拉韦特和马森巴赫在自己的著作中也曾着重论述过这些观点。作者曾批评他们的这些观点。——译者注

的和更简单的行动方法。如果我们不先入为主地考察最近几次战争的经验，那么就应承认，在这几次战争中，无论是在整个战局，还是在决定性的战斗中，特别是在主力会战中，上述这些现象已经很少见了。关于这一点，读者可以参阅前一篇的第二章。

如今各国军队在武器、装备和训练方面都已经很接近，以至最好的和最差的军队之间在这些方面已经没有什么明显的差别了。当然在科学水平方面可能还有显著的差别，但这种差别大多只是造成一国在更好地组织军队方面是发明者和领先者，而另一些国家则是紧随其后的模仿者。甚至像级别较低的统帅，例如军、师一级的指挥官，在军事活动中也都抱持相当雷同的见解，采用大致相同的方法，以至除了最高统帅的才干（统帅的才干很难与国民和军队的教育程度形成固定的关系，其水平高低完全是偶然的），只有一国军队的实战经验还能造成显著的优势。交战双方在上述各方面越是处于均势，兵力对比就越起到决定性的作用。

现代会战的特点就是上述均势的结果。人们只需客观地读一读博罗季诺会战史，就能了解这一点。在这次会战中，举世无双的法国军队与在组织、训练等方面远落后于它的俄国军队进行较量。在整个会战中，双方没有表现出任何高超的技巧或计谋。这是双方的一次单纯的力量较量。由于双方力量几乎相等[1]，结果无非是胜利的天平缓缓倾向于指挥官毅力更大和军队实战经验更多的一方。我们之所以选择此次会战作为例子，是因为双方在这次会战中的兵力几乎相同，而在其他会战中很少有这种情况。

我们并不是说所有的会战都是这样，但是大多数会战基本上是这样的。

在一次会战中，如果双方缓慢而有条不紊地进行较量，那么兵力多的一方获胜的把握肯定要大得多。事实上，要想在现代战史中找到一场战胜兵力多一倍的对手的会战是徒劳的，但在过去更常见一些。拿破仑这位近代最杰出的统帅，除1813年德累斯顿会战[2]以外，在历次获胜的主力会战中，他总是集中优

---

[1] 在这场会战中，俄军投入12.2万人，法军投入12.4万人。——译者注

[2] 1813年8月26—27日，拿破仑在德累斯顿（Dresden，今德国萨克森州首府）附近率领12万法军，与施瓦岑贝格所率22万联军展开会战并获胜（联军伤亡3万人，2万人被俘；法军伤亡约1万人，此前投靠反法联盟的原法军将领莫罗在此次会战中阵亡），但由于法军旺达姆将军在库尔姆会战中失利，拿破仑并未实现围歼联军的意图。——译者注

势兵力，或者是使自己的兵力至少不明显少于敌人。每当他做不到这一点时，例如在莱比锡会战、布里昂会战、拉昂会战[1]和"美好姻缘"会战中，他就会失败[2]。

不过兵力的绝对数量在战略上大多是一个既定数，是统帅无法再改变的。我们考察的结果并不是说以一支兵力显著少于敌人的军队就不能进行战争了。战争并不总是由政治随意做出的决定，在力量悬殊的情况下，战争是很少出现的，因此在战争中任何兵力对比都是可能出现的。一个战争理论如果在最需要它的时候却不能起作用，那它就是一个奇怪的战争理论。

因此，不管理论是多么希望兵力适当，当它面对最不适当的兵力时，也不能说不允许有这样的兵力运用。在这里是无法确定兵力界限的。

兵力越少，预设的战争目的就应该越小。此外，兵力越少，战争持续的时间也应越短。因此，兵力较小的一方在战争目的和持续时间这两方面是有回旋余地的（如果我们可以这样表述的话）。在作战时，兵力的大小到底会引起哪些变化，我们只能在以后遇到此类问题时再逐步说明，在这里只要说明总的观点就够了。但是为了使这个总的观点更为完整，我们还是想做以下一点补充。

被卷入一场力量失衡的战争中的一方越是缺乏兵力，其在危险挤压下出现的内心紧张，就越要更多地成为其斗争的能量。如果情况相反，这一方没有表现出视死如归的英雄气概，而是丧失了勇气，那么任何军事艺术都是无济于事的。

如果能把确定目的时的明智和节制与军队的这种努力结合起来，那么就会出现既有辉煌打击又有谨慎节制的行动。这就是我们不得不钦佩弗里德里希大帝在几次战争中的表现的地方。

但是节制和谨慎所能起的作用越小，紧张和努力就必然越重要。如果兵力对比悬殊，无论怎样限定自己的目的也不能保证免于毁灭，或者危险可能持续很长时间，以致即使最节制地使用兵力也不能达到目的，那么就应该把力量尽量集中

---

[1] 1814年3月初，拿破仑将布吕歇尔赶过埃纳河，布吕歇尔退守拉昂（Laon，今法国埃纳省首府，西南距巴黎130公里）。9日傍晚，法军马尔蒙部在拉昂附近击败普军约克部，但在夜间受到约克袭击后败退。——译者注
[2] 拿破仑在德累斯顿会战中以12万人对联军22万人，结果获胜。但在莱比锡会战中以16万对联军28万，在布里昂会战中以4万对13万，在拉昂会战中以5万对12万，在滑铁卢会战中以13万对22万，均以失败告终。——译者注

到一次殊死的战斗中去。一个陷入绝境的人，当他几乎不可能获得任何援助时，就会把他全部和最后的希望寄托在士气的优势上，因为士气优势可以使每个勇敢的人奋不顾身。他会把无比的英勇看作最高的智慧，在必要时还会求助于冒险的诡诈。即使这些努力都不能奏效，在光荣的毁灭中仍有望在未来获得重生。

★ 第四章 ★

各兵种的比例

我们只谈三个主要兵种：步兵、骑兵和炮兵。

我们在下面所做的分析基本上属于战术范畴。这要请大家原谅，因为要使我们的思想更加明确，就有必要做这样的分析。

战斗是由两个根本不同的部分组成的：毁灭性的火力战和白刃战（或单兵战斗）。后者有可能是进攻，也有可能是防御（进攻和防御在这里作为两个要素被提出来，应该将其理解为完全绝对的进攻和防御）。炮兵显然只通过火力的毁灭性发挥作用，骑兵只通过单个战斗发挥作用，步兵则通过上述两个途径发挥作用。

在进行单兵战斗时，防御的实质是像树扎根一样固守，进攻的实质则是运动。骑兵完全没有前一种特性，但完全具备后一种特性，因此骑兵只适用于进攻；步兵尤其具备固守的特性，但也不是完全没有运动的能力。

从不同兵种所具备的基本战斗性能中可以看出，步兵比其他两个兵种更占优势，而且更全面，因为步兵是唯一具备三种基本战斗性能[1]的兵种。而且还可以清楚地看出，三个兵种结合起来，在战争中可以更充分地发挥力量，因为人们通过各兵种的结合，可以根据需要来加强步兵所固有的战斗特性。

---

[1] 指火力战、固守和运动。——译者注

在现代战争中，火力的毁灭性原则显然起着重大的作用，但是除此以外，同样明显的是应该把一对一的单兵战斗看作构成战斗的真正的独立的基础。因此在战争中，如果整个部队仅仅由炮兵组成，是不可思议的；一支仅仅由骑兵组成的部队虽然是可以想象的，但是它的作战力量很小；而仅仅由步兵组成一支部队，不仅是可以想象的，而且其作战力量也较前两种可能性的力量强得多。因此，就单独作战的能力来说，三个兵种的次序应该是步兵、骑兵、炮兵。

然而当一个兵种与另外两个兵种结合使用的时候，每个兵种的重要性的次序就不是这样了。由于火力比运动起的作用更大，因此一支部队如果完全没有炮兵，其受到的削弱会大于一支完全没有骑兵的部队。

一支仅由步兵和炮兵组成的部队与一支由三个兵种组成的部队作战，虽然会处于不利的地位，但是如果有相应数量的步兵代替缺少的骑兵，并在战法上稍做改变，就仍然可以完成自己的战术任务。当然（由于缺少骑兵），它在前哨勤务方面会有相当多的困难，也永远不能畅快地追击溃败的敌人，而且退却时也会更为艰难，但是这些困难本身还不至于使这支部队完全退出战场。相反，这样一支部队在与只由步兵和骑兵组成的部队作战时，能表现得很好。而后者要抵抗住三个兵种组成的部队是难以想象的。

上面关于每个兵种的重要性的考察，不言而喻，是从所有战争案例中彼此相似的一般情况中抽象出来的，因此不能把这个真理运用于各个战斗的每一个具体情况。一个担任前哨或正在退却的步兵营，也许宁愿配给它一个骑兵连，也不愿带着数门火炮行进；在迅速追击或迂回正在溃逃的敌人时，骑兵和骑炮兵[1]可以完全不需要步兵，等等。

如果我们把这些考察的结果概括起来，那就是：

1. 步兵是各兵种中独立作战能力最强的兵种。
2. 炮兵是完全没有独立作战能力的兵种。
3. 几个兵种结合作战时，步兵是最重要的兵种。

---

[1] 骑炮兵是一种骑兵与炮兵相结合的兵种。为了使炮兵与骑兵的推进速度相适应，18世纪中叶，普鲁士国王弗里德里希二世让其一部分炮兵连的炮手骑马，从而建立了骑炮兵这样一个新兵种。骑炮兵主要用于支援骑兵，就像步炮兵支援步兵一样。这一新兵种兼具骑兵的速度和炮兵的火力，具有强大战斗力，因此后来被英、法、奥等很多国家效仿。在奥地利军队中，骑炮兵不是乘马，而是乘坐特制的车辆。——译者注

4. 缺少骑兵的影响最小。

5. 三个兵种结合，能够发挥最大的威力。

既然三个兵种结合能够发挥最大的威力，那么人们自然要问，什么样的比例才是绝对最佳的呢？然而对这个问题几乎是无法回答的。

如果能够比较一下建立和维持每个兵种所要消耗的各种力量，然后再比较一下每个兵种在战争中发挥的作用，那么也许可以得出一个表示各兵种最佳比例的完全抽象的结论。然而这不过是个概念游戏。这个比例的第一项就很难确定。虽然其中的一个因素，即财力消耗是不难算出的，但是另一个因素，即人的生命的价值却是谁也无法用数字来表示的。

此外，三个兵种中的每一个兵种都是以国家的其他力量为基础的，例如步兵是以人口数量为基础的，骑兵是以马匹数量为基础的，炮兵是以现有财力为基础的。这种情况给确定各兵种比例带来了陌生因素。人们只要概略地看看不同民族和不同时期的历史，就可以清楚地看到这些因素能起主要的作用。

由于种种原因，我们不能完全没有可用于比较的标准，因此我们不得不用可计算的一个因素，即所需费用来整个代替这个比例的第一项。在这方面，一般来说，人们可以相当精确地指出：根据一般经验，一个有150匹战马的骑兵连，一个800人的步兵营和一个有8门6磅火炮[1]的炮兵连，其装备费和维持费差不多是一样的。

至于各兵种比例的另一项，即每个兵种的作用比另一个兵种的作用大多少，就更难得出准确的数值了。如果这个数值仅仅是由火力决定的，那么也许还有可能把它求出来，但是每个兵种都有自己专门的使命，因此都有各自的活动范围，而且它们的活动范围也不是那么固定的，而是可大可小的，而且活动范围的大小所能引起的仅仅是战法的某些形式上的变化，并不会带来什么严重的不利之处。

人们也许常常谈到经验在这方面提供的根据，认为从战史中可以找到足够的根据来确定各兵种的比例。但是任何人都不能不承认，这只是一种空谈，因为它不是以事物的本质和必然性为依据的，因此在研究性的考察中可以不去考虑它。

---

[1] 在滑膛炮时期和使用线膛炮的初期，欧洲各国火炮的大小是以炮弹的重量区分的，使用6磅炮弹的火炮称6磅炮。——译者注

即使现在能够为各兵种最恰当的比例设想出一个肯定的数值，这个数值也是一个无法求出的X，因此这样做只不过是概念游戏而已。尽管如此，我们还是可以说明，当同一个兵种在数量上较对方占很大优势时，或处于很大劣势时，将会产生什么样的影响。

炮兵可以增强火力，是各兵种中最可怕的兵种。部队如果缺乏它，就会显著地削弱自己的威力。从另一方面来看，它又是最不便于运动的兵种，会使部队变得不灵活。此外，炮兵因为不能进行单个战斗，所以经常需要部队保护。如果炮兵过多，导致配属的用于保护它的部队无法处处抗击敌军的进攻，炮兵往往就会落入敌人之手，从而带来一个新的不利（三个兵种中唯有炮兵有这种不利）：炮兵的主要装备——火炮和弹药车可能很快被敌人用来**对付我们**。

骑兵可以提高部队的运动能力。如果骑兵过少，一切行动就会变慢（徒步），对各种行动就必须更为谨慎地加以组织，从而使战争要素的燃烧速度变慢。这样，胜利的丰硕果实就不能用大镰刀，而只能用小镰刀来收割了。

骑兵过多，固然不能被视为对部队的直接削弱，也不能被视为部队的内部比例失调，但是会增加部队在给养方面的困难，从而使部队受到间接的削弱。要知道，少用1万名过多的骑兵，就可以多用5万名步兵。

因某个兵种过多而产生的上述特点，对狭义的军事艺术来说尤为重要，因为狭义的军事艺术就是教导如何运用**现有**军队的学问。而且将现有的军队交给一个统帅指挥时，通常各兵种的比例是既定的，统帅个人在这方面无法再发挥多大作用。

因此，如果我们要研究因某个兵种比例过多而使作战特点发生的变化，那么这种变化就是：

炮兵过多必然导致作战带有更多的防御性和被动性。在这种情况下，必须更多地利用坚固的阵地和大的地段，甚至是山地阵地，以便让地形障碍来防卫和保护大量炮兵，让敌军前来自取灭亡。整个战争将以生硬而又拘谨的小舞步进行。

相反，在炮兵不足时，我们将主要遵循进攻的、积极的和运动的原则。行军和吃苦耐劳成为我们特殊的武器。于是战争变得更多样、更活跃、更曲折，大的军事行动化为很多小的军事行动。

在骑兵特别多的情况下，我们将寻找广阔的平原并乐于采取**大规模**的运动。我们可以与敌人保持较远的距离，使自己得到较长时间和较为舒适的休息，而不让敌人有这样的条件。由于我们拥有空间，因此敢于进行比较大胆的迂回和比较冒险的运动。只要牵制性进攻和奔袭还是有用的辅助手段，我们就能够很容易地运用它们。

如果骑兵严重缺乏，则会像炮兵过多那样削弱部队的运动能力，但不会像炮兵过多时能增强部队的火力。在这种情况下，小心和慎重就成了战争的主要特点：应始终接近敌人，以便可以一直监视敌人；避免做快速的，尤其是紧急的运动；处处以集中的兵力缓慢推进；偏重防御和选择复杂的地形，必须进攻时就直捣敌军的重心。上述这些都是在这种情况下的自然倾向。

以某一兵种为主的作战样式所形成的上述不同的变化很少会变得全面和彻底，因此人们无法仅凭这些变化或以这些变化为主即决定整个行动的方向。采取战略进攻还是防御，在这个战区还是在那个战区，进行主力会战还是采取其他作战手段，这些也许应取决于其他更重要的条件。如果人们认为不是这样，那么至少应该非常担心自己可能把次要问题当成主要问题。即便是这样，如果主要问题已经出于其他原因而定下来了，数量占优的兵种仍会有产生影响的一定空间，因为在战争的各个阶段和各个具体活动中，人们在进攻时也可能是小心的和慎重的，而在防御时也可能是大胆和富于进取的，等等。

另一方面，战争的天性也能对兵种的比例产生显著的影响。

第一，依靠后备军[1]和国民军[2]进行的人民战争，自然只能组建大量的步

---

[1] 后备军（Landwehr）出现在16世纪的欧洲，由正规军以外适合服兵役的男性公民组成。在中世纪的欧洲战争中多用于预备队，尤其用于修筑防御工事和城防。在拿破仑战争期间，奥皇于1808年6月9日颁布敕令，成立后备军，作为对常备军的补充，并于1809年和1813—1814年投入作战。普鲁士后备军中的军官和士官大多为正规军的退役军人。1813年3月17日，普鲁士政府颁布由沙恩霍斯特拟定的《后备军组织法》（*Verordnung über die Organisation der Landwehr*），规定17—40岁未编入正规军的男子一律编入后备军。后备军的军饷和给养由所属省政府发给，如果枪支不足，每人则装备8尺长矛一支、短斧一把，服装为便服，由士兵自备。1859年取消后备军。——译者注

[2] 国民军（Landsturm）是19世纪末20世纪初在奥地利、普鲁士、荷兰、瑞典和瑞士等国出现的一种地方民众武装形式，首次出现在1797年的蒂罗尔。普鲁士在19世纪初的军事改革中，于1813年4月21日颁布《国民军组织法》（*Landsturm-Edikt*），规定所有未编入正规军和后备军的17—60岁男子一律编成国民军，实际上是国家最后的预备队。国民军用叉子、斧子、镰刀装备自己，当敌人侵入家乡时展开抵抗，主要任务是帮助民众转移，转移或毁掉粮食及其他可能被敌人利用的必需品，破坏桥梁和渡船，帮助部队抢护伤员，押送俘虏等，此外还应利用一切手段袭扰敌人，削弱敌方力量。——译者注

兵，因为在这种战争中，装备比人员缺乏，而且装备也只能是一些最必需的东西。因此，人们很容易想到，组建一个炮兵连（8门火炮）的费用不只可以组建一个，而是两三个步兵营。

第二，弱小的一方与强大的一方作战时，如果不能求助于民众武装或与此近似的后备军制度，那么增加炮兵自然就是使其数量较少的军队接近均势的最快捷的手段，因为这样既增加了人员，又提高了其军队最重要的因素，即消灭敌人的因素。兵力少的一方本来就大多受限于一个小的战区，因此炮兵这一兵种更适合他。弗里德里希大帝在七年战争的最后几年就曾采取过这种手段。

第三，骑兵是适合运动和大规模决战的兵种。因此，在战区辽阔、需要广泛机动以及意图进行大的决定性打击时，使骑兵数量超过一般的兵种比例是很重要的。拿破仑在这方面提供了一个范例。

进攻和防御本身对兵种比例并无影响，我们以后讲到军事行动的这两种形式时，才能阐述清楚这一点。在这里我们只先说明一点，即进攻者和防御者通常都是在一个空间内行动的，而且在很多情况下，他们都可能有同样的决定性的意图。关于这个问题，我们可以回忆一下1812年战局。

人们通常认为，在中世纪，骑兵相对于步兵要多得多，到今天才陆续减少，但这是一种误解。如果人们仔细看一下中世纪军队的比较详细的资料，那么就会确信，当时骑兵所占的比例从数量上平均来说并不是很大。我们只要回忆一下构成十字军[1]的大量步兵或者跟随德意志皇帝[2]远征罗马[3]的大量步兵就够了。但是当时骑兵的**重要性**大得多。骑兵是一个**较强的**兵种，由民族中最优秀的一部分人组成，以至其数量虽然始终比步兵少很多，但仍然被视为主要兵种，而步兵却不受重视，几乎无人提及，因此就产生了当时步兵很少的印象。当然，当时在德意志、法国和意大利等国国内发生的一些小规模军事冲突中，一支小规模的军队纯粹由骑兵组成的情况比今天常见得多。由于骑兵是主要兵种，因此这并没有

---

[1] 1096—1291年，西欧大封建主、天主教会和意大利商人为侵占东方国家，垄断地中海的贸易并加强和扩大宗教统治，对巴勒斯坦、叙利亚、埃及和突尼斯等伊斯兰国家以及拜占庭帝国先后进行了八次远征，史称十字军东征。——译者注
[2] 指德意志民族神圣罗马帝国（962—1806）的皇帝。——译者注
[3] 951年，后来的德意志皇帝奥托一世首次远征罗马，从这时起到1250年止，德意志民族神圣罗马帝国对意大利的远征达43次。——译者注

什么矛盾。不过如果考虑到普遍性的话,那么我们就无法确定,规模大些的军队何时也能照搬上述这种纯粹由骑兵组成的做法。只是当战争中废止了一切依附义务[1],战争开始由募兵、佣兵和接受军饷的军人来进行,也就是说当战争开始建立在金钱和招募基础上时,即在三十年战争[2]和路易十四世的战争时期,才停止大量使用用处较少的步兵。假如不是火器训练的显著改进使步兵的重要性提高,使步兵在某种程度上保持了数量上的优势,那么人们也许就又回到完全依靠骑兵的过去了。在三十年战争和路易十四世的战争时期,步兵与骑兵的比例在步兵较少时为1∶1,在步兵较多时为3∶1。

此后,随着火器的不断改进,骑兵越来越失去其以往的重要性。这本身已经够清楚的了,只是火器的这一改进想必不仅是指武器本身和使用武器的技能的改进,而且也是指以这些武器装备起来的那部分部队在使用方面的改进。在莫尔维茨会战[3]中,普鲁士人的射击技能达到了最高的水平[4],而且至今还没有谁能够超过这个水平。相反,在沟壑纵横的地形上使用步兵和在步兵战中使用火器,是在这以后才发展起来的,应被视为歼灭行动中的一大进步。

因此我们认为骑兵所占的比例在数量上变化很小,但在重要性上有很大的变化。这看上去是矛盾的,但实际上并不矛盾。如果说在中世纪军队中步兵的数量很多,那么这并不是步兵与骑兵的内在比例使然,而是因为人们将那些无法编入花费要大很多的骑兵的人都编入了步兵,因此这些步兵纯粹是应急充数的;而骑兵,假如只根据其内在的价值来确定其数量的话,那么肯定是多多益善。这样就

---

[1] 依附义务(Lehnsverbindlichkeit),指欧洲中世纪时普通民众对采邑主的,以及采邑主对给予其封地的国王或皇帝的纳税、出兵等义务。——译者注

[2] 三十年战争是17世纪上半叶德意志新教(基督教)诸侯同天主教诸侯和神圣罗马帝国皇帝之间进行的内战,后来由于丹麦、瑞典、法国等国加入,演变为欧洲战争。战争从1618年捷克反对哈布斯堡王朝统治的起义开始,以1648年《威斯特伐利亚和约》(*Westfälischer Friede*)的签订告终,前后历时30年。——译者注

[3] 莫尔维茨会战是第一次西里西亚战争中的首次会战,也是弗里德里希二世进行的首次会战。1740年12月16日,弗里德里希二世率普鲁士军队攻入西里西亚。1741年4月,奈佩格率领奥地利军队直逼普军后方,弗里德里希二世回头迎击。双方于4月10日在莫尔维茨(Mollwitz,即今波兰奥波莱省村庄穆瓦约维采)发生激战,普军获胜。——译者注

[4] 18世纪欧洲各国使用的步枪非常简陋和笨重,装弹非常复杂,需要高超技巧。最初,火药和裹着浸油丸衣的弹丸要分别装进枪管,每分钟最多只能发射一次。后来,普鲁士步兵在装弹时采用铁通条,大大提高了装弹和射击速度,单兵射击每分钟可达4—5发,小队按口令齐射每分钟可达2—3排子弹,在当时这种水平是其他军队望尘莫及的。——译者注

可以理解，为什么尽管骑兵的重要性在不断下降，但它仍有足够的重要性，得以维持其迄今一直保持着的比例数。

事实上，至少自奥地利王位继承战争以来，骑兵与步兵的比例根本没有什么变化，始终在1∶4、1∶5和1∶6之间摇摆，这是值得人们注意的。这种情况似乎表明，这样的比例正好满足了自然的需求，正是那个人们无法直接探究出来的数值。但是我们对这一点表示怀疑，认为骑兵的数量之所以在那些最著名的战例中那么多，显然是其他原因造成的。

俄国和奥地利就是可以说明这个问题的国家，因为它们的国家制度中还有鞑靼制度的残余。拿破仑为了实现自己的目的从不嫌兵力多。当他利用征兵制征兵到最大限度以后，就只有以增加辅助兵种[1]兵力的办法来加强其军队，这些辅助兵种更多是以钱而不是以人为基础。此外，不容忽略的是，在拿破仑军事行动规模巨大的情况下，骑兵的价值势必比在一般情况下更大。

弗里德里希大帝以精打细算而著称，以便为他的国家省下每一个新兵。尽量利用外国的力量来保持其军队的规模是他主要致力于做的。如果人们考虑到，当时他的国土本来就很小，再除去普鲁士[2]和威斯特法伦[3]各省[4]，那么人们就会理解，他这样做完全是有原因的。

骑兵除了本来需要的人就比较少以外，通过征募也更容易补充，再加上弗里德里希大帝的战法是以运动优势为基础的，因此直到七年战争末期，虽然他的步兵数量减少了，但骑兵数量仍在不断增加。即便如此，在七年战争结束时，他在战场上的骑兵数量也只勉强达到战地步兵数量的四分之一强。

在刚讲到的时期里，也不乏骑兵数量非常少的军队获胜的战例。最著名的例子是大格尔申会战。如果只计算参战的师，那么拿破仑当时有10万人，其中骑兵

---

［1］指骑兵和炮兵。——译者注
［2］指东普鲁士（Ostpreussen），历史上是普鲁士王国及后来德意志帝国的一个省，位于波罗的海东南海岸。——译者注
［3］威斯特法伦（Westfalen），历史上今德国威悉河与莱茵河之间的地区。弗里德里希二世时期这里分为很多小邦。——译者注
［4］弗里德里希二世即位初期，普鲁士国土的面积约为121,000平方公里，居欧洲第10位；人口约300万，居欧洲第13位；但军队达8.5万人，居欧洲第4位。远离本土的东普鲁士和威斯特法伦地区的面积共约58,000平方公里，几乎占全国总面积的一半。这两个地区在七年战争期间曾分别被俄军和法军占领。——译者注

5000人，步兵9万人；联军有7万人，其中骑兵2.5万人，步兵4万人。也就是说，拿破仑比联军少2万名骑兵，只多5万名步兵，而按理说他应该多10万名步兵[1]。既然拿破仑以如此优势的步兵取得了会战的胜利，那么人们也许会问，假如当时拿破仑的步兵与联军的步兵兵力对比是14万对4万，那么他是否根本不可能输掉会战。

当然，联军骑兵优势的巨大作用在会战后立即就显现出来了，拿破仑几乎没有收获到胜利后的战利品。因此，赢得会战并不是一切——但是赢得会战不一直是主要的事情吗？

如果我们进行了上述这些考察，那么我们就很难相信骑兵和步兵在过去80年所面对和保持的比例是自然的，是完全从其绝对价值中得出的。相反，我们更多地认为这两个兵种的比例经过多次变动以后，将来还会像目前一样继续变化，而且骑兵的绝对数量最后将会明显地减少。

至于炮兵，自从发明了火炮以后，火炮的数量自然是随着其重量的减轻和构造的完善而增加的。但是自弗里德里希大帝时代以来，炮兵与步兵的比例基本保持在每千人两门或三门火炮。这当然是战局开始时的比例。由于在战局进程中，炮兵的损失不会像步兵那样大，因此在战局结束时，火炮的占比会显著增大，可能达到每千人三门、四门，乃至五门。至于这个比例是否自然，火炮的数量能否在不影响整个战法的情况下继续增加，那就只有交由经验去决定了。

现在我们把整个考察的主要结论归纳如下：

1. 步兵是主要兵种，其他两个兵种是从属于它的；

2. 当骑兵和炮兵不足时，可以在作战指挥上通过更高超的艺术和更积极的活动得到一定程度的弥补，但前提是步兵比对方多得多，而且这些步兵越是精良，就越有可能弥补其他两个兵种的不足；

3. 炮兵比骑兵更加不可或缺，因为炮兵是主要的消灭敌人的因素，而且炮兵战斗是与步兵战斗更多地融合在一起的；

4. 总之，由于炮兵在消灭敌人的行动中是最强有力的兵种，而骑兵是最弱的兵种，因此人们必须经常考虑：在不至于产生不利影响的前提下，炮兵可以多到什么程度，以及骑兵可以少到什么程度。

---

[1] 在当时，建立一个骑兵连的费用可以用来建立一个步兵营，因此作者按骑兵和步兵1∶5的比例计算，认为拿破仑少2万名骑兵，按比例应该多出10万名步兵。——译者注

★ 第五章 ★
部队的战斗序列

战斗序列是使各兵种成为整体的各个部分的划分和编组，以及其在整个战局或战争中应保持的标准的部署形式。

因此战斗序列在一定程度上是由一个算术要素和一个几何要素，即划分和部署构成的。划分是基于部队固定的平时编制进行的，以某些部分（例如步兵营、骑兵连、骑兵团和炮兵连）为单位，根据具体情况的需要，把它们编组成更大的单位，直至整体。同样，部署是基于部队平时学习和受训的基本战术进行的，这一基本战术应被视为战时也不会再有根本改变的该部队的一个特性，再结合战争中使用部队大致要求的各种条件，总体上规定出部队进行战斗部署时应该遵循的标准。

过去大部队开赴战场时都是这样，甚至有些时期把这种形式看作战斗的最主要的部分。

在17世纪和18世纪，火器的改进使步兵的数量大幅增加，使步兵在作战时向两边拉长为纵深很小的长横队。虽然当时做出战斗序列的计划因此而变得更简单了，但同时实施变得更困难和复杂了。由于当时这样一来，人们除了将骑兵部署在对手射程以外并有骑行空间的两翼，不知道还有什么其他部署骑兵的方法，因此战斗序列往往使部队成为一个封闭和不可分的整体。如果人们将这样的一支部队从中间截为两段，那么它就会像一条被切断的蚯蚓，两翼虽然还活着，还能活动，但已经失去了其原有的机能。因此部队受到整体的某种束缚，如果要分开部署其中的某些部分，每次都必须进行小规模的组织和重组。整个部队不得不进行的行军，某种程度上处于无规则状态。如果敌人就在附近，就必须以最高超的技巧组织行军，以便某一列阵或某一翼能够始终与另一列阵或另一翼保持可以忍受的距离而越过种种险阻。这种行军经常要在敌人不注意时悄悄进行，而且只有在敌人也同样受到整体的这种束缚时，才会不受到其惩罚。

因此到了18世纪下半期，人们想出了把骑兵部署在部队后面（而不再是顺着部署在部队两翼）的办法，这样骑兵同样能够很好地保护两翼，而且除了与敌人的骑兵单独对决外，也许还可用于完成其他任务，这是一个很大的进步。这样，部队在其主要展开的正面上，也即其部署的宽度上，就完全由同一兵种的各部队组成了，人们可以把它们任意分成多个部分，而且各部分之间，以及各部分与整体都很相似。于是部队不再是唯一的一块了，而是成了一个由很多部分组成的整体，从而变得伸屈自如和灵活了。各部分可以毫无困难地从整体中分开，并再回到这一整体中去，而战斗序列保持不变。这样就产生了由各兵种组成的部队，就是说，出现这样的部队有了可能，因为人们很早以前就感到有这种需求。

很自然，所有这一切都是从会战的需求出发的。以前，会战就是整个战争，而且将来会战也永远是战争的主要部分。但是一般来说，战斗序列更多是属于战术而不是战略范畴的。我们通过这一推论，只是想说明战术是如何通过把整体部署成较小的整体而为战略做准备的。

部队的规模越大，分布的空间越广，其各部分交织在一起的行动越是多样，战略的作用也就越大。这样一来，按我们的定义所说的战斗序列势必与战略产生某种相互作用。这种相互作用主要表现在战术与战略相互接触的终点上，即部队从一般分布转换为战斗特殊部署的时刻。

现在我们从战略的观点来研究**划分**、**兵种的结合**，以及**部署**这三个问题。

1. **划分**。在战略上，人们从来不该问一个师或一个军应该有多少兵力，而应问一个军团应该有几个军或几个师。一个划分为三部分的军团是笨拙的，而一个只划分为两部分的军团就更笨拙了，因为此时统帅就几乎起不到什么作用了。

无论是出于基本战术，还是出于较高级战术的理由，在确定大小部队的兵力时，都可能有很大的令人难以置信的随意性，天知道出自这个随意性的判断是否理智。相反，为有一个独立的整体而需要有一定数量的部分，这是一件既清楚又明确的事情，因此这一想法为确定较大部队的数目并进而确定其兵力提供了真正的战略上的理由。至于确定小部队（例如连、营等）的数目及其兵力，则是战术范围的事情。

即使是一个最小的独立存在的整体，如果不把它区分为三个部分，除了中间部分外，使一个部分可以前出，一个部分可以在后行动，也几乎是不可想象的。当然，如果把它区分为四个部分，那就更合适了，只要人们考虑到中间那部分作为主力应该比其他两部分中的每个部分兵力更多，自然就会明白这一点。如果经常需要把整体的一个部分作为前卫部队，三个部分作为主力（右翼、中央和左翼），两个部分作为预备队，一个部分用于向右派出，一个部分用于向左派出，那么人们就可以一直把一个整体分成八个部分。在我们看来，将一个军团分为这样的八个部分是最恰当的。我们并没有书呆子式地重视这些数字和形式，但我们认为这些数字和形式反映出了最常见的和总是反复出现的战略部署，因此是一种合适的划分。

对军团（以及任何一个整体）的指挥官来说，如果他只需向不超三个或者四个人下达命令，当然看上去要方便很多。不过为了得到这种方便，统帅要在两方面付出很大的代价：第一，命令下传的层次越多，其速度、效力和准确性损失得就越多，例如在统帅和师长中间设有军长，就会产生这种情况；第二，统帅的直接下属的影响范围越大，统帅自己原有的权力和影响就越小。一位统帅如果借助于八个师级单位指挥10万人，他的权力比假如这10万人分为三个师要大得多。这里面原因很多，但最重要的是，一名指挥官往往认为对其部队的所有部分拥有某种所有权，因此如果要从他那里抽调一部分部队，不管时间长短，他几乎每次都反对。凡是有些战争经验的人都会明白这一点。

但是另一方面，为了不造成混乱，也不能把一个整体分为过多的部分。自一个军团的大本营指挥八个部分已经不容易了，因此人们大概不能让划分的数目超过十个。而在师一级，由于传达命令的手段少得多，因此划分的数目也应少一些，分为四个，最多五个部分，是比较合适的。

如果认为一个军团分为十个师，一个师分为五个旅还不够，也就是说认为旅的人数过多，那么就要增加军一级指挥部。但是人们必须考虑到，这样一来，就增加了一级新的权限，它会使其余各级的权限一下子大为减小。

但是什么才是一个人数过多的旅呢？通常人们把一个旅的人数控制在2000～5000人。一般守住5000人这一上限的原因有两个：第一，人们想象一个旅是一支能由一个人直接，即在他的声音范围内指挥的部队；第二，如果一支步兵部队的兵力超过5000人，就要配备炮兵，而人们往往不愿出现这种情况，因为这样有两个兵种联系在一起的部队自然会成为一支特殊的部队，不易指挥。

我们不打算迷失在这些战术上的细枝末节里，也不打算争论全部三个兵种应该何时，以及以什么样的比例结合在一起，是应该在8000～12,000人的师里，还是应该在2万～3万人的军里实现。不过即使是最坚决反对这一结合的人也不会责怪我们的论断：只有这样的结合才能使**一支部队具备独立性**，因此对那些在战争中经常受命独立行动的部队来说，至少是非常希望有这种结合的。

一个20万人的军团分为十个师，每个师又分为五个旅，则每个旅为4000人。在这里，我们看不出任何不协调。当然人们也可以把这个军团分为五个军，每个军分为四个师，每个师分为四个旅，从而使每个旅有2500人。但是抽象地来看，我们认为还是第一种划分更好，因为采取第二种划分，除了多一个指挥层级外，分为五个军对一个军团来说太少，使军团不灵活；分为四个师对一个军来说，也是同样的问题，而且一个2500人的旅，兵力太少。采取这种划分，整个军团将有80个旅，而采取第一种划分只有50个旅，更简单。人们放弃第一种划分的所有这些优点，只是为了使统帅要指挥的将领减少一半。显然，兵力较少的军团分为军就更不合适了。

以上是对划分的抽象的看法，在具体情况下可能有理由做出其他决定。首先人们必须承认，如果说对八个或十个集中在平原上的师还是可以指挥的，那么在非常大的山地阵地中，对它们也许就无法指挥了。如果一条大河把一个军团分成两半，那么一个指挥官就无法指挥另一半。简而言之，最具决定性作用的局部和具体情况数不胜数，抽象的规则必须服从它们。

但是经验教导我们，这些抽象的规则仍然是最常用的，其受到局部和具体情况排斥的情况比我们也许以为的要少得多。

现在我们把上述考察的内容做一个简单的概括，并为此而把各个重点罗列出来。

我们所理解的**一个整体的各个部分**只是**第一次**划分出来的部分，即**直接部分**[1]，因此我们说：

（1）如果一个整体划分出的部分太少，那么整体就不灵活；

（2）如果一个整体的各部分太大，那么最高指挥官的权力就会受到削弱；

（3）每增加一个新的下传命令的层次，就会从两方面削弱命令的效力，一是每经过一个层次，命令的准确性就会受到损失，二是传达命令就需要更长的时间。

所有这一切都要求尽量增加平行部分的数目和尽量减少上下的层次。而为迎合这一要求，就只有：在军团，便于指挥的部分不超过8～10个；在较小的部队，便于指挥的部分不超过4～6个。

2. 兵种的结合。对战略来说，战斗序列中兵种的结合只对于那些按一般序列经常分开部署、有可能不得不独立作战的部分才是重要的。受命分开部署的是**第一级序列**的部分，而且主要**只是这些部分**，这是事物的本性决定的，因为正如我们将在另一处看到的那样，分开部署大多是由一个整体的概念和需要引起的。

因此严格地说，战略只要求在军的范围内（如果没有军这一级，则要求在师的范围内）一直进行兵种的结合，而对一个较低序列中的各部分，只要求根据需要进行临时的结合。

但是人们也许看到，如果一个军的人数比较多（即3万～4万人），那么它很少不分开部署。因此在兵力这样大的军里，各师就需要有兵种的结合。否则如果需要先从另外一个地点（也许是相当远的地点）匆忙调一部分骑兵来配属给步兵，则必然会延误时间，更不用说会造成混乱了。如果有谁认为这种延误没什么，那么只能说他是没有任何战争经验的人。

至于有关三个兵种结合的更具体的问题，例如应该在多大范围内结合，内部应该结合到什么程度，应该按什么比例结合，以及每个兵种应该保留多少预备队等，所有这些都是纯粹的战术内容。

---

[1]举例说的话，如果一个军团分为若干个师，则直接部分是师；如果一个军团分为若干个军，则直接部分是军。——译者注

3. **部署**。一支部队的各部分之间在战斗序列中应该按什么样的空间关系确定部署，同样完全是战术问题，只与当次会战有关。虽然也有一个战略上的部署，不过它几乎仅取决于当时的任务和要求，而其中相宜实用的内容不是一并包括在战斗序列这个词义内的，因此我们将在另一处——《部队的部署》一章[1]中研究。

因此部队的战斗序列就是对**一支准备会战的部队**的划分和部署。对各部分的部署应使每个部分从这一大部队中抽调出去后，在运用时既能满足当时的战术要求，又能满足当时的战略要求。如果没有了即时的需要，那么抽调出去的各部分就要回归原位。这样战斗序列就成为有效的习惯做法[2]的最初环节和主要基础，这一习惯做法在战争中就像钟摆一样调节着机件。对此我们已经在第二篇第四章中讲过了。

---

[1] 指本篇第六章《部队的一般部署》。——译者注
[2] "习惯做法"（Methodismus）是作者自创的一个词，意为"Ritual"，即"严格的程序"或"习惯做法"。以往有的中译本从字面理解，将该词译为"方法主义"或"认识论"，似不妥。——译者注

★ 第六章 ★

部队的一般部署[1]

从部队开始集结到战斗决心成熟（战略已经把部队带到了关键地点，战术已经给每个部分规定了位置和任务），中间这段时间在大多数情况下是很长的；从一次决定性的惨败到另一次决定性的惨败也是这样。

以往这中间的时间在某种程度上根本不属于战争。关于这一点，我们只要看一下弗朗索瓦·卢森堡是如何设营和行军的就可以了。我们之所以提到这位统帅，是因为他以野营和行军而闻名，可被视为他所在时代的代表人物，而且我们从《佛兰德[2]战争史》[3]中对这位统帅的了解比对当时其他统帅的了解更多些。

当时营地的背面通常紧靠河流、沼泽或者深谷，这在今天看来也许是一种荒谬的做法。当时营地的正面很少是根据敌人所在的方向决定的，以至于经常出现背向敌方、面向本国的情况。对当时采取这种在今天看来不可思议的做法，是完

---

[1] 一般部署（die allgemeine Aufstellung），指军队在没有具体的战斗任务之前各部队的部署。作者认为，军队根据特殊目的（有了具体任务）进行的部署，即战斗部署是战术范围的问题。——译者注

[2] 佛兰德（Flandern），欧洲西部的一个地区，今分属比利时、法国和荷兰。——译者注

[3] 指法国地理和测绘学者博兰（Jean de Beaurain，1696—1771）所著《1690—1694年佛兰德战争史——卢森堡元帅的几个战局》（*Feldzüge des Marschalls von Luxemburg oder Militärgeschichte von Flandern 1690—1694*），由滕佩尔霍夫译自法语，五卷，1783—1786年在波茨坦出版。——译者注

全可以理解的，因为当时人们在选择野营的位置时，主要（甚至仅仅）考虑是否舒适。他们把在营垒中的状态看作军事行动以外的一个状态，一定程度上就像是剧院的后台，人们在这里可以无拘无束。至于说人们在设营时总是背面紧靠一道屏障，应视为人们在设营时采取的唯一的安全举措，当然这是就当时的战法而言的。如果在这样一处营地中可能被迫进行战斗，那么这种举措就完全不适用了。人们在当时不必太担心这一点，因为那时的战斗差不多都是在经过双方同意后才开始的，就像决斗要在双方抵达一个约定好的、合适的地点以后才进行一样。在当时，一方面由于部队的骑兵很多（处在其全盛时代末期的骑兵仍然被视为主要兵种，特别是在法国），另一方面由于部队的战斗序列很不灵活，因此部队不是在任何地形上都能够作战，于是部队在复杂的地形上就几乎感觉是受到了一个中立区的保护。由于部队自己很少能够利用复杂的地形，因此宁愿出去迎击前来会战的敌人。我们清楚地知道，正是弗朗索瓦·卢森堡指挥的弗勒吕斯[1]、施泰因凯尔克[2]和内尔温登[3]会战是以另一种观念进行的[4]。但是这一观念当时还只是刚刚在这位伟大统帅的影响下逐渐摆脱以往战法的影响，还没有反过来影响到设营的方法。军事艺术中的变革总是从某些有决定性意义的行动开始，并通过这些行动再逐渐扩展到其余行动的。以往人们很少把在营地中的状态看作真正的作战状态。当时当有人离开营垒去观察敌人动静时，人们往往说"他打仗去了"[5]，这句话就证明了当时的这种情况。

当时人们对行军的看法与对设营的看法也没有多少不同。行军时，炮兵为

---

[1] 弗勒吕斯（Fleurus），今比利时埃诺省一小镇，历史上多次成为战场。——译者注

[2] 施泰因凯尔克（Steinkerque），即今比利时埃诺省城市斯滕凯尔克（Steenkerque），东北距布鲁塞尔50公里。——译者注

[3] 内尔温登（Neerwinden），今比利时佛兰德布拉班特省城市兰登（Landen）的一部分。——译者注

[4] 在路易十四世第一次发动对外战争时期（1667—1668），作战以机动为主，会战只能在一定的地形上进行，通常不进攻营垒。而在奥格斯堡联盟战争（1688—1697年，即路易十四世的第三次对外战争）中，战法出现了新的趋势，战争变得更加激烈。这里列举的三次会战是弗朗索瓦·卢森堡在奥格斯堡联盟战争中进行的主要的会战：1690年7月1日，弗朗索瓦·卢森堡在弗勒吕斯率4.5万名法军向神圣罗马帝国、西班牙、瑞典等国联军的左翼和背后进行迂回，同时在正面发起猛烈进攻，击败联军，随后以优势骑兵进行追击，给联军带来很大损失；1692年8月3日，弗朗索瓦·卢森堡又在施泰因凯尔克战胜由英国国王威廉三世统率的联军；1693年7月29日，弗朗索瓦·卢森堡在内尔温登再次挫败威廉三世，取得决定性胜利。——译者注

[5] "他打仗去了"这句话，作者用了法语"il va à la guerre"。——译者注

了沿着较为安全和易走的道路行进，完全与大部队分开，两翼的骑兵则为了轮流享受担任右翼的荣誉，经常互换位置。

现在，也就是说主要是自西里西亚战争[1]以来，军队在战斗以外的状态已经与战斗有了极为密切的联系，它们之间产生了最密切的相互作用，以至如果人们不考虑其中一种状态，就不能全面地考虑另一种状态。如果说以往战斗是战局中的真正的武器，战斗以外的状态只是武器的握柄，即前者是钢刀，后者只是镶在钢刀上的木柄，整体是由两个本性不同的部分构成的，那么现在则应该把战斗看作是刀刃，而战斗以外的状态是刀背，整体是一块锻接在一起的金属，已经分辨不出从哪里开始是钢，到哪里为止是铁了。

今天战争中的这种战斗以外的状态，部分是由军队平时的组织和勤务规则决定的，部分是由战时的战术部署和战略部署决定的。军队可能处于的战斗以外的三种状态是：舍营、行军和野营。这三者都是既属于战术范畴，又属于战略范畴的，而且战术和战略在这里往往很接近，看上去是交织在一起的，或者实际上就是如此，以至很多部署既可以看作是战术部署也可以看作是战略部署。

现在，在我们还没有把这三种状态与特殊目的结合研究以前，我们想总的谈谈这三种状态。为此我们必须首先研究部队的一般部署，因为它对野营、舍营以及行军来说是一种更高和更全面的部署。

如果我们一般地考察军队的部署（不考虑特殊目的），那么只能把军队作为一个单位，即作为**一个受命共同打击敌人的整体**来考虑，因为对"一个单位"这一最简单形式的任何偏离都要有一个特殊目的为前提。这样就产生了一支军队的概念，无论其规模大小。

此外，在还没有任何特殊目的的时候，唯一的目的就是**维持军队和保障军队的安全**。使军队在没有特别不利的情况下保持存在，使军队在没有特别不利的情况下能够集中起来打击敌人，这是两个条件。如果把这两个条件与涉及军队存在和安全的内容进一步结合起来，那就必须考虑以下几点：

---

[1] 指1740—1763年的三次西里西亚战争，普鲁士国王弗里德里希二世与英国、汉诺威及数个小侯国为一方，奥地利、法国、俄国和瑞典为另一方。双方主要是为争夺西里西亚省和格拉茨边区。其中第一次西里西亚战争（1740—1742）和第二次西里西亚战争（1744—1745）是普鲁士参与奥地利王位继承战争（1740—1748），第三次西里西亚战争（1756—1763）又称七年战争。——译者注

1. 便于取得给养；

2. 便于部队住宿；

3. 背后安全有保障；

4. 前面有开阔地带；

5. 阵地本身位于复杂地形上；

6. 有战略依托点；

7. 合理的分兵。

对上述各点，我们分别说明如下：

前两点要求我们寻找耕作区、大城镇和大路，更多是对军队的一般部署，而非特殊部署[1]。

至于如何理解"背后安全有保障"，我们将在《交通线》一章中论述。在处理这一问题时，最迫切和最重要的是，部队的部署地应垂直于其附近的主要退却大路。

关于第四点，一个军团平时对一个地带当然无法像它在做出会战的战术部署后那样一览无余。但是前卫部队、小规模的前出部队[2]和暗探等都是战略上的眼睛，对他们来说，在开阔地上进行观察当然要比在复杂地形上容易。

第五点则与第四点正相反。

战略依托点有两点与战术依托点不同：一是它们无须与部队直接相连，二是它们的展开范围必须大得多。原因在于，就事物的本性来说，战略本来就在比战术更大的时空范围内活动。如果一个军团部署在距海岸或者一条大河河岸1普里[3]处，那么这个军团在战略上就是以这个海岸或大河为依托的，因为敌人不会有能力利用这个空间进行战略迂回。敌人不会深入这个空间数日或数周，数普里或数日行程。相反，一个湖岸线长数普里的湖泊在战略上几乎不能被看作是障碍；在战略活动中，向左或向右数普里，很少能起到决定作用。要塞只有在本身和影响范围较大时，才能成为战略依托点。

部队或是根据特殊的目的和需要，或是根据一般的目的和需要而分兵部署。

---

[1]指部队的战斗部署。——译者注

[2]前出部队（das vorgeschobene Korps），指在部队前方担负警戒、侦察等任务，并可独立作战的部队。——译者注

[3]1普里=7532.48米。——译者注

在这里我们只研究后一种情况。

第一个一般的需要是，将前卫部队连同其他观察敌人所需要的小部队前出部署。

第二个一般的需要是，规模很大的军团通常把预备队部署在其后数普里远的地方，从而造成分兵部署。

最后，为保护部队的两翼，通常需要部署专门的部队。

对于这种保护，不能将其理解为抽调部队的一部分去防御两翼所在的空间，以使敌人无法接近这个所谓的薄弱点。这一普遍存在的看法是完全错误的。如果这样理解，那么谁去防御两翼的两翼呢？两翼本身并不是一支部队的薄弱部分，因为敌军也有两翼，敌军要威胁我军的两翼，也会使其两翼受到同样的威胁。只有当情况变得不同时，当敌军比我们占优势时，当敌军的交通线比我方更有利时（参阅《交通线》一章），我军的两翼才会成为比较薄弱的部分。但是我们在这里不谈这种特殊情况，也不谈一支位于两翼的部队受命与其他部队一起确实要防御我们两翼空间的问题，因为这个问题已经不再属于一般部署的范畴。

即使两翼不是特别**薄弱**的部分，但它们毕竟是特别**重要**的部分，因为两翼一旦被敌人迂回，我们在这里的抵抗就不会像在正面那样简单，要采取的举措就会变得更复杂，要求有更多的时间和准备。因此在一般情况下，人们总是有必要特别注意保护两翼免受敌人的意外行动的打击。而要做到这一点，就应在两翼部署比单纯观察敌人所需的更多的兵力。部署在两翼的兵力越多，即使他们不进行顽强的抵抗，敌人为击退他们也需要更长的时间，敌人展开的兵力也就越多，也就越容易暴露其意图。这样我们也就达到了目的：根据当时的具体情况来确定下一步该做什么。因此人们可以将位于两翼的部队看作是侧面的前卫部队，他们可以迟滞敌人进入我们两翼以外的空间，为我们赢得时间，以便采取对策。

如果这些部队奉命调回主力部队，但不是同时做向后的运动，那么这些部队自然就不应与主力部署在同一条线上，而是应部署在前出一些的位置，因为部队即使是在不必进行一场激烈战斗的情况下开始退却，毕竟也不会完全退向部署地的侧面。

于是出于这些分兵部署的内在原因，出现了一个依预备队是否与主要部分部署在一起而由四个或五个单独部分构成的自然体系。

正如给养和舍营会影响到部队的部署，给养和舍营也会影响部队的分开部署。给养和舍营的因素与上述分开部署的内在原因是联系在一起的，我们不应为满足这一方面的要求而忽视另一方面的要求。在大多数情况下，一支部队分为五个单独部署的部分以后，舍营和给养方面的困难就已经被克服了，不需再为此做大的变动了。

现在我们还要研究一下，这些单独部署的部分相距多远仍能保证相互支援，即还能共同作战。在这里，我们可以回忆一下在《战斗持续的时间》和《战斗胜负的决出》两章[1]中讲过的内容。由于绝对兵力和相对兵力、兵种和地形等有很大的影响，因此无法对此做出绝对的规定，而只能做一个最一般的规定，就像得出一个平均数一样。

前卫部队的距离是最容易确定的。由于前卫部队退却时是向主力运动的，因此派出前卫部队的距离最多是其不至于被迫独立作战的一日强行军的行程。但是人们不应向超出大部队安全所需的地方部署前卫部队，因为前卫部队退却时的距离越远，大部队就越不安全。

至于侧面部队的距离，如前所述，一个8000～1万人组成的普通师一般要持续战斗数小时，乃至半天，才能决出胜负，因此人们可以毫无顾虑地将这样的师部署在距大部队数小时行程，即1～2普里以外的地方。出于同样的理由，一个由3～4个师组成的军，可以部署在距大部队一日行程即3～4普里的地方。

这样，这种基于事物本性的主力部队的一般部署，即把主力部队分为4～5个部分，并按上述距离进行部署，就成了某种习惯做法。只要没有特殊目的更具决定性的要求，往往就按这种习惯做法机械地划分部队。

尽管我们一开始就假设分开部署的每个部分都适于独立作战，而且每个部分的确有可能被迫独立作战，但是决不能从中得出结论认为分开部署的**本来意图就是独立作战**。部队之所以必须分开部署，大多是暂时的，是当时部队的处境要求的。如果敌人已经向我军接近，以便通过一场全面的战斗决定胜负，那么战略部署的阶段即告结束，一切就都要集中到会战的这一时刻上来，分开部署的目的就已经达到和不存在了。如果会战开启，就不能再考虑宿营和给养问题了；在正面和两侧监视敌人，以及通过适当的阻击减缓敌人的运动速度等任务也已经完成。这时一切就都要转向主力会战这一大的整体。是否把分开部署只视为条件，视为迫不得已而为之的下策，而将其目的视为集中力量作战，是判定这种部署价值大小的最好标准。

---

[1] 即本书第一卷第四篇第六章和第七章。——译者注

★ 第七章 ★
前卫部队和前哨部队

　　前卫部队和前哨部队是两个既属于战术又属于战略的问题。一方面，它们是使战斗具有一定形态和保证实现战术意图的部署；另一方面，它们又往往导致独立的战斗，而且往往部署在距离主力部队较远的地方，因此又可以把它们看作是战略链条中的一个环节。正是由于它们是这样的一种部署，我们才对它们做进一步的考察，作为对前一章的补充。

　　任何一支没有完全做好战斗准备的部队，为了能在敌人发现自己之前知道和查明敌人正在接近，都需要有一支先头部队，因为目力所及通常比火器的射程远不了多少。假如一个人的目力所及还没有其胳膊伸得远，那他算是个什么人呢？前哨部队犹如大部队的眼睛，人们早就这样说了。但是大部队在这方面的需求并不总是相同的，而是有不同的程度。兵力和展开程度、时间、地点、环境、战争样式，甚至巧合都会影响大部队对前哨部队的需求程度。因此当我们看到战史中关于使用前卫部队和前哨部队的记载都不是简单而明确的，而是杂乱无章的情况时，并不感到奇怪。

　　我们看到，部队的安全有时被托付给前卫部队的某支明确的部队，有时被托付给由单个前哨组成的长长的前哨线，有时两者并用，有时既不用前者，也不用后者，有时数路前进的部队共同派出一支前卫部队，有时每路部队各有自己的前卫部队。我们想先尝试对这个问题做一个清楚的概念定义，然后再看看能否归纳成几条可以实际运用的原则。

如果部队处于运动中，那么一支兵力或多或少的小部队构成其先头部队，即前卫部队，它在部队反方向运动时则成为后卫部队；如果部队在舍营或营垒中，那么由兵力不大的哨所[1]组成的一条线就构成其先头部队，即**前哨部队**。部队停下时，可以而且必须保护比运动时更大的一个地域，这是事物的本性决定的，因此在部队停下时，自然会出现前哨线[2]的概念，在部队运动时自然会出现"一支兵力集中的部队"[3]的概念。

前卫部队和前哨部队的内在兵力各不相同，可以从一个轻骑兵团到一个由各兵种组成的较大的军，也可以从仅仅是向营垒周围派出警戒哨和值班分队[4]到一条由各兵种防守、带有防御工事的坚固防线。因此这种先头部队的行动可以从单纯的观察直到进行抵抗。这种抵抗不仅可使宿营部队赢得做好战斗准备所需的时间，还可使敌人提前暴露其举措和意图，从而显著地提高观察的作用。

因此，部队越是需要时间以完成战斗准备，它的抵抗越需要根据敌人的特殊部署来加以计划和组织，它就越需要一支比较大的前卫部队和前哨部队。

弗里德里希大帝在所有统帅中称得上是行动最机敏的了，而且他几乎只用口令就率领他的部队投入会战，因此他不需要大的前哨部队。我们看到他总是在敌人眼皮底下设营，有时用一个轻骑兵团，有时用一个轻步兵营，或者从宿营地派出警戒哨和值班分队负责部队安全，而不用大的警戒部队。在行军时，数千骑兵（大多是属于第一列阵两翼的骑兵部队[5]）组成前卫部队，行军结束后再回到大部队。用一支固定部队担任前卫部队的情况极为少见。

一支兵力不大的部队要想总是以其全部力量非常迅速地行动，以发挥其训练

---

[1]作者所用的"哨所"（Posten）概念涵盖的范围远大于一般的哨所，不仅指"哨兵或警戒分队所在的处所"，有时也指一处要塞或一座城市。——译者注
[2]指由前哨部队哨所构成的哨所线。——译者注
[3]指前卫部队。——译者注
[4]值班分队（Piketts），尤指担负夜间警戒任务的小部队，在营垒可能受到敌进攻的情况下，负责快速支援和加强警戒哨，也担负营垒入口警戒以及保持营垒之间联系的任务，多由骑兵组成。——译者注
[5]弗里德里希二世的战斗序列大多是前后两个列阵（Treffen），间距数百至千余米，每个阵内是数列士兵组成的横队，步兵居中，骑兵在两翼。——译者注

更有素和指挥更果断的特点,那就必须像弗里德里希大帝针对道恩作战时那样,几乎所有行动都在敌人的眼皮底下[1]进行。如果是部署过于谨慎,前哨体系过于烦琐,则会使这支部队的优势完全失去作用。至于弗里德里希大帝由于判断错误和做得过分而招致其在霍赫基尔希会战[2]中失利,并不能证明这种做法本身不对。相反,由于在全部西里西亚战争中,像霍赫基尔希会战这样的失败,国王只有一次,因此我们恰恰应该从中认识到国王的卓越才能。

但是我们也看到,既不缺乏精锐部队,又不缺乏果断指挥的拿破仑,在前进时几乎每次都要派出强大的前卫部队。有两个原因促使他这样做。

第一个原因是战术有了变化。这时人们已经不再把部队作为一个简单的整体,只用口令指挥它投入会战了,不再像约定一次大决斗那样,以技巧和勇敢去解决问题,而是让部队更多地适应地形和情况的特点,使战斗序列和相应的会战成为一个由多个部分组成的整体。这样一来,就要以复合的计划取代简单的决心,以较长的部署取代口令。为此就需要时间和情报。

第二个原因是近代军队的规模变大了。弗里德里希率领3万~4万人,而拿破仑则率领10万~20万人投入会战。

我们之所以选择了这两个例子,是因为我们可以肯定,这样的统帅采取某种有力的方法一定是有其道理的。一般来说,前卫部队和前哨部队的运用在近代已经很完善了,但是在西里西亚战争中,并不是所有人都像弗里德里希大帝那样行动。在奥地利人身上我们就可以看到这一点,他们的前哨系统要强大得多,而且更经常地向前派出一支前卫部队。就当时奥军的处境和情况来说,这样做是有充分理由的。在最近的几次战争中,也出现了很多不同做法。甚至法国的一些元帅在率领6万~7万人的部队前进时,我们并未看到他们派出一支前卫部队,例如麦

---

[1] 此处原文为法语"sous la barbe de l'ennemi",直译为"在敌人的胡须下"。——译者注
[2] 1758年10月14日夜间,弗里德里希二世在霍赫基尔希(Hochkirch,今德国萨克森州一小镇)附近遭到奥军元帅道恩的袭击而战败。这是他在西里西亚战争中少见的一次失败。会战前,弗里德里希二世认为道恩素以优柔寡断闻名,应该不敢对他发起进攻,于是不顾部下的劝告,在敌营附近设营。——译者注

克唐纳[1]在西里西亚，乌迪诺[2]和奈伊[3]在勃兰登堡边区。

至此，我们根据前卫部队和前哨部队的不同兵力，讲述了有关问题。但是这里我们还必须阐明另一个不同点，那就是一支大部队在一定的宽度上前进或后退时，可以为所有并列而行的各路部队配备一个共同的先头部队和殿后部队，或者为每路部队配备一支专门的先头部队和殿后部队。为了在这方面得出一个明确的概念，我们必须做如下思考。

如果指定一支专门的部队担任前卫部队，那么它的任务说到底只是确保在中央行进的主力部队的安全。如果主力是沿多条相距较近的道路行进，这支前卫部队自然是控制了这几条道路，因此也就保护了这些道路，那么侧面的几路部队当然就不需要专门的保护了。

但是在距离主力较远的道路上行进的真正独立的部队则必须自己解决其先头部队的问题。甚至位于中央的主力的那些恰好由于道路位置而距中央太远的部队，也会遇到同样问题。于是一支大部队分为几路部队并列前进，就会有几支前卫部队。如果每支前卫部队的兵力比有一支共同的前卫部队的兵力小很多，那么它就更多地属于战术部署，在大部队的战略列表上就根本不会出现前卫部队。而如果中央的主力有一支兵力大很多的部队用作其先头部队，那么这支部队就是作为整个部队的前卫部队出现的，而且在很多方面确实也是这样。

给中央配备比两翼强大得多的先头部队的可能理由有以下三个：

1. 在中央行进的通常是一支人数较多的大部队；

2. 一支大部队根据其宽度所占领的地段，其中心点显然总是最重要的部分，因为一切行动计划大多是针对中心点制订的，因此战场距中心点通常也比其距两翼近。

3. 一支在中央前出的部队，即使不能作为一支真正的先头部队直接保护两翼，但毕竟能间接对两翼的安全做出很大的贡献。也就是说，敌人在一般情况下

---

[1] 麦克唐纳（Jacques Etienne Joseph Alexandre Macdonald, 1765—1840），公爵，法国元帅。——译者注

[2] 乌迪诺（Charles Nicolas Herzog von Reggio Oudinot, 1767—1847），公爵，法国元帅。——译者注

[3] 奈伊（Michel Ney, 1769—1815），公爵，法国元帅。作战骁勇，被拿破仑称为"勇敢者中最勇敢的人"。——译者注

无法在一定距离内从这样一支部队的侧面通过，去对两翼中的一个采取大的行动，因为敌人不得不担心其翼侧和背后会受到进攻。即使中央的前出部队对对手的威胁不足以完全保障两翼部队的安全，但这种威胁还是适合消除两翼部队所担心的很多不利情况。

因此，如果中央的先头部队比两翼的先头部队强大得多，即是由一支专门的前卫部队组成，那么它就不再是简单地完成一支先头部队确保后面部队不受袭击的任务，而是作为一支前出部队在更广泛的战略关系方面发挥作用。

使用这样一支前出部队可以达到以下几个目的（这些目的也决定如何使用前出部队）：

1. 在我们需要很多时间部署战斗的情况下，派出一支前出部队可以进行更有力的抵抗，迫使敌人在推进时更谨慎，也就是说可以提升一支普通先头部队的行动效果。

2. 如果部队的主要部分很庞大，可以把这一行动不便的主要部分部署在稍靠后的地方，把一支灵活的部队留在敌人附近。

3. 即使有其他原因迫使我们部队的主要部分远离敌人，但仍有一支部队在敌人附近对其进行观察。

有人认为，一个小的观察哨或者一支小部队同样可以很好地完成这种观察任务。但是如果我们考虑到这种观察哨或小部队是多么容易被敌人击退，而且与大部队相比，它们的观察手段又是多么有限，那么就会知道这种想法是错误的了。

4. 在追击敌人时，用一支专门的、配属了绝大部分骑兵的前卫部队，比起用整个部队来，可以更快地运动，晚上可以迟一些宿营，早晨可以早一些出发。

5. 最后，在退却时可将这支部队用作后卫部队，用于险要地区的防御。在这种情况下，中央仍然是特别重要的部分。尽管初看上去，这样一支后卫部队总是有两翼被迂回的危险，不过人们不应忘记，即使敌人向我们的两翼推进了一些距离，但如果他真的要威胁我军的中央部分，就还必须走完通往中央的那段路程，而后卫部队此时总是可以为中央进行较长时间的抵抗，并且在退却时可以留在后面。相反，如果中央比两翼退却得快，情况马上就会令人担忧，就会立刻出现被突破的印象，而这个印象本身就已经是很可怕的了。在退却时，人们对集中和团结在一起的需求是最迫切的，对此的感受也是最鲜活的，因此一般规定两翼最后仍回到中央会合。如果给养和道路条件迫使部队以相当大的宽度退却，那么退却通常仍要以在中央的一个集中部署来结束。此外，如果我们再考虑到，敌人通常的确是以主力向我军中央推进的，主要是对我军中央施加压力，那么我们就不能不承认，后卫部队对中央来说是特别重要的。

由此可见，在出现上述任何一种情况时，派出一支专门的前卫部队都是合适的。但是如果中央的兵力并不比两翼大，那么一般就不应派出这种前卫部队了。例如，1813年麦克唐纳在西里西亚迎击布吕歇尔，以及布吕歇尔开赴易北河时就是这样。当时他们都是三个军，一般分成三路，沿不同的道路并列前进，因此这些部队也没有派出大的前卫部队。

但是这种将大部队部署成三路兵力相同的部队的做法，是不值得推荐的，部分原因在于这种部署就像把整个部队划分为三个部分一样，会使整个部队很不灵活，这一点我们在第三篇第五章[1]中已经讲过了。

部署整个部队时，如果分为中央部分和独立的两翼（我们在前一章中曾经说过，只要部队还没有特殊任务，这就是其最自然的部署方式），那么按照最简单的想法，前卫部队应该在中央部分的前面，因此也是在两翼线的前面。但是由于侧面部队对两侧所承担的任务实际上与前卫部队对正面所承担的任务是相似的，因此侧面部队经常与前卫部队位于同一线，有时甚至根据具体情况的需要把侧面部队部署得比前卫部队更靠前。

至于前卫部队的兵力，对此没有多少要讲的，因为现在人们一般已经不无道理地将整体分成的一个或多个部分用于前卫部队，并给它加强一部分骑兵。因此如果一支部队分为若干军，那么前卫部队就由一个军组成，如果一支部队分为若干师，那么前卫部队就由一个或几个师组成。

不难看出，如果部队分出的部分多一些，那么在这方面也是有利的。

至于前卫部队的前出距离，则完全视具体情况而定。在有些情况下，前卫部队距离主要部分超过一日行程；在有些情况下，前卫部队就在主要部分前面很近的地方。在大多数情况下，前卫部队距离主力1～3普里，这虽然证明部队经常需要这样的距离，但还不能成为一条必须遵循的规则。

---

[1]原文如此，疑误。应为本篇第五章。——译者注

我们在上面的考察中根本没有谈到**前哨部队**，现在我们还要再回来谈谈这个问题。

在一开头我们说过，前哨部队适用于停下来的部队，前卫部队适用于行进中的部队，那是为了追溯这两个概念的起源而暂时把它们分开的；但是很明显，如果我们死板地按这句话来区分它们，那只能是书呆子的做法。

如果一支行进中的部队在傍晚停了下来，以便次日晨继续前进，那么前卫部队当然也要这样做，而且每次都要派出哨兵担任自己和整个部队的警戒，但它并不因此就从一支前卫部队变成一支纯粹的前哨部队。只有先头部队的大部分已经分散成单独的哨所，仅剩下很少或者根本未集中的部队时，也就是说，一条长长的哨所线[1]的概念已经大于一支集中的部队的概念时，才能把担任警戒的部队看作与前卫部队相对应的前哨部队。

部队休息的时间越短，就越少需要完善的保护。在一夜之间，敌人根本没机会弄清我军哪里有保护，哪里没有保护。部队休息的时间越长，对所有接近地的监视和保护就必须越完善。因此当部队停留时间较长时，先头部队通常会逐渐展开，成为一条哨所线。至于先头部队应该完全展开成哨所线，还是应该以集中的部队形式为主，主要取决于两方面的情况：一是双方接近的程度；二是地形的特点。

第一是双方接近的程度。如果双方之间的距离比其展开的宽度小得多，那么一般在两军之间不再部署专门的前卫部队，而只能通过部署一系列小规模的哨所来保障其安全。

由于集中的部队较少能直接保护接近地，因此一般来说，它需要较多的时间和空间以发挥作用。这样，在部队占地很大的情况下（例如在舍营时），要想用一支集中的常备部队对接近地进行警戒，就要求与敌人保持较大的距离，例如部队的冬季舍营地就大多由一条前哨哨所线来保护。

第二是地形的特点。如果哪里有大的地形障碍提供机会，以少量兵力即可组成强大的哨所线，那么人们当然应该利用这种地形障碍。

---

[1] 对于"哨所线"（Kordon）这一概念，作者在本卷第六篇第二十二章有专门论述。哨所线多沿边境或越冬营地设置，主要起到警戒和防护的作用，需要时也可用于进攻，常被形象地称为"拉长了的要塞"。以往有的中文译文将该词译为"单线式防御"，这是不准确的，因为在重要地段也可设置多重哨所线（作者就曾以中国长城为例），而且哨所线也不只是用于防御。——译者注

最后，部队在冬季舍营时，前卫部队也可能因气候严寒而分散成哨所线，因为这样做可使前卫部队本身便于宿营。

在1794—1795年冬季战局[1]中，英荷联军在尼德兰[2]运用得到了加强的前哨线，达到了最完善的地步。当时的防线由多个各兵种组成的旅所设置的独立哨所组成，并得到一支预备队的支援。当时在英荷联军中任职的沙恩霍斯特把这种方法带回东普鲁士，并于1807年在帕萨尔格河[3]畔的普鲁士军队中加以运用[4]。除此以外，近年很少使用这样的警戒方法了，主要是因为战争中的运动增加了。但有时也错过了本可运用这种方法的机会，例如缪拉[5]在塔鲁季诺会战[6]中就是这样。当时，假如他把自己的防线拉长一些，恐怕就不至于在一次前哨战中损失30门左右的火炮了。

不可否认，在适当的情况下，用这种方法还是有很大好处的，关于这一点我们在其他地方还要谈到。

---

[1] 1794—1795年冬季战局包括莱茵和尼德兰两个战区的军事行动，这里指尼德兰战区的军事行动。此前，法国于1793年2月1日向英、荷宣战。1794年11月，法国北方军团在皮舍格吕指挥下挫败英荷联军，占领瓦尔河以南全部奥属尼德兰地区，12月20日进占阿姆斯特丹，次年1月，法军占领荷兰全境。——译者注

[2] "尼德兰"一词意为"低地"，指莱茵河、默兹河、斯海尔德河下游以及北海沿岸的低洼地区，包括今荷兰、比利时、卢森堡三国和法国北部的一小部分，面积7万余平方公里。——译者注

[3] 帕萨尔格河（die Passarge），即今波兰北部的帕斯文卡河，长145公里。——译者注

[4] 沙恩霍斯特早年曾在汉诺威军队任职，1793年在英荷联军中任骑炮兵连连长，1801年转赴普鲁士军队任职，1807年任普鲁士罗斯托克军的参谋长，在埃劳会战中支援俄军。埃劳会战后，法军退至帕萨尔格河左岸休整，与俄普联军隔岸对峙。——译者注

[5] 缪拉（Joachim Murat, 1767—1815），大公，法国元帅，那不勒斯国王（1808—1815），拿破仑的妹夫。率领那不勒斯王国1万余人参加1812年战局，并任法军骑兵司令，同年12月5日，在拿破仑因战局失利而先行回国后，代拿破仑指挥法军退却。法军在莱比锡大会战失败后，缪拉转投反法联军，以换取英、奥承认其对那不勒斯的统治。英、奥食言后，缪拉再次投靠拿破仑，后被西西里国王斐迪南一世下令处死。——译者注

[6] 1812年10月18日，缪拉指挥的2万名法军在距莫斯科西南67公里处的塔鲁季诺村附近与本宁森指挥的3.6万名俄军展开会战，法军损失2000人和38门火炮，缪拉败退。这次会战的失败促使拿破仑决定早日撤出俄国。——译者注

★ 第八章 ★
前出部队的行动方式

我们刚刚谈过前卫部队和侧面部队对迫近之敌所产生的作用如何决定着大部队的安全。当这些部队与敌军主力发生冲突时，人们能想象出，它们是很弱的。因此我们需要专门探讨一下，它们如何才能既完成自己的任务，又不必担心由于兵力悬殊而受到严重的损失。

这些前出部队的任务是监视和迟滞敌人。

如果前出的是一支小部队，那么连第一项监视任务也是永远无法完成的，一方面是因为它很容易被敌人击退，另一方面是因为它的工具——眼睛看不到那么远。

此外，监视的程度也应该更高些。这些前出部队应该了解当面之敌的全部兵力情况，不仅比较清楚地了解其兵力，而且还有其计划。

如果前出部队的规模较大，那么仅是它的存在就可以起到这种作用，它只要等待敌人做好击退它的准备，就可以了解到有关情况，然后就可以开始后撤了。

但是前出部队还有迟滞敌人前进的任务，为此已然需要进行认真的抵抗。

前出部队如何做到既能等到最后的时刻，又能进行抵抗，而且不至于有受到重大损失的危险呢？主要是由于以下情况：敌人前进时也派出一支前出的前卫部队，并不是立即以整个部队的压倒性力量前进的。即使敌人的前卫部队一开始就比我方的前出部队占优势（敌人自然会这样部署），即使敌军主力距其前卫部队比我军主力距我们的前出部队更近，而且由于敌军主力正在前进，很快就能赶上来全力支援其前卫部队进攻，但我方前出部队仍然能够在与敌前卫部队（双方的兵力差不多）接触的第一阶段赢得一些时间，并有能力对对手前进的情况监视一段时间，而且不至于让自己在退却时有什么危险。

前出部队即使在适于抵抗的阵地上进行一些抵抗，也不至于带来在其他情况下由于兵力悬殊而可能产生的各种不利结果。在抵抗优势之敌时，主要的危险永远是抵抗者有可能被敌迂回，受到围攻，从而陷入非常不利的境地。但是前出部队在适于抵抗的阵地上进行抵抗时，面临的这种危险往往很小，因为行进中的敌人从来不可能清楚我军主力距我前出部队有多远，因此会顾虑其派出的几路部队会受到两面夹击。结果是，行进中的敌军总是尽量使其各路部队齐头并进，只有在确实查明我方情况以后，才开始小心谨慎地迂回我军的这一翼或那一翼。由于敌军到处这样摸索和小心谨慎地行动，使得我方前出部队有可能在真正的危险到来以前回撤。

至于说允许这样一支前出部队对敌人的正面进攻或者敌人刚开始的迂回抵抗多长时间，则主要取决于当地地形的特点和自己援兵的远近。如果由于缺乏理智，或者由于大部队需要时间而使前出部队付出牺牲，从而使前出部队抵抗的时间超过了自然允许的限度，那么结果总是前出部队受到很大的损失。

只有在极少数的情况下，也就是有大的地形障碍可以利用的时候，通过认真的战斗进行抵抗才有意义。但是前出部队能进行的这种小规模会战的持续时间就其本身来看是很短的，很难为大部队赢得足够的时间。要赢得足够的时间，更多是要通过下列三种方式，这是事物的本性决定的：

1. 使对手前进时更为谨慎，从而更为缓慢；
2. 进行一段时间认真的抵抗；
3. 退却本身。

这种退却应该在保证安全的前提下尽可能缓慢地进行。如果有地形利于退却部队做出新的部署，则应加以利用，以迫使敌人再次为进攻和迂回做准备，从而为自己再次赢得时间。退却的部队甚至可以在这个新的阵地上接受一次认真的战斗。

人们可以看到，通过战斗进行的抵抗与后撤在内部是融合在一起的；如果战斗持续的时间不够，则应通过反复战斗来赢得时间。

这就是一支前出部队的抵抗方式。其效果首先取决于这支部队的兵力大小和地形的特点，其次取决于它退却路程的远近，以及它得到的支援和接应的情况。

一支小部队即使兵力比例与一支大部队相同，也无法像这支大部队那样进行长时间的抵抗，因为兵力越大，为完成其活动（不管是什么样的活动）所需要的时间就越长。在山地，仅是单纯的行军就已经缓慢得多，在每个阵地上进行抵抗的时间也更长，也会更安全，而且到处都有机会做出这样的部署。

一支部队前出得越远，其后撤的路程就越长，其通过抵抗所赢得的绝对时间就越多，但是由于这种部队从位置来看，其抵抗能力较弱，得到的支援较少，因此其退却的速度较快（与距离主力较近、退路较短时相比）。

前出部队能得到接应和支援，当然肯定对它能抵抗多久产生影响，因为退却时本应有的小心和谨慎往往用于了抵抗，而这种情况应通过得到接应和支援有所改变。

如果敌人在下午才出现在我前出部队的前面，那么前出部队通过抵抗赢得的时间就与在其他时间段所赢得的时间显著不同。在这种情况下，由于敌人很少利用夜间继续前进，因此我们通常可以多赢得一个夜间的时间。例如，1815年，齐滕[1]将军率领普鲁士第1军约3万人与拿破仑的12万人对抗，在从沙勒罗瓦[2]到利尼[3]这段还不到2普里的短短的路程上，为普鲁士大部队的集结赢得了24个小时以上的时间。齐滕将军是在6月15日上午约9时受到进攻的，而利尼会战[4]是16日下午约2时开始的。当然，齐滕将军受到了很大的损失，伤亡和被俘5000～6000人。

根据经验可以得出下面的结论，作为考察这个问题时的依据。

一个得到骑兵加强的10,000～12,000人的师，前出一日行程（3～4普里），在

---

[1] 齐滕（Hans Ernst Karl von Zieten，1770—1848），伯爵，普鲁士元帅。参加过利尼会战和滑铁卢会战。——译者注

[2] 沙勒罗瓦（Charleroi），今比利时一城市，位于桑布尔河畔，北距布鲁塞尔约50公里。——译者注

[3] 利尼（Ligny），今比利时那慕尔省城市松布雷夫（Sombreffe）的一部分。——译者注

[4] 1815年6月15日，拿破仑击退齐滕率领的普军的前卫部队之后，进占沙勒罗瓦，命奈伊元帅继续向北推进，牵制威灵顿指挥的英军，命旺达姆向松布雷夫前进，拿破仑本人率领预备队居后策应。此时，布吕歇尔的三个军部署在圣阿芒、利尼和松布雷夫一线。16日下午，旺达姆率第3军进攻普军右翼，攻陷圣阿芒；热拉尔率第4军进攻利尼，遇到顽强抵抗；格鲁希则攻普军左翼。下午6时半，拿破仑将近卫军投入战斗，最后击败了普军。——译者注

一般地形上能够阻挡敌人的时间（包括该前卫部队退却的时间），大约是单纯穿过退却地区所要求行军时间的一倍半；但是如果这个师仅前出1普里，那么敌人停留的时间可能是单纯行军时间的2~3倍。

以一个前卫师前出4普里为例（一般行军的时间可估计为10小时），从敌人在该师面前出现，到敌人有能力向我军大部队发起进攻，该前卫师大约可阻挡敌人15小时。相反，如果前卫部队距离大部队仅1普里，那么到敌人可能向我大部队发起进攻要超过3~4小时，而实际上可以估计在6~8小时以后（因为对手为针对我前卫部队而展开最初举措，同样需要3~4小时）。也就是说，这支前卫部队在其最初的部署中抵抗敌人的时间甚至比在一处前出很多的阵地中抵抗的时间更长。

结果是：在第一种情况下，敌人要在击退我军前卫部队的当天就进攻我军大部队是不容易的，在实际经验中大多也的确如此。甚至在第二种情况下，敌人不得不至少在上午就击退我军前卫部队，才有可能在当天还有时间与我军会战。

在第一种情况下，由于黑夜对我军有利，因此可以看到，一支前出较远的前卫部队会赢得很多时间。

关于一支大部队的侧面部队的任务，我们已经讲过了。它们的行动方式在大多数情况下或多或少取决于具体运用时的情况。最简单的是把它们视为部署在大部队侧面的一支前卫部队，应该稍前出些，退却时斜向前往大部队。

这些侧面部队不是在大部队的正前方，不像一支真正的前卫部队那样，可由大部队方便地从两面接应它，因此如果不是敌军在两翼最外端的进攻力量一般会减弱一些，而且我们的侧面部队即使是在最糟糕的情况下也有退避空间的话（它们退却时不至于像前卫部队逃跑时那样会直接给主力带来危险），侧面部队就会面临较大的危险。

对前出部队的接应，最喜欢用的和最好的方法是以大量骑兵进行。这就使得人们在前出部队距大部队较远时，往往将骑兵预备队部署在大部队与前出部队之间。

最后的结论就是：前出部队的作用较少是通过它们固有的力量，而更多是通过它们切实的存在发挥出来的，较少是通过它们真正进行战斗，而更多是通过它们可能进行的战斗发挥出来的。前出部队在任何情况下都无法阻止敌人的行动，而只能像摆锤减缓和节制钟摆的行动一样，减缓和节制敌人的行动，使我们有能力正确地估计敌人的动向。

★ 第九章 ★

野营[1]

对军队在战斗以外的三种状态[2]，我们只从战略的角度来考察，也就是说对这三种状态涉及单个战斗地点、时间和兵力的因素进行考察。至于所有涉及战斗的内在部署和向战斗状态过渡的问题，则属于战术范畴。

我们所说的在野营地内的部署，指的是在舍营以外的各种宿营地内的部署，包括幕营、厂营或者露营。野营部署与受其制约的战斗在战略上是完全一致的，但在战术上未必总是一致，因为人们基于某些原因所选择的野营地并不一定是预计的战场。有关军队部署（军队的各部分应进入的地点）要谈的问题，我们已经谈过了，因此现在只是对野营做一历史的考察。

以往，即从军队的规模再次加大、战争持续的时间更长、战争的各部分相互关联更紧密的那个时候起，直到法国革命为止，部队始终是在帐篷中宿营的。这是当时的正常情况。舒适的季节一到，部队就离开营地，直到冬季来临，才又回到营地。进入越冬营地在某种意义上应该被看作是非战争状态，因为部队在越冬营地里，就像停摆的钟表一样不再起作用。部队在进入真正的越冬营地以前，为休整而进行的舍营，以及在窄小空间和短时间内进行的其他宿营，都是过渡和特

---

［1］"野营"（Lager），与"舍营"（在屋舍中宿营）相对，指利用帐篷、棚盖宿营（分别称幕营和厂营），或露天宿营（露营）。——译者注
［2］根据作者前文所述，这三种战斗以外的状态是野营、行军、舍营。——译者注

殊状态。

至于部队这样有规律和自愿地停止活动，在过去和现在是如何尚能与战争的目的和本质协调一致的，由于这里不是研究这个问题的地方，因此我们以后再谈这一问题。在此我们只是说，当时的情况就是如此。

自从法国革命战争[1]以来，很多国家的军队完全不再用帐篷了，因为运送帐篷必须有庞大的辎重队。一方面，人们认为，如果在一支10万人的部队中，能省下运送帐篷的6000匹马，转而增加5000名骑兵或者200门火炮，当然更好；另一方面，在部队大规模迅速运动时，这样庞大的辎重队只能是一种累赘，而且也没多大用处。

但是取消使用帐篷，反过来产生了两个影响，即部队受到更大的损失，地方受到更大的破坏。

不管质量低劣的粗麻布帐篷顶的保护作用是多么小，人们都不能忽视，部队长时间没有帐篷会感到很不适。一天使用或不使用帐篷，差别是微小的，因为帐篷几乎不能抵风御寒，也不能完全防潮。但是如果在一年里有两三百次宿营都不能使用帐篷，那么微小的差别就变成很大的差别。部队由于疾病而减员，就是十分自然的结果。

至于部队如何由于缺少帐篷而加大对地方的破坏，就无须加以说明了。

因此人们有理由相信，取消帐篷想必会由于上述这两个影响而以另一种方式削弱了战争的激烈程度，因为部队不得不更长时间地和更经常地舍营，而且由于缺乏宿营必需品，也许就只好放弃一些本可借助于幕营而进行的部署。

如果不是战争在这同一时期发生了极大的变化，从而抵消了这些微小和次要的影响，那么确实可能会出现上述情况。

战争的原始火焰变得如此不可抑制，战争的威力变得如此异乎寻常，以至上述有规律的休整时段[2]消失了，双方都以无法阻挡的力量寻求决战。关于这一点，我们将在第九篇中详细论述[3]。在这种情况下，也就谈不上部队因缺少帐篷而使部队的运用发生变化。部队厂营或露营，完全不考虑气象、季节和地形因

---

[1] 也称革命战争，指第一次和第二次反法联盟与法国之间的战争（1792—1802）。——译者注
[2] 指驻越冬营地。在拿破仑战争以前，军队在冬季一般都要进入越冬营地休整。——译者注
[3] 原文如此，疑误。本书并没有第九篇。——译者注

素，而这些本是整个行动的目的和计划所要求考虑的。

至于战争是否在所有时代和所有情况下都会保持这样的威力，我们以后再讲。战争的威力如果没有这样大，不使用帐篷当然会对作战产生一些影响。不过，如果说这种影响大到足以促使军队再进行幕营，那是值得怀疑的。这是因为战争要素一旦冲破很多限制，那么它只是在某些特定时段和条件下才会回到以前那种狭小的范围中去，但很快又会以其不可抑制的本性再次冲出这个范围。因此军队保留哪些制度和装备，只能根据战争的这一本性来确定。

★ 第十章 ★

行军

  行军只是部队从一个部署地点向另一个部署地点的移动,其中包含两个主要要求。

  第一个要求是部队的舒适性,以避免无谓地消耗本应有效使用的力量;第二个要求是运动的准确性,以便部队准确无误地抵达目的地。如果让一支10万人的部队成唯一一路,并沿着**一条**大路不间断地行军,那么这路部队的首尾绝不可能在同一天抵达目的地。在这种情况下,部队要么不得不非常缓慢地前行,要么像落下的水柱溅成很多水滴一样,四下散开,加上这路部队很长,会使最后的部分过度劳顿,使全军很快陷入混乱状态。

  与这种极端情况相反,一路部队的人数越少,行军就越容易和越准确。于是就产生了**分兵**的需求,这种分兵行军的需求与分兵部署所引起的那种分兵毫无关系,因此虽然在一般情况下,部队分为若干路行军是根据部队部署的需要进行的,但并不是在每个具体情况下都是如此。要把一支大的部队集中部署到某一地点,在行军时就有必要分兵。但即使是分兵部署导致分兵行军,在行军过程中也可能有时以满足部署的要求为主,有时以满足行军的要求为主。例如,如果一支部队的部署目的只是休息,而不是在休息中等待战斗,那么行军时满足行军的要求就是主要的,而这些要求主要就是选择路况良好、已经开辟出来的大路。考虑到这些不同情况，人们有时要根据舍营和野营的情况选择道路，有时则根据道路的情况选择舍营和野营的地点。如果人们预期要进行一次会战，问题的关键是要以一支大部队抵达合适的地点，那么必要时就得毫不犹豫地让这支部队通过最难走的小道前往。相反，如果大部队尚在通往战区的途中，那么就应该为各路部队选择最近的大路，并尽量在大路附近寻找舍营和野营地点。

不管是上述两种行军方式中的哪一种，近代军事艺术的一个总的原则是：在可能发生战斗的任何地点，即在真正作战的整个范围内，组织行军时必须使每路部队能够独立作战。为满足这个要求，就要把三个兵种结合起来，就要对整体进行有机的划分，而且要任命合适的总指挥官。由此可见，主要是行军促使产生了新的战斗序列，并且从新的战斗序列中得到了最大的好处。

在18世纪中叶，特别是在弗里德里希二世的战区中，人们开始把运动视为作战的一个专门要素，开始利用出敌不意的运动来赢得胜利。当时还没有出现有机的战斗序列，因此部队在行军时就不得不进行极为复杂和困难的部署。部队要想在敌人附近实施运动，就必须时刻做好战斗准备，而如果整个部队没有集中在一起，是做不到这一点的，因为只有整个部队集中在一起，才能形成一个整体[1]。翼侧行军[2]时，第二列阵为保持与第一列阵不太远的距离，即不超过1/4普里，必须特别熟悉当地地形，不顾艰辛地越过各种险阻前进，因为人们在1/4普里的距离内很难找到两条开辟好的并行小路。当部队垂直开向敌人时，两翼的骑兵就会遇到这样的情况。在行军队列中有了炮兵（它需要有步兵保护的单独的大路），就会产生新的困难，因为步兵列阵必须由多条连续的散兵线组成，而炮兵会使本来已经拉得很长的步兵纵队拉得更长，从而打乱纵队内步兵各部分的间隔。人们只要读一读滕佩尔霍夫的译著《七年战争史》中列出的行军部署，就可以了解这些情况，并知道战争因此而受到的种种束缚。

---

[1] 弗里德里希二世时，采用列阵式战术，作战时整个部队往往分成两至三个机械的、完整的战斗队形，依据正面之敌距离不同，分别称作第一列阵或第二列阵，第三列阵往往用作预备队。行军时，每个列阵的部队成纵队，进入战斗前又成横队，而且各列阵的士兵不能打乱原来的相对位置，因此行军部署非常复杂。同时，各部分不能独立作战，要集中在一起才能组成战斗序列。——译者注

[2] 翼侧行军（Flankenmarsch），部队改变原垂直行进的方向，向左或向右转向翼侧的行军。请注意与侧面行军（Seitenmarsch，在另一行军队伍侧面的行军）的不同。——译者注

然而近代军事艺术允许部队进行有机的划分，各主要部分可被视为小的整体，在战斗中能发挥大的整体所能发挥的一切作用，唯一的区别是小的整体的活动持续的时间较短。自那以来，各路部队在行军时不必再靠得很近，以达到在战斗开始以前就能够集中的程度，而只要在战斗过程中集中起来就够了。甚至为了进行一次集中兵力的打击行动也不必事先在行军时集中了。

一支部队的人数越少，就越便于运动，就越不需要为避免大部队行动不便而进行分兵（这里指的不是为分兵部署而事先进行分兵）。一支小部队沿一条大路行进时，如果要成数条散兵线前进，会很容易在附近找到数条小路，完全可以满足这支小部队的需要。但是部队的人数越多，就越需要分兵，行军纵队的数目就越多，就越需要有开辟好的小路甚至大路，各路部队的间隔也就越大。这种分兵需求与分兵带来的危险，用算术术语来说就是成反比。分兵越多，各部分就越需要相互支援；分兵越少，各部分独立行动的时间就越长。我们只要回忆一下前一篇涉及该问题的有关论述，并考虑到在耕作区内距主要大路数普里的范围内，总可以找到几条平行的开辟好的小路，那么我们就很容易了解，在组织行军时，没有什么非常大的困难会使部队的**迅速前进、准确抵达**与适当的**兵力集中**发生矛盾。在山地，虽然平行的大路最少，各条大路之间的联系也最困难，但是每路部队的抵抗能力也大得多。

为使这个问题更加明确，我们想举个具体例子说明一下。

根据经验，在一般的情况下，一个8000人的师连同其炮兵和其他一些车辆行进时所占道路长度相当于1个小时的行程。因此如果两个师沿一条大路前进，第二个师将在第一个师抵达1小时后抵达指定地点。我们在第四篇第六章中已经说过，一个兵力这样大小的师即使对一个优势之敌也应该有能力抵抗数小时。因此甚至在最不利的情况下（第一个师被迫立即开始战斗），第二个师在1个小时后抵达也不算太晚。而且在欧洲中部的耕作区，在大路1小时左右的行程内，部队大多能够找到可供行军用的**小路**，而不必像七年战争时期那样常常需要穿越田野行军。

此外，经验告诉我们，对一支由4个步兵师和一个骑兵预备队组成的部队来说，即使在不好走的小路上行军，其先头部队通常在8小时内也可以行军3普里。如果每个师的行军长度按1小时行程计算，骑兵预备队和炮兵预备队的行军长度也同样按1小时行程计算，那么整个行军时间将是13个小时。这个时间并不算太长，但在这种情况下，还是有近4万人要沿同一条道路行进。当然对这支大部队来说，他们也可以寻找和利用其他小道，从而很容易缩短行军的时间。假如沿一条大路上行进的部队比上述部队还多，那么整个部队就不一定都要在当天抵达目的地，因为现在这样的大部队绝不可能在遭遇敌人后立即进行会战，而是通常要到次日。

我们谈到上述这些具体情况，并不是为了穷尽这类情况，而只是为了把问题阐述得更清楚一些，并根据经验说明：在现在的战争中，组织行军已经不再那么困难了；现在组织最迅速和最准确的行军，已经不像弗里德里希大帝在七年战争中那样需要专门的技巧和精确的地理知识了；现在借助于部队的有机划分，行军几乎可以自动进行，至少不需要拟制大的计划了。以往单凭号令就可以指挥会战，而组织行军却需要制订长长的计划；现在确定会战序列需要制订长长的计划，而组织行军却几乎只凭号令就可以了。

众所周知，行军分为垂直行军和平行行军。平行行军又称翼侧行军，会改变部队各部分的几何位置：并列部署的各部分在行军时就成了前后部署，反之亦然。尽管此时直角内的所有角度都可能成为行军的方向，但毕竟要根据行军的样式来确定行军的序列。

只有在战术上才有可能彻底改变各部分的几何位置，也只有在战术上进行所谓"三人并排行进"[1]时才能做到这一点，而大部队是不可能做到三人并排行进的，在战略上更不可能这样做。在以往的战斗序列中，只有在两翼的部队和列阵可以变换其几何关系；在近代的战斗序列中通常是第一层级部队，即军、师或旅（视整体的划分而定）可以变换其几何关系。不过我们在前面谈到近代战斗序列时所得出的结论对此也是有影响的。由于现在已经不需要像以前那样，在战斗开始前把整个部队集中在一起，因此人们更加关心的是使已经集中在一起的各部分自成整体。假如有两个师，其中一个师在另一个师的后面，作为预备队，现在要求这两个师沿两条道路开向敌人，那么没有人会让其中一个师分开沿两条道路行进，而是会毫不迟疑地让两个师各沿着一条道路并列行进，并且让每个师长各自组织预备队以备发生战斗时使用。统一的指挥比部队原来的几何位置关系重要得多。如果两个师在行军中未经战斗就抵达了指定的阵地，那么它们仍然可以恢复

---

[1] 原文"Rottenmarsch"，即每三名士兵一排组成纵队行进。——译者注

原来的位置关系。如果两个并列的师沿两条道路**平行行军**，那么人们就更不会让每个师后面的列阵或预备队沿后面的道路[1]行进，而是会让每个师沿一条道路行进，也就是说在行军过程中把其中一个师视为另一个师的预备队。如果一支大部队由4个师编成，其中3个师部署在前面，1个师作预备队，并以这样的序列开向敌人，那么人们自然应该给前面的三个师各规定一条道路，而让预备队跟在中间那个师的后面。如果这三条道路之间的距离不合适，部队也可以毫不犹疑地沿两条道路行进，这并不会带来什么明显的不利。

在与平行行军相反时，也是这样。

另一个问题是行军纵队应向右还是应向左开始行军。在平行行军时，这个问题自行就解决了。任何人欲向左面运动时，都不会向右开始行军。部队在向前或向后行军时，其实应该根据道路与未来开进线的位置关系来确定行军序列。在战术上，这在很多情况下也是能够做到的，因为战术上的空间较小，对几何关系更容易一览无余。在战略上，这就完全不可能了。如果我们仍不时看到有人把战术上的东西照搬到战略上去，那么这纯粹是书呆子的做法。由于过去部队在行军时也保持为一个不可分的整体，而且只设想进行**一次整体战斗**，因此整个行军序列纯粹是个战术问题。尽管如此，当什未林[2]在1757年5月5日从布兰代斯[3]地区出发时，还是无法知道未来的战场是在他的右边还是左边，因此最后不得不进行著名的"四对舞式的行军"[4]。

如果一支按照旧战斗序列的部队成四路开向敌人，那么第一列阵和第二列阵两翼的骑兵就构成靠外的两路，两个列阵两翼的步兵就构成中间的两路。这样这

---

[1] 指两条道路中距部队较远的那条道路。——译者注
[2] 什未林（Kurt Christoph von Schwerin，1684—1757），伯爵，普鲁士元帅。弗里德里希二世最主要的统帅之一。1757年5月6日，在七年战争初期的布拉格会战中阵亡。——译者注
[3] 布兰代斯（Brandeis），波希米亚一城市，位于布拉格东北，在伊泽拉河与易北河的汇合处附近。——译者注
[4] "四对舞式的行军"，原文"Kontremarsch"。1757年布拉格会战前，弗里德里希二世与什未林在奥军阵地前会合，因敌阵地在布拉格东面的高地上，难以从正面进攻，于是弗里德里希二世决定对奥军右翼进行迂回。这样普军必须向右展开，而什未林是以右翼开始行军的，左翼在后，根据当时对战斗序列的要求，只能向左展开。因此什未林不得不命令部队在行进中，排在纵队尾部的士兵逐个出列，前往排头位置，从而使左翼在前，右翼在后，然后向右展开。由于整个过程形似跳四对舞，非常耗时，故作者在此形象地将此次行军称为"四对舞式的行军"。——译者注

四路部队就可以整体向右或者向左出发，或者右翼向右、左翼向左出发，或者左翼向右、右翼向左出发。对最后一种情况，人们可称为"出自中央"的出发。尽管所有这些形式应与未来开进战场的队形有关，但实际上恰恰是在这方面并没有什么关系。弗里德里希大帝进入洛伊滕会战战场时，以每一翼成四路向右出发，从而非常轻松地过渡为成列阵出发（这一做法受到所有历史著作家们的赞叹），因为国王要进攻的恰好是奥军的左翼。假如当时他要迂回奥军的右翼，那么他就不得不像在布拉格附近那样进行一次"四对舞式的行军"了。

如果说这些形式在当时就已经不适应行军的目的了，那么今天看来，这些形式对行军的目的来说纯粹是一种儿戏。人们现在同样不了解未来的战场与行军道路的位置关系，即使由于出发时的次序有误而损失了一些时间，也远不像以前那样重要了。在这方面，新的战斗序列同样起到了好的作用。哪个师应先抵达，哪个旅应先投入战斗，已经完全没有什么差别了。

在这种情况下，部队向右和向左出发的作用，只是通过左右交替开始行军，平衡各部队的疲劳程度。这就是大体上仍保持这两种出发次序的唯一的且非常重要的理由。

在这种情况下，"自中央出发"只能偶尔采用，自然就不再是行军的一种固定次序了。而且从战略上来看，一路纵队从中央出发已经是不合理的了，因为这种出发是以有两条道路为前提的。

其实，行军次序更多属于战术范围，较少属于战略范围，因为它只不过是把整体分为若干部分，行军结束后这些部分又重新成为一个整体。但是由于人们在近代军事艺术中已经不再注重各部分必须完全集中在一起，而是愿意各部分在行军过程中相距更远些，并独立行动，这样就更容易出现各部分单独进行的战斗，而且每一个这样的战斗都应被视为整体战斗。因此我们认为有必要对这个问题做上述这么多的说明。

另外，我们在本篇第二章[1]中已经看到，在没有特殊目的的情况下，三个部分并列部署是最自然的，因此行军时采用三路大的纵队也是最自然的。

现在我们在这里仅还需要指出，一路部队的概念不仅是指沿一条道路行进的

---

[1] 原文如此，疑误。应为本篇第五章。——译者注

一支部队，而且人们在战略上也把在不同日期沿同一条道路行军的部队称为一路部队，因为人们将大部队分为数路部队的目的主要是缩短行军时间和便于行军，因为小部队总是比大部队行军更快和更方便。如果大部队不是沿不同的道路，而是在不同的日期沿同一条道路行军，也可以达到行军更快和更方便的目的。

★ 第十一章 ★

行军（续一）

对一次行军的行程和走完这一行程所需要的时间，自然应遵照一般的经验来确定。

对于我们现在的军队来说，一般一日行程为3普里，这是早就明确了的；长途行军时，为了在途中有一些必要的休息日进行休整，一日行程甚至要减至2普里。

一个8000人的师，在平坦地形上沿中等路况道路行军时，走完一日行程需要8～10小时，在山地则需要10～12小时。如果数个师编成一路行军纵队，即使不算后面数个师的出发时间，行军时间也要多出数个小时。

由此可见，走完这一行程几乎要占用一整天；士兵负重行军10～12小时的劳顿程度是不能与平常徒步行走3普里相比的（单个人沿着普通的道路步行3普里只要5小时就够了）。

在不是连续行军的情况下，一日行程5普里，最多6普里；在连续行军的情况下，一日行程4普里。这些都属于强行军。

一次5普里的行军，中间就已经需要停下来休息数小时了，而一个8000人的师要走完这一行程，即使有状况良好的道路，也不会少于16小时。如果行程为6普里，而且是数个师在一起行军，那么至少需要20个小时。

这里所说的行军是指集中在一起的数个师从一个营垒到另一个营垒的行军，

因为这样的行军是战区内常见的形式。如果多个师以一路纵队行军，那么应该让最前面的数个师提前一些集合和出发，它们也会同样提前一些进入目的地的营垒。但是提前的这段时间毕竟从来不能达到一个师走完其行军长度所需要的时间，即不能达到法国人很形象地说的"流过"[1]一个师所需要的时间，因此通过这种行军方法减轻不了多少士兵的劳顿，而且部队数量的增多会使行军时间延长很多。一个师也用类似的方式让它的各个旅在不同的时间集合和出发，只在极少数情况下是可行的，这就是我们把师作为行军单位的原因。

部队分为小部队，在不设集结点的情况下从一个舍营地向另一个舍营地长途行军时，其行程当然可能增加，事实上，仅由于绕道去舍营，其行程就已经增加了。

如果部队每天都要以师，甚至以军为单位集结在一起，而且还要行军去舍营，那么这种行军花费的时间最多。只有在富庶的地区和部队人数不太多的情况下才建议这样行军，因为部队在这种情况下容易得到较好的给养和舍营地，足以补偿长途行军带来的劳顿。1806年，普鲁士军队在退却途中为了取得给养，每夜都进行舍营，这无疑是一种错误的做法。其实部队如果野营（露营），同样能够搞到给养，部队就不至于在过度疲惫的情况下在14天内行军大约50普里。

在难走的道路和山地行军时，上述关于时间和行程的一切规定就会有很大的改变，以至在某一特定情况下，人们难以有把握地估算出一次行军所需要的时间，更不用说做出一般的规定了。因此理论只能提醒人们注意有犯这种估计错误的危险。为避免犯这种错误，必须特别谨慎地进行计算，为无法预料的耽搁多留出一些时间。同时还要考虑到天气和部队状况对行军的影响。

自取消帐篷以及自部队采取就地强征粮秣的给养方式以来，部队的辎重显著减少了。这一情况的最大影响自然首先表现为部队的运动加快了，也就是说部队的每日行程加大了。当然只是在一定的条件下才这样。

战区内的行军很少因为辎重减少而得到加快，众所周知，在行军的目的要求行军速度超过一般标准的所有情况下，人们或者把辎重留在后边，或者让其先行，通常在整个运动过程中总是与部队保持一定的距离。因此辎重一般来说对部

---

[1] "流过"一词，作者用了法语"dècollement"。——译者注

队的运动没有什么影响，而且只要辎重不再是部队的一个直接的累赘，不管它在部队运动过程中可能受到多大的损失，人们一般不再去考虑它。因此在七年战争中有几次行军的速度是很快的，就是在今天也很难超过。我们可以拉齐1760年的行军[1]来证明这一点。他当时是为支援俄国人对柏林的佯攻而进行这次行军的。他从施韦德尼茨[2]出发，穿过劳西茨，抵达柏林，在10天内行军45普里，平均每天4.5普里。一支1.5万人的大部队能够达到这样的行军速度，就是在今天也是很不寻常的。

　　从另一方面来看，正是由于给养方式的改变，近代军队的运动又有了一个**迟缓**的因素。部队不得不自己解决一部分给养，这是经常出现的，而这比起从面包供应车上领取现成的面包自然要花费更多的时间。此外，在长途行军时，为了更容易让部队得到休整，不能让大量部队在一个小地方宿营，而是必须让各师分开设营。最后，经常遇到的情况是，一部分部队，具体说就是骑兵，是必须舍营的。所有这一切总的来说会导致行军速度显著减慢。因此我们看到，1806年拿破仑追击普鲁士军队和欲切断其退路时，以及1815年布吕歇尔带着同样的意图追击法军时，在10天之内都只走了约30普里。而弗里德里希大帝自萨克森前往西里西亚，再返回萨克森时，尽管携带着全部辎重，其行军也达到了这一速度。

　　其间，由于辎重的减少，大小部队在战场上的机动性和便捷性（如果我们可以用这两个词表述的话）还是显著增加了。一方面，在骑兵和火炮数量不变的情况下，马匹数量减少了，不必经常担心饲料不够了；另一方面，人们不必总是顾及拖在后面的长长的辎重队了，在阵地中不是那么受困了。

　　1758年，当弗里德里希大帝放弃围攻奥尔米茨[3]后率领部队行军时，曾带

---

[1] 1760年秋，托特列宾率俄军经奥得河向普鲁士首都柏林进军。奥地利为支援俄军，派拉齐率1.8万人从西里西亚的施韦德尼茨出发，连续行军，于10月2日抵达柏林以南7公里的滕佩尔霍夫村，10天行军320多公里。——译者注

[2] 施韦德尼茨（Schweidnitz），即今波兰城市斯韦德尼察（Swidnica），东北距布雷斯劳50公里。——译者注

[3] 1758年5月1日，弗里德里希二世率普军从西里西亚攻入摩拉维亚，11日在奥尔米茨（Olmütz，即今捷克城市奥洛穆茨）附近占领阵地，因缺乏攻城辎重，推迟至22日才开始围攻。奥地利统帅道恩为营救在奥尔米茨的奥军，于7月1日突然出现在奥尔米茨附近。此前一天，奥军一部在奥尔米茨东北截获普军大批弹药辎重。弗里德里希二世因后方交通线受到威胁，被迫停止围攻，向波希米亚退却。普军退却时因携带大量辎重，速度极慢，7天只走了60公里，但奥军并未进行追击。——译者注

有4000辆辎重车。他把一半军队分散成单独的营和排，以保护这些辎重车。在今天，这样的行军即使碰上最胆小的敌人，也不会再成功。

在长途行军时（例如从塔霍河[1]直至涅曼河），由于辎重减少了，部队当然感到轻快。由于要携带余下的辎重，部队仍只能维持日行军的一般里程，但在紧急情况下毕竟可以以较小的代价行军，超出一般的日行军里程。

总之，辎重减少的意义更多在于节省力量，较少在于加快运动。

---

［1］塔霍河（der Tajo），比利牛斯半岛上最长的河流，横穿西班牙和葡萄牙中部，在里斯本附近流入大西洋，长1007公里。——译者注

★ 第十二章 ★

行军（续二）

现在我们来研究一下行军对部队的损害作用。这种作用是如此之大，以至必须把它当作一个除了战斗以外对部队造成损害的专门因素。

一次适度的行军并不会使军队这一工具受到什么损害，但是连续数次这样的行军就会使军队受到损害，如果是连续数次困难的行军，那么对军队的损害自然就更大。

在战争这个舞台上，缺乏给养和宿营地，道路条件差或破损严重，部队不幸地要一直做好战斗准备，这些都会造成部队力量的过度消耗，从而使人员、牲畜、车辆和被服受到损失。

人们习惯说，长时间的休息并不利于一支部队保持体力，此时的病员人数比采取适当行动时的病员人数更多。当然，如果让士兵挤在狭小营舍的上下铺里，可能而且必然会使他们患病，但是士兵在行军途中的营舍里也是会患病的，缺少新鲜空气和运动从来不是患这些疾病的原因，因为人们行军时是很容易得到新鲜空气和运动的。

人们只需要考虑一下，一个士兵在野外泥泞的道路上冒雨负重行军时生病，与在营房里生病相比，身体受到的损害和削弱会有什么不同。一个士兵即使是在营垒中生了病，也还是可以很快被送到附近村镇的，不至于完全得不到医治。但如果他在行军中生了病，则先要在路旁无助地躺倒数个小时，然后成为掉队者，拖着病体行走数普里。在这种情况下，有多少小病被耽误成了重病，又有多少重病导致了丧生！请再想一想，在尘土飞扬的道路上和夏日灼热的阳光下，即使是一次适度的行军也会使士兵感到酷热难当，使他们在极度口渴的折磨下扑向生水而狂饮，从而患病甚至死亡。

我们做这一考察的意图，不是要减少战争中的活动。工具就是为了使用的，而使用就会造成损耗，这是事物的本性决定的。我们只是想看到一切都做得恰如其分。我们反对那些理论上的空谈，这些理论宣称，高度的出敌不意、最迅速的运动、毫不停歇的行动不会付出任何代价，把这些运动描述成丰富的矿藏，称统帅们由于懒惰而未利用它们。这些理论家对待挖掘这些矿藏的态度，就像对待金矿和银矿一样，只看到产品，而不问开采这些矿藏要付出多少劳动。

在战区外长途行军时，尽管行军的条件通常比较好，每天的损失比较小，但是即使是最轻的病号通常也会长时间地落在后边，因为初愈的人不可能赶上不断前进的部队。

在骑兵方面，受鞍伤的马匹和蹶马会不断增多；在车辆方面，会有一部分因损坏而无法前行，出现混乱。因此我们经常看到，一支部队行军100普里或者更远，抵达目的地时已经受到很大的削弱，特别是马匹和车辆。

如果部队必须在战区内，即在敌人的眼皮底下长途行军，那么战区行军和长途行军的两种不利情况就会同时出现。在人数较多，而且其他条件不利时，部队的损失就可能达到令人难以置信的程度。

现在我们只举几个例子，来证明上述论点。

当拿破仑于1812年6月24日渡过涅曼河时，他准备接下来攻打莫斯科的庞大的中央部队有30.1万人。8月15日，他在斯摩棱斯克[1]附近向其他地方派出了1.35万人，按理说他还应该有28.75万人，而他当时实际只有18.2万人，也就是说已经损失了10.55万人[2]。我们知道，在这之前只发生过两次著名的战斗，一次是达武

---

[1] 斯摩棱斯克（Smolensk），今俄罗斯西部一城市，靠近白俄罗斯边境，位于第聂伯河畔，西北距维捷布斯克130公里。——译者注
[2] 所有这些数字都摘自尚布雷（Georges de Chambray，1783—1848，侯爵，法国炮兵将军和军事理论家，著有《远征俄国史》[Histoire de L'Expedition de Russie]）的著作。——作者注

与巴格拉季翁[1]之间的战斗，另一次是缪拉与奥斯特曼-托尔斯泰[2]之间的战斗[3]，这样我们对法军在这两次战斗中的损失顶多可以估计为1万人，也就是说法军在52天内径直推进约70普里的情况下，仅因病员和掉队就损失了9.5万人，占了总兵力的1/3。

三周之后，在博罗季诺[4]会战时，法军的损失已经达到14.4万人（包括在战斗中的损失）。又过了8天，在法军抵达莫斯科时，其损失已经达到19.8万人。法军中央部队在当时每天的损失大体是：在第一时段[5]占初始总兵力的1/150，在第二时段占初始总兵力的1/120，在第三时段占初始总兵力的1/19[6]。

拿破仑从渡过涅曼河直到莫斯科的运动当然可以称得上是连续行军，但是我们不应该忘记，这一行军用了82天，只走了约120普里，而且法军在途中还正式休整了两次：一次在维尔纳[7]附近，约14天，另一次在维捷布斯克[8]附近，约11天。在休整期间，一些掉队的士兵就有时间重新归队。在这14周的推进期间，季节和道路不能算是最坏的，因为当时是夏天，所走的道路大多是沙土路。但是庞大的部队集中在一条道路上，给养不足，而且对手虽在退却，但并不是在溃逃，这些是造成法军行军困难的因素。

关于法军退却，或者更准确些说，关于法军从莫斯科**推进**到涅曼河的情况，

---

[1] 巴格拉季翁（Pyotr Ivanovich Bagration，1765—1812），亲王，俄军统帅。曾多次随著名统帅苏沃洛夫出征。在1812年战局中任西线第二军团司令，在博罗季诺会战中阵亡。——译者注
[2] 奥斯特曼-托尔斯泰（Aleksandr Ivanovič Ostermann-Tolstoi，1770—1857），伯爵，德裔俄国将军，曾参加俄国对波兰和土耳其战争，在1812年战局中任第四军军长。——译者注
[3] 这两次战斗发生在1812年战局的初期。1812年7月20日，拿破仑为切断巴格拉季翁军团和巴克莱军团会合的去路，派达武指挥法军前进到莫吉廖夫。23日，达武与巴格拉季翁指挥的俄军进行战斗，俄军退却。25日，缪拉指挥的法军在奥斯特罗夫诺与俄军前卫部队遭遇，激战两日，俄军败退。——译者注
[4] 博罗季诺（Borodino），今俄罗斯西部一村庄，东距莫斯科约100公里，位于莫斯科河右岸。——译者注
[5] 作者在本书第七卷中将1812年俄国战局分为两大部分，分别是法军的推进和退却。其中第一部分又分为两个阶段，而每个阶段又分为两个时段。第一时段从法军推进至维尔纳附近到第一次停顿（6月24日—7月中）；第二时段从第一次停顿结束到第二次停顿（7月中—8月8日）；第三时段从俄军主力试图进攻到莫斯科失守（8月8日—9月15日）；第四时段从法军攻下莫斯科到退却（9月15日—10月23日）。——译者注
[6] 详见本书第七卷。——译者注
[7] 维尔纳（Wilna），即今立陶宛首都维尔纽斯（Vilnius）。——译者注
[8] 维捷布斯克（Witebsk），今白俄罗斯北部一城市，位于道加瓦河畔。——译者注

我们就根本不想谈了，但是我们也许可以指出，追击法军的俄军从卡卢加[1]地区出发时为12万人，抵达维尔纳时是3万人，而众所周知，俄军在这一时期的战斗伤亡是很少的[2]。

现在我们再从1813年布吕歇尔在西里西亚和萨克森的战局中举一个例子。这次战局不是以长途行军，而是以多次往返运动著称的。布吕歇尔的约克军于8月16日以约4万人开始这次战局，10月19日抵达莱比锡[3]附近时还有1.2万人。根据最可靠的著作家们的记载，该军在戈尔德贝格[4]、勒文贝格[5]、卡茨巴赫河[6]畔、瓦尔滕堡[7]和默肯[8]（莱比锡）的主要战斗中，大约损失了1.2万人，其余的非战斗减员在八周内达到1.6万人，占总兵力的2/5。

因此如果人们想要进行一场频繁机动的战争，那就必须做好自身兵力因此将受到大量损失的准备，并据此制订其余的计划，首先要制订好后续的增援计划。

---

［1］卡卢加（Kaluga），今俄罗斯卡卢加州首府，北距博罗季诺150公里，东北距莫斯科约190公里，位于奥卡河畔。——译者注

［2］作者的意思是，在俄军损失的9万人中，有相当一部分是因追击途中患病或掉队损失的。——译者注

［3］莱比锡（Leipzig），今德国萨克森州最大城市，位于莱比锡盆地中心，白埃尔斯特河、普莱瑟河、帕尔特河交汇处。——译者注

［4］戈尔德贝格（Goldberg），即今波兰城市兹沃托雷亚（Złotoryja），位于卡茨巴赫河畔。——译者注

［5］勒文贝格（Löwenberg），即今波兰希隆斯克地区勒武韦克（Lwówek），位于布布尔河畔。——译者注

［6］卡茨巴赫河（die Katzbach），即今波兰卡什扎瓦河，下西里西亚境内奥得河的一条支流，流经兹沃托雷亚、莱格尼察，长84公里。——译者注

［7］瓦尔滕堡（Wartenburg），今德国萨克森-安哈尔特州城市肯姆贝格（Kemberg）的一部分，位于易北河畔。——译者注

［8］默肯（Möckern），今德国萨克森州首府莱比锡的一个城区，东南距市中心5公里。——译者注

★ 第十三章 ★

舍营

在近代军事艺术中，舍营又成为必不可少的了，因为无论是帐篷还是一个完备的运输体系都不能使部队放弃舍营。而厂营和露营，不管改进到何种程度，毕竟不能成为一种常用的宿营方法，如果常用这种方法，部队迟早（这取决于气候变化的情况）要发生疾病，从而过早地消耗力量。在1812年俄国战局中，法军在十分恶劣的气候条件下，整整6个月几乎完全没有进行舍营，这是出现这种情况的少数战局之一。但是这种可说是狂妄的努力（当然，说这个行动的政治意图是狂妄的更恰当）又得到了什么样的后果呢！

有两种情况妨碍部队舍营，即敌人就在附近，以及自己的快速运动。因此只要临近决战，部队就不得不放弃舍营，而且不到本次决战结束，就不能再舍营。

在近年的战争中，也就是在我们过去25年来所看到的全部战局中，战争要素以其全部能量发挥了它的威力。凡是在战争中可能进行的活动和可能发挥的力量，在这些战局中大多都发生了。但是这些战局持续的时间都不长，很少有达到半年的，大多只需数月就达到了目的，也就是说失败者很快就被迫停战甚至媾和了，或者是胜利者很快就用尽了力量。在这样高度紧张的几个月期间，很少谈得上什么舍营，因为即使是在乘胜追击的过程中，如果不再有什么危险，部队运动速度就会很快，不可能进行这种舒适的舍营。

如果战事的进程由于某种原因不是很激烈，如果双方力量更多是在进行较平稳的较量，那么把部队安顿在屋舍内，就成为人们关注的一个主要问题。这种对舍营的需求对于作战指挥本身也有一些影响：一方面，部队在舍营时会试图部署兵力较强的前哨系统，以及前出更远和规模更大的前卫部队，以赢得更多的时间和安全；另一方面，部队在舍营时会更多倚重当地的富庶和农作物，而较少倚重战术上的地形优势或者线和点的几何关系。一座有两三万居民的商业城市，一条沿途有很多大村庄和繁华城市的大路，是如此地便于大部队集中部署，而这种集中部署给部队提供的便捷性和活动余地又是如此之大，以至其足以抵得上一个有更好位置的地点所能带来的好处。

关于舍营部署的形式，我们只做几点说明，因为这一问题大多属于战术范畴。

部队的住宿分为两类：一类是作为部队的主要事务，另一类是作为部队的次要事务。如果部队在战局中仅仅是出于战术和战略上的原因进行部署，并为便于这一部署而要求部队在部署地点附近舍营（特别是经常要求骑兵一同舍营），那么舍营就是次要事务，是用来代替野营的，因此部队必须在能够保证及时抵达部署地点的范围内舍营。如果部队是为了休整而舍营，那么住宿就是部队的主要事务，其他举措（当然也包括部署地点的选择）就必须以这个主要事务为准。

这里需要考虑的第一个问题是整个舍营区的形状。它通常是一个拉得很长的矩形，等同于把战术上的战斗序列扩大了；部队的集结点设在舍营区的前面；大本营设在它的后面。但恰恰是这三项规定非常妨碍整个部队在敌人到来之前进行可靠的集结，几乎是与之对立的。

舍营区越是接近正方形乃至圆形，部队就越能迅速地集中到一个点即中心点。集结点越靠后，敌人抵达这个点就越迟，留给我军用于集结的时间就越多。设在舍营区后面的一个集结点是绝不会陷入危险的。而反过来，大本营越是前移，我军就越能早一些得到情报，指挥官就越能更好地了解各方面的情况。尽管如此，上面讲的三项规定也不是没有根据的，也还是多少值得考虑的。

有人主张通过扩大舍营区的宽度来保护可能被敌人用于征用物资的地区。不过，这一理由既非完全正确，又非很重要。这一理由对舍营部队的最外翼来说还是正确的，但是如果各部队大多在集结点周围舍营，那么对两个部队之间出现的中间地带来说，这个理由就站不住脚了，因为敌军的小部队是不敢进入这个中间地带的。我们之所以说这个理由不是很重要，是因为要防止敌人在我们附近地区征用物资，有比分散部署部队更简单的方法。

把集结点设在舍营区前面的意图是保护舍营区。这与下述理由有密切联系：首先，如果把集结点设在舍营区的后面，那么当部队匆忙拿起武器跑向集结点时，总会在舍营区留下一个很容易落入敌手的尾巴，即掉队的士兵、病员、辎重、物资等等；其次，舍营部队应防备，如果敌人以骑兵绕过其前卫部队，或者干脆突破了前卫部队，那么敌人就会攻入其分开舍营的团和营。而如果敌人遇到的是一支部署好的部队，那么即使这支部队人数少，最后肯定会被敌人打垮，但它毕竟可以阻挡住敌人，赢得一些时间。

至于大本营的位置，人们认为，怎么保障其安全也不为过。

根据上述不同的考虑，我们认为，舍营区的形状最好是一个接近正方形或圆形的矩形，集结点设在中央，当兵力较大时，大本营设在第一线。

我们在《部队的一般部署》中谈到的关于保护翼侧的一些问题，在舍营时也是适用的，因此主力部队派往左右两侧的部队，如果意图和主力共同作战，那么其舍营时集结点的位置应与主力所在位置平行。

如果我们考虑到，地形的本性一方面通过有利的地段决定着部队自然的部署地点，另一方面通过城镇和村庄的分布情况决定着部队舍营的位置，那么我们就可以知道，在确定部署地点和舍营位置时，几何形状极少能起到决定性作用。但是我们还是要提请注意几何形状的影响，因为它和所有的一般法则一样，时而突出、时而不怎么突出地贯穿于一般事务。

至于对舍营地的有利位置还有什么要说的，我们可以指出，部队应该选择一个有保护作用的地段，以便在它的后面舍营，同时可派出很多小部队监视敌人；或者在要塞后面舍营，在这种情况下，敌人无法摸清要塞守军的兵力，必然会对要塞更加敬畏和小心。

对于得到加固的冬季舍营地，我们将在专门的一章中进行论述[1]。

一支常驻部队舍营与一支行军部队舍营的不同在于，为避免多走路，行军部队的舍营很少展开，而是沿着行军道路舍营，只要舍营地的规模不超过一日短行

---

[1]参阅本书第二卷第六篇第十三章。——译者注

军的舍营要求，并且对迅速集结没有不利影响即可。

在距敌很近的情况下（术语所说的"敌前"），也就是在双方前卫部队之间相距不远的情况下，舍营区的大小和部队集结所需要的时间决定前卫部队和前哨部队的兵力与位置；或者，如果前卫部队和前哨部队的兵力与位置是根据敌情和其他情况决定的，那么舍营区的大小反过来应根据先头部队抵抗能赢得多少时间来决定。

至于应该如何设想前出部队的抵抗，我们在本篇第三章[1]中已经谈过。从前出部队的抵抗时间中，必须减去后传敌情和舍营部队准备出发的时间，剩下的时间才是舍营部队可用于开赴集结点的时间。

最后，为了在这里也把我们的观点概括成为一个符合一般情况的结论，我们想指出，如果舍营区的半径相当于前卫部队的派出距离，而且集结点基本上就在舍营区的中央，那么即使前卫部队不用烽火和信号弹等类似手段，而是用递骑[2]（只有这种方法才是可靠的）后传敌情，其抵抗敌人所赢得的时间中，可以用来后传敌情和舍营部队准备出发的时间在大多数情况下也是够用的。

因此，当前卫部队前出3普里时，约30平方普里的区域可供舍营。在中等人口密度的地区，这样大的面积上大约有1万户人家。一支5万人的大部队，减去前卫部队，平均每户人家大约要容纳4人，是很舒适的。部队的人数如果多一倍，平均每户要容纳9人，也还不是很拥挤。相反，如果前卫部队无法前出1普里以上，那么舍营区的面积就只有4平方普里，这是因为，尽管前卫部队赢得的时间不会随着其前出距离的缩短而同比例减少，大部队在距前卫部队1普里时，仍可指望赢得6小时的时间，但是在距敌如此近的情况下，不得不加强戒备。在这样的一个区域内，一支5万人的部队只有在人口密度很大的地区才能勉强找到住处。

从这里可以看出，大的或者至少比较大的城镇对部队舍营起着怎样的决定性的作用。它们可以让1万～2万人几乎在同一个地点舍营。

根据这个结论，我们可以说，如果我们距敌不是过近，而且派出了适当的前卫部队，那么即使针对敌人一支集结在一起的部队也可以停留在舍营区中。1762

---

[1] 原文如此，疑误。应为第八章。——译者注
[2] 负责传递命令和敌情的骑兵小分队，一般由1名士官和4—8名士兵组成。——译者注

年初弗里德里希大帝在布雷斯劳附近，1812年拿破仑在维捷布斯克附近都曾这样做过。不过即使由于我们距集结在一起的敌人有适当的距离，并且已经采取了适当的举措，从而不必担心自己部队集体舍营时的安全，但我们毕竟不能忘记：我们这样一支随时准备紧急集结的部队做不了什么其他事情，没有能力迅速利用可能出现的有利时机，因此我们的行动能力是大打折扣的。由此得出的结论是，只有在下述三种情况下，一支大部队才能完全进入舍营区：

1. 如果敌人也在舍营；

2. 如果部队的状况要求必须舍营；

3. 如果部队接下来的任务仅限于防守一处坚固阵地，因此只要求部队能够及时集结在该阵地。

关于舍营部队集结的问题，1815年战局提供了一个十分值得注意的例子。齐滕将军率布吕歇尔的3万人的前卫部队在沙勒罗瓦附近，距军团预定的集结地点松布雷夫[1]只有2普里。该军团大部队最远的舍营区距松布雷夫约8普里，即舍营区的一端过了锡奈[2]，另一端直到列日[3]方向。尽管如此，过了锡奈舍营的部队在利尼会战开始前数小时还是已经集结在了松布雷夫附近，向列日方向舍营的部队（弗里德里希·冯·比洛[4]军）如果不是因为偶发情况和组织得错误百出的通联，本来也是会及时抵达的。

普鲁士军队这样舍营，对其大部队安全的考虑无疑是不够的。但是我们必须说明的是，当普鲁士军队这样舍营时，法军舍营的区域也很大；普鲁士军队的错误只是在于，当他们接到情报，知道法军已经开始运动和拿破仑已经抵达军中时，没有立刻改变原来的舍营部署。

但是普鲁士军队在敌军开始进攻前本还是有可能在松布雷夫附近完成集结的，这始终是值得我们注意的。布吕歇尔在14日夜间，即在齐滕将军确实受到敌

---

[1] 松布雷夫（Sombreffe），今比利时那慕尔省一城市。——译者注
[2] 锡奈（Ciney），今比利时那慕尔省一城市，西北距松布雷夫53公里。——译者注
[3] 列日（Lüttich），今比利时列日省省会，西距松布雷夫78公里，西南距锡奈60公里。——译者注
[4] 弗里德里希·冯·比洛（Friedrich Wilhelm Freiherr von Bülow，1755—1816），男爵，普鲁士将军。普鲁士军事理论家亚当·冯·比洛之兄。多次参加反对拿破仑的战争，从未打过败仗，有"福将"之称。——译者注

进攻之前12小时，就接到了敌人推进的情报，并开始集结他的部队。但是当齐滕将军于15日9时已受到敌猛烈进攻时，在锡奈的蒂尔曼[1]将军才接到向那慕尔[2]开进的命令，于是蒂尔曼不得不先以师为单位集结他的军，然后在24小时之内行军6.5普里，抵达松布雷夫。假如弗里德里希·冯·比洛将军能适时接到命令，他也是可以在同一个时间抵达的。

而拿破仑却未于16日下午2时以前对利尼发起进攻，因为他担心一面要对付威灵顿，另一面要对付布吕歇尔，换句话说，力量不对称使他行动迟缓了。由此可见，在较为复杂的情况下，甚至最果断的统帅也难免要谨慎地试探着行动，从而导致行动迟缓。

这里提出的一些思考显然有一部分更多属于战术范围，而非战略范围，但是为了避免论述不清，我们宁愿超出战略范围多讲一些。

---

[1] 蒂尔曼（Johann Adolf Freiherr von Thielmann，1765—1824），男爵，普鲁士将军。——译者注

[2] 那慕尔（Namur），今比利时那慕尔省省会，东南距锡奈28公里。——译者注

★ 第十四章 ★

给养

在近代战争中，给养的重要性比以往大得多，其原因有两个。第一个原因是，军队的规模总的来说毕竟比中世纪甚至法国旧制度[1]时的军队规模大得多。尽管历史上偶尔有一些国家的军队在规模上等同或者远超过近代军队，但这毕竟是很少见的、暂时的现象，而自路易十四世以来的近代战史中，各国军队的规模一直都十分庞大。第二个原因更为重要，而且更是近代特有的，这就是我们的战争的内在联系更为紧密，进行战争的军队必须经常处于临战状态。在古代，大多数的战争是由一些单个的、没有联系的军事行动构成的，各次军事行动之间都有停顿。在这些停顿中，战争要么实际上已经完全停止，仅在政治上存在；要么双方军队至少相隔很远，以至各自可以只顾从事自己要做的事情，而不必顾虑对方。

---

[1]"法国旧制度"（die alte Welt），指1789年法国革命前的路易十四世统治时期。当时法国陆军人数接近40万，是欧洲规模最大的陆军。——译者注

由于各国政府的努力，近代战争，也就是自《威斯特伐利亚和约》[1]以来的战争已经变得更有规则、更有内在联系了。战争的目的高于一切，因此要求在给养方面建立能够处处满足战争需要的制度。17世纪和18世纪的战争虽然也有接近完全停战的长时间的休战状态，即有规律地进驻越冬营地，但进驻越冬营地仍旧是从属于战争目标的。当时这样做并不是为了部队的给养，而是因为季节不好。随着夏季的到来，照例要结束冬季宿营，因此至少在良好的季节中，要求采取不间断的军事行动。

在这方面，也像在其他任何方面一样，从一种状态和行为方式向另一种状态和行为方式过渡，总是逐步实现的。在针对路易十四的战争中，联军为便于取得给养，尚习惯让部队到较远的省份去进驻越冬营地，而在西里西亚战争中，已经不再有这种现象了。

军事行动主要是在各国以雇佣兵取代封臣提供的军队[2]后，才开始有可能变得有规则和有联系。这时封臣所承担的提供军队的义务已转变为税赋，人身服役或者完全取消，代之以募兵制，或者仅存于很少的民众层级，贵族将其入伍视为一种税赋，视为一种人头税（像目前在俄国和匈牙利还实行的那样）。我们在别

---

[1]《威斯特伐利亚和约》是三十年战争（1618—1648）结束后一系列和约的总称，签约双方是统治西班牙、神圣罗马帝国、奥地利帝国的哈布斯堡皇室和法国、瑞典以及神圣罗马帝国内勃兰登堡、萨克森、巴伐利亚等邦国。双方自1643年7月在威斯特法伦谈判，1648年5月15日至10月24日签订和约。和约条款繁多，主要涉及三方面内容：首先，和约保证了胜利者获得大片领土。同时，条约正式承认瑞士脱离神圣罗马帝国，成为独立国家；正式承认40年前荷兰从西班牙获得的独立。其次，和约确定了德意志的宗教关系，规定路德和卡尔文教与天主教具有平等的地位和权利。最后，和约削弱了神圣罗马帝国皇帝的权力，承认各诸侯国有独立的外交权。总之，该和约削弱了哈布斯堡皇室的统治，加深了德意志政治上的分裂，改变了欧洲政治力量对比。法国实力大增，为后来称霸欧洲打下基础；瑞典获得波罗的海和北海沿岸重要港口，成为北欧强国。此外，该和约创立了以国际会议解决国际争端的先例，确定了国际关系中应遵守的国家主权、国家领土与国家独立等原则，对近代国际法的发展具有重要促进作用。一些史学家也将1635年的《布拉格和约》和1659年的《比利牛斯和约》视为《威斯特伐利亚和约》体系的一部分。——译者注

[2] 封臣提供军队是采邑制的主要内容。采邑制是中世纪在西欧实施的一种土地占有制度。大封建主对于提供兵役或执行其他任务的臣属，以封赐土地或金钱等作为恩赏，称作采邑，供终身享用，但是不能世袭。此后，这些封臣又分赐采邑给其下属，从而形成一个以土地为纽带的领主与下属之间的关系。作为采邑封赏给下属的主要是土地，但也包括伯爵等国家官职和教会职务。采邑制的一些惯例包括：领主担负保护下属土地的责任，下属则有义务效劳，为领主作战，否则收回采邑；采邑享用期以封君或封臣在世时为限，双方任何一方离世，采邑都应交回。采邑制在当时对于提高国家的战斗力很有帮助，而且通过采邑制逐渐形成了一种封建等级制度。由于得到采邑的封臣都力图把采邑变成自己世袭占有的土地，到了11世纪，采邑制基本上消失。——译者注

处已经说过，不管怎样，这时的军队已经成为政府的一个工具，其开销主要靠国库或政府的财政收入。

随着军队的部署和不断的兵员补充所出现的变化，军队的给养也必然发生同样的变化。如果某些阶层的人为免除兵役已经缴纳了赋税，那么就不能简单地再让他们负担军队的给养了，因此政府、国库必须负担军队的给养，在本国内不能让地方负担军队的维持费用。政府必须把军队的给养完全看作是自己的事情。这样，军队的给养在两方面变得更加困难了，一方面，给养已成为政府的事情；另一方面，军队又总是面临敌人的威胁。

这样，不仅形成了专门从事战争的军队，而且形成了专门的军队给养制度，而且这种制度正在尽可能地趋于完善。

给养所需的粮食，无论是采购来的还是国家的领地提供的，不仅要由远方运来，储存在仓库里，而且还要借助专门的运输队从仓库运送到部队，在部队附近由专门的面包房烤成面包，然后再借助部队自己的另一支运输队从面包房取走。我们之所以考察这种制度，不仅是因为它可以说明实行这种制度的战争的特点，而且也是因为这种制度绝不会完全废止，其中的个别部分还会一再出现[1]。

这样，军事组织就趋于减少对国家和民众的依赖。

结果，战争虽然因此而变得更有规则，更有内在联系，更加从属于战争目的，也就是更加从属于政治目的，但它的运动却受到更大的限制和束缚，其威力受到极大的削弱，因为这样一来，部队受到物资库和运输队活动范围的限制，在整个活动中很自然地要考虑尽量节约给养。只能吃到可怜的一小块面包的士兵，经常虚弱得像个影子般晃来晃去，在这一挨饿的时刻，没有任何改变这种状况的希望来安慰他们。

如果有人认为士兵得到这样可怜的给养是件无所谓的事，只看到弗里德里希大帝依靠这种缺乏给养的士兵也成就了很多事，那么他就是没有公正地看待这一问题。能忍饥挨饿的确是士兵的最重要的素质之一，如果没有这种素质，军队就

---

[1] 仓库供给的给养方式是在17世纪后半叶路易十四时代产生的，当时实行所谓的"五日行程制度"，作战部队一般距仓库不超过五日行程，只有建好新的仓库以后，部队才继续前进。面包房设在部队与仓库之间，距部队两日行程，距仓库三日行程。部队每五日领取一次新鲜面包。据说，到18世纪末欧洲各君主国干涉法国革命时，普鲁士将军布伦瑞克公爵仍坚持实行这种制度。——译者注

谈不上有什么真正的尚武精神。但是忍饥挨饿必须是暂时的，只能是迫于环境，不能成为一种可怜的供给体系或对部队必需品抽象和苛刻计算的结果。否则每个士兵的身心一定会不断地受到削弱。我们不能把弗里德里希大帝用他的军队所获得的成就作为标准，这一方面是因为与之对峙的一方采用的也是这种给养制度；另一方面，假如条件允许他像拿破仑那样供给军队，不知道他能多做多少事情。

人们只是从来不敢把这种复杂的给养制度用到马料的供应上，因为马料的量大，在运输上有更多的困难。一日份饲料比一日份口粮重约10倍，而军中马匹的数量不是人数的1/10，而是仍占到人数的1/4～1/3，在以前更是占到1/3～1/2，也就是说马料要比口粮重3倍、4倍或者5倍。因此人们力图用最直接的方法，即就地自行收割鲜饲料或掠走干饲料的方法来满足这种需要。但是这种方法以另一种方式使作战受到很大的限制：一方面，统帅在制订行动计划时，由于受到这种方式的限制，就要考虑尽量在敌占区作战；另一方面，由于采用这种方式，部队就不能在一个地方久留。其间，在西里西亚战争时期，已经很少采用这种方法了，因为人们发现用这种方法会使部队所在地区受到很大的破坏和消耗，远不如通过供货和征用的方法能更好地满足需要。

当法国革命一下子又把一支民众力量带上战争舞台时，各反法政府的手段就显出不足了。有关国家脱胎于这些有限手段、同时又以这些有限手段为保障的整个战争体系被粉碎了。我们在这里讨论的**这个部分**即给养体系，也随着整个战争体系崩溃了。革命的领导者们不怎么关心物资库建设，更不会考虑建立这种像钟表一样复杂的给养体系（这一体系就像钟表的齿轮一样，推动着运输体系中不同的运输队前行）。他们把士兵们送上战场，驱使将军们进行会战，通过征用、劫取和掠夺其所需的东西来供给、加强、鼓舞和刺激军中的一切。

拿破仑进行的和针对拿破仑进行的战争均处于上述两种极端之间的中间位置。也就是说，在这些战争中，两种方法中的任何手段只要适用就被采用。今后大概仍会如此。

近代军队在取得给养方面，尽量利用当地所能提供的一切，而不考虑它的所有权。方法共有四种：屋主供给、部队强征、定期征用以及仓库供给。这四种方法通常是综合使用的，通常以某一种方法为主，但有时也只采用其中的一种。

1. **屋主或村镇供给，这两者是一样的。** 如果考虑到，一个村镇即便像大城市那样居住的都是消费者，也一定会存有几天的粮食，那么就不难看出，即使是人口最稠密的城市，无须特别准备也能供给几乎与居民人数相等的部队一天，如果部队的人数少很多，就可以供给好几天。这样，在大城市中可以取得令人非常满意的结果，因为一支大部队可以在一个地点取得给养。然而在较小的城镇甚或农村中，是不能取得令人满意的结果的，因为在这里平均每平方普里有3000~4000居民已经相当稠密了，但只能供给3000~4000名军人，这就要求人数多的部队分散到很广的范围，以至部队很难顾及其他条件。不过在平坦的地区，甚至在小城镇中，战争中极为需要的给养的数量却比大城市多得多。一般来说，一位农民的面包储量平均起来可供其全家食用8~14天，肉类每天都能得到，蔬菜通常可以吃到下季收获期。因此在还没有驻过部队的地方，居民供给相当于自己3~4倍的部队数日是没有困难的，这又是个令人非常满意的结果。由此可见，一路3万人的部队如果不能在较大的城镇宿营，那么它在每平方普里平均2000~3000人口的地方宿营时，大约需要4平方普里的地区，即每边宽2普里。因此，如果一个9万人的军团（其中约7.5万人是战斗人员）分三路并列前进，在有三条道路的情况下，只要有6普里的宽度就够了。

如果随后有多路部队进入这一舍营区，那就需要地方当局采取特别的举措，但这对增加一天或两天的必需品供应并不是什么难事。因此，即使驻9万人后又有同样多的部队在第二天抵达，后来的部队也不会有什么困难，而这已经是一支有15万战斗人员的大部队了。

至于马匹的饲料，困难就更少了，因为饲料不需要磨碎和烘焙。在乡下，农民为自己的马匹储存的饲料可以一直用到下季收割期，因此即使部队在厩舍饲养牲畜很少的地方宿营，也不会缺饲料。当然，只是应注意要求村镇，而非屋主提供饲料。此外，在组织行军时人们显然要考虑到地区的特点，不要恰恰让骑兵到商贸、工厂所在地和地区去舍营。

从上述粗浅的考察中可以得出结论：在中等人口密度的地区（每平方普里约2000~3000居民），一支拥有15万战斗人员的大部队在展开很小且不排除要共同战斗的情况下，通过屋主和村镇供给就可以取得一两天的给养。也就是说，这样一支大部队在连续行军时，即使没有物资库和其他给养准备也是可以维持的。

法国军队在革命战争时期和在拿破仑指挥下的行动，就是以这个结论为依据的。他们自阿迪杰河[1]推进至多瑙河[2]下游,自莱茵河推进至维斯瓦河[3][4],几乎只采用了屋主供给的方法,但在给养上并没有出现什么困难。由于他们的行动是建立在物质和精神优势基础上的,伴随着确定无疑的胜利,至少在任何情况下都没有因优柔寡断和小心谨慎而迟疑不前,因此他们在胜利道路上的运动大多是由不间断行军形成的运动。

如果环境不是很有利,当地居民并不是很多,或者手工业者比农民多,土地贫瘠或者已经多次驻过部队,那么取得给养的结果当然会差一些。但是如果我们考虑到,把一路部队的舍营区每边从2普里提高到3普里,舍营区的面积就立刻可以增加1倍以上,即不再是4平方普里,而是9平方普里,而且这种营区的大小在一般情况下仍可保证共同进行战斗,那么就可以知道,即使在不间断运动的不利情况下,这种取得给养的方法仍然是有可能继续存在的。

但是如果部队要停留多天,而又没有采取其他方法早做准备,那就会发生极大的困难。即便是现在,一支较大的部队如果不采取下列两项举措早做准备,也是无法停留多天的。第一项举措是给部队配属运输队,携带数天(3~4天)最必需的给养——面包或面粉。这样,再加上士兵自己携带的3~4天的口粮,那么8天最必需的给养总是可以得到保障的。第二项举措是设置适当的军需机关,以便任何时刻都能从远方给正在休整的部队运来粮食,以至部队可以随时由屋主供给的方法改用另一种给养方法。

屋主供给这种方法有很多优点,因为它不需要任何运输工具,而且在最短的时间内就能做到。当然,这要以部队一般都进行舍营为前提。

2. **部队强征**。如果一个单独的步兵营要进驻一处营垒,那么它应尽量选在一些村庄附近,这样就可以指定这些村庄为其提供给养。从这一点看,这种取得给养的方法实质上与前一种方法没有什么不同。但是像常见的那样,如果在一个地

---

[1] 阿迪杰河(die Etsch),意大利北部一条河流,流入亚得里亚海,长415公里。——译者注
[2] 多瑙河(die Donau),欧洲第二大河,流经今德国、奥地利、斯洛伐克、匈牙利等国,流入黑海,长2858公里。——译者注
[3] 维斯瓦河(die Weichsel),波兰最长的河流,发源于喀尔巴阡山脉,流入波罗的海,长1,047公里。——译者注
[4] "自阿迪杰河推进至多瑙河下游",指1797年拿破仑从北意大利向奥地利施泰尔马克的进军;"自莱茵河推进至维斯瓦河",指1806年普法战争中,拿破仑率法军从莱茵河出发,在耶拿和奥尔施泰特会战中击败普军,并一直追击到维斯瓦河。——译者注

点设营的部队人数非常多，那么为了供给一个较大的整体（如一个旅或一个师）所需要的给养，除了集体从一些地区强征，然后再分配外，没有别的办法。

人们一眼就可以看出，用这种方法不可能为较大规模的部队取得必要的给养。在一个地区强征到的粮食比部队在该地区舍营时所能得到的粮食要少得多，因为在舍营时三四十个士兵进入一户农民家，必要时能够把农民家最后一点粮食都弄到手；可如果派一名军官带领几个士兵去强征，他们既没时间，也没办法把一切存粮都搜出来，而且经常缺乏运输工具，因此只能搞到现有粮食中的很少一部分。从另一方面来看，如果大量部队如此密集地在一个地点野营，那么对整个部队的需要来说，很快能够征到给养品的那些地区就显得太小了。一支3万人的部队，在半径为1普里的范围内，也就是在3~4平方普里的面积内强征给养品会有多少收获呢？即便是这样的强征，他们也很难做到，因为大多数邻近村庄已有零星部队宿营，他们是不会让村民把给养交出来的。最后，这种方法造成的浪费是最严重的，因为个别的部队得到的东西超过了他们的需要，很多东西没有食用就扔掉了，等等。

我们因此可以得出这样的结论：用这种强征的方法解决给养问题，只有在部队不太大时（大体上对一个8000~1万人的师来说），才能收到成效。即使是在这种情况下，强征也只能当作一种迫不得已而为之的办法。

一切直接在敌前行动的部队（例如前卫部队和前哨部队），在向前运动时，通常不可避免地要采用这种方法，因为在他们要抵达的地点根本不可能事先准备好粮秣，而且他们通常距为其余大部队所征集的粮秣太远。此外，独立行动的小规模袭扰部队也只能采用这种方法。最后，在碰巧没有时间和手段采用其他给养方法的一切情况下，也不可避免地要用这种方法。

部队越是适于采取定期征用给养的方法，时间和环境越是允许采用这种方法，取得给养的结果就越好。但是部队大多没有时间定期征用给养，而部队用强征的方法直接取得给养可以快得多。

3. 定期征用。 无可争辩，这是筹备给养的最简单和最有效的方法，也是一切近代战争的基础。

这种方法与前一种方法的区别主要在于，定期征收是在地方当局参与下进行的。这时，部队不再是恰好找到存粮后即以暴力强取，而是借助于合理的分派，要民众有序地交出存粮。这种分派只有地方当局能做好。

这里一切都取决于时间。时间越多，分派范围就越广，压给民众的负担就越轻，征收的效果就越理想，甚至也可以把现金采购作为辅助手段。这样一来，这种定期征用就接近于第四种方法了。在本国内集结部队时，采用这种方法是没有困难的，一般在部队后撤时也不会遇到什么困难。相反，部队在进入一个尚未占领的地区时，留给这种征用的时间就很少。前卫部队通常只比大部队先到一天。前卫部队对地方当局提出要求，要求其在这里和那里准备多少份粮秣。由于这些粮秣只能从附近地区，即某地周围数普里的范围内筹集和征收到，因此对人数较多的部队来说，如果自己不携带数天的给养，而只靠在匆忙中征收的粮秣，是远远不够用的。因此，军需机关的任务就是掌管这些粮秣，把它们只分发给那些没有任何粮秣的部队。但是困难是会逐日减少的，因为随着能够征收到粮秣的距离一天天地扩大，地区的面积也随之扩展，收获也会随之增加。如果可以提供粮秣的地区在第一天只有4平方普里，那么在第二天可能有16平方普里，在第三天可能有36平方普里。也就是说，第二天比第一天增加了12平方普里，第三天又比第二天增加了20平方普里。

当然，这里所谈的只是大致的情况，因为能提供粮秣的地区的扩大受到很多情况的限制，其中最主要的是大部队刚刚宿营过的地区不可能像其他地区那样提供很多粮秣。但从另一方面来看，人们也应考虑到，能提供粮秣的地区的半径每天有可能扩大2普里以上，也许能扩大3～4普里，有些地方还可能更多。

为了能把分派的粮秣（至少是其中的大部分）确实征收到手，当然需要配属给地方当局的征粮队行使权力，但更重要的是要使全体民众担心承担责任，以及害怕受到惩罚和虐待。部队在这种情况下一般会把这一切当作普遍的压力压向全体民众。

我们不可能叙述军需机关和给养制度的复杂的全部细节，我们只关注结果。

这一结论是正常人的理智对一般情况进行考察后得出的，并为法国革命以来历次战争的经验所证实，即使是一支规模较大的部队，如果它自带几天的粮食，采用这种抵达某地后才开始征用的方法无疑是可以解决给养问题的。部队首先在附近地区采用，然后随着时间的推移，扩大征收地区的范围，而且由越来越高的当局负责安排。

除非当地的力量已经枯竭、非常贫困或受到严重破坏，否则这种方法总是可以使用的。部队驻留的时间较长时，对给养的征用要求可以一直提到地方最高当局，它在安排时自然会尽力让负担尽量平均分配，还可以通过收购粮秣来减轻压力；而且即使是交战国的部队，如果它较长时间在我们的国土上，通常也不会那么粗暴和肆无忌惮地把给养的全部负担压在当地民众身上。于是这种征收方法逐渐自行接近于仓库供给的方法，但不会因此就完全变为另一种方法，它对军事活动的影响也不会有显著的变化。这是因为以下两种情况是截然不同的：一是尽管人们可以从较远的地方运来粮秣，对一地进行补充，但是当地政府仍是部队得到给养的真正的源泉；二是如果部队如同在18世纪战争中一样，自行解决给养，地方政府一般与之毫无关系。

它们的主要区别在于：前一种征用给养是利用地方的运输体系和地方的面包房。由此，军队运输体系中那一庞大的总是妨碍作战的辎重队就消失了。

尽管现在任何一支大部队仍不能完全没有给养运输体系，但是规模已经小多了，多半只是用来运输当日剩余的、供第二天使用的粮食。即使是在近代，特殊情况（例如1812年俄国战局中的情况）仍会迫使部队使用庞大的辎重队和携带野战面包房。不过首先这是一个例外，因为30万人几乎沿着一条大路推进130普里，而且是在波兰和俄国这样的国家，又是在青黄不接的时期，这是很少有的；其次，即使在这种情况下，对部队本身采取的一些举措也只能视为辅助手段，而就地征用则始终应被视为全部给养的基础。

自法国革命战争最初的几次战局以来，这种提供给养的体系始终是法国军队解决给养的基本体系，甚至与之对峙的联军也不得不改用这种方法，而且看来将来也很难废除这种给养体系。无论从便于战争发挥威力的角度来看，还是从保证军队轻便作战的角度来看，任何其他体系都不能像这种体系取得这样的结果。由于不管部队转向哪个方向，在最初的三四周，给养通常是不会遇到困难的，而此后就可以依靠仓库供给，因此可以说，战争通过这种给养方法可以获得最充分的自由。尽管部队在一个方向上遇到的困难会比在另一个方向上遇到的困难大，这在考虑选择方向时是会起一定作用的，但是这种困难绝不会大到绝对不能选择该方向的程度，对给养问题的考虑绝不会起决定性的作用。在这方面只有一种情况是例外，那就是在敌国退却。此时，很多对给养不利的条件叠加在一起。部队的退却是连续的,通常不会专门停留下来,因此也就没有时间征粮;部队在敌国退却时,面对的情况大多已经非常不利了,部队不得不始终保持集中,通常根本谈不上分开舍营或分为几路纵队;敌国的环境不允许部队只通过分派而没有行政机关支持即能征收到粮食;最后,在这种退却的时刻尤其能够引起当地民众的反抗和恶意。所有这一切通常都会把退却中的部队限制在已经建成的交通线和退却线上。当拿破仑1812年准备开始退却时,他确实只能沿着来时的道路退却,就是因为给养问题。假如他沿着任何其他道路退却,其失败会来得更早和更为肯定。因此所有对他在这一点上的责难,甚至是法国著作家们的责难都是极不合理的。

4. 仓库供给。这种给养方法,只有当它与17世纪最后30年和18世纪实行过的给养制度一样时,才不同于前一种给养方法。这种制度还会再次出现吗?

如果人们想到,在尼德兰、莱茵地区[1]、上意大利[2]、西里西亚以及萨克森等地,有关国家以大量的部队在同一地点进行了7年、10年和12年之久的战争,那么人们当然就很难想象还能用什么别的方法筹集给养。在这样长的时间中,哪个地区能够始终是双方军队给养的主要来源而不枯竭,不逐渐失去承担这一任务的能力呢?

但是,这里自然会产生一个问题:是战争决定给养制度,还是给养制度决定战争呢?我们的回答是:只要战争所依赖的其他条件允许,开始是给养制度决定战争;但当这些条件开始越来越多地抵触时,战争就反过来对给养制度发生影响,在这种情况下,战争就决定给养制度。

以就地征粮这种制度为基础的战争,比单纯采用仓库供给制度的战争更有优越性。相比之下,后一种战争好像是另外一种工具了。因此现在没有一个国家敢用后一种战争对抗前一种战争。即使一个愚昧无知的国防大臣无视这些关系的普遍的必然性,在战争开始时仍让部队用旧的给养方法,现实情况的威力也会迫使统帅放弃这种方法,就地征用的方法会自然而然地出现。如果人们再考虑到仓库供给制度需要巨额的开销,则必然会缩小军备的规模,减少军队的人数(因为任

---

[1]莱茵地区,泛指中莱茵河(由宾根至波恩)和下莱茵河(由波恩至莱茵河三角洲)两岸地区。——译者注

[2]上意大利(Oberitalien),又称北意大利,即亚平宁山脉以北的内陆地区,包括阿尔卑斯山区和波河平原,是意大利物产丰富的地区。——译者注

何国家的财力都不是绰绰有余的)。除非交战双方在外交上达成协议(这只能看作是想象的游戏),否则这种给养制度几乎是不可能实现的。

因此今后的战争在开始时大概都要采取征用的给养方法。至于某个政府愿意做多少,以便用复杂的给养制度作为这种方法的补充,减轻本国的负担等,我们可以不去探讨,因为政府能做的事情不会太多,在这样的时刻,政府首先考虑的总是最迫切的需要,而复杂的给养制度不再是这种最迫切的需要。

但是如果一场战争取得的成果并未像其本性所应有的那样具有决定性,其运动并未像其本性所应有的那样走得很远,那么征用制度将使部队所在地区的资源枯竭,以至不得不缔结和约,或者不得不采取措施,以减轻地方负担,使部队的给养独立。拿破仑统率的法国人在西班牙时就是后一种情况。但是人们更常见的还是第一种情况。在大多数战争中,国家的力量急剧消耗,以至这些国家不愿进行花费巨大的战争而宁愿媾和,因此这也是促使近代战争缩短时间的一个原因。

虽然如此,我们并不想一概否认用旧式给养制度进行战争的可能性。如果交战双方情况的本性要求采取旧式制度,而且有其他有利的条件,那么这种旧式制度也许会再度出现。但是我们决不能认为这种给养方式是自然合理的制度,它更多只是在特殊环境下的一种不正常的状态,绝不是从战争的本义中产生出来的。我们更不能因为这种办法比较仁慈一些,就认为它使战争趋向完美,因为战争本身就不是什么仁慈的行为。

无论采用何种供给方法,在富庶和人口稠密的地区总比在贫瘠和人烟稀少的地区更容易取得给养,这是很自然的。我们在此提到人口疏密的问题,是因为它与当地现有的存粮有两方面的关系:首先,人口多、粮食消耗大的地方,存粮也一定多;其次,人口多的地方,通常产出也比较多。当然在这方面,以工人居多的地区是例外,特别是位于山谷之中、周围土地十分贫瘠的工人居多的地区更是如此(这种情况还不少)。但是一般情况下,人口稠密的地区总比人烟稀少的地区更容易满足部队的给养需求。住有40万人口的400平方普里的地区,即使土地非常肥沃,也一定不如住有200万人口的400平方普里的地区更容易为10万人的部队提供给养。再加上在人口很多的地方,陆路和水上交通也更发达和便利,运输手段也更丰富,商贸联系也更容易和可靠。一句话,在佛兰德供给一支部队,比在波兰要容易得多。

结果是，拥有四个吮吸器官[1]的战争最喜欢沿交通要道、人口众多的城镇、富饶的河谷或者沿通航的海岸进行。

由此可以清楚地看到，部队的给养问题对作战的方向和形式，对战区和交通线的选择是有普遍影响的。

至于这种影响的程度有多大，筹备给养的难或易对作战能起多大影响，当然取决于进行战争的方式。如果战争是按其最固有的精神进行的，也就是说，战争要素发挥了它的不可抑制的威力，双方迫切要求和需要进行战斗和决定胜负，那么部队的给养固然重要，但却是从属的问题。如果双方形成均势，双方大部队多年来在同一地区进出出，那么给养往往就成为主要问题了，统帅成了军需官，指挥作战成了管理辎重车辆。

这样在很多战局中，往往什么事情也没有做，任何目的也没有达到，无谓地消耗了力量，却把一切都归咎于缺乏给养品。相反，拿破仑习惯说："不要跟我谈给养问题！"[2]

当然，这位统帅在俄国战局中的做法清楚地表明，人们有可能过于忽视给养问题。虽然他的整个战局不仅仅是由于缺乏给养而失败的（因为这毕竟只是一种推测），但是他的部队在推进时之所以遭受前所未闻的损失，在退却时又之所以几乎全军覆灭，无疑是他忽视给养的缘故。

尽管人们不能否认拿破仑是一个经常敢于走向疯狂极端的狂热的赌徒，但是还是要说，是他和他以前的革命军统帅们在给养问题上破除了顽固的偏见，并指出给养问题只应被视为一个**条件**，即决不应被视为目的。

此外，在战争中，缺乏给养与劳顿和危险一样，统帅在这方面可能对部队提出的要求，是没有固定界限的。一位性格强硬的统帅会比一位柔弱而重感情的统帅提出更多的要求而且部队的表现也是不同的，这是因为士兵的意志和力量不同（这取决于战斗习性、作战精神、对统帅的信赖和爱戴或者对祖国事业的热忱）。但是以下这一点大可作为一条原则提出来：无论给养的缺乏和困苦有多么严重，永远只应将此视为暂时的状态，这种状态应促使人们给部队提供充足的给

---

[1] 指部队给养的四种方式。——译者注
[2] 作者引用拿破仑的这句话，用的是法语"qu'on ne me parle pas des vivres"。——译者注

养,甚至要提供绰绰有余的给养。如果我们想到,成千上万的士兵穿得破破烂烂,背负三四十磅重的行李,不顾天气和道路的好坏,一连数天拖着疲乏不堪的脚步行军,冒着健康和生命的危险,为此却无法以干面包充饥,还有比这更令人感动的事吗?人们即使知道,这在战争中是屡见不鲜的,但实际上几乎无法理解,为什么这种情况没有更多地引起意志和力量的衰竭,为什么单凭人们心中的一种理想就能够长久地激发和支持这样不懈的努力。

凡是为了伟大的目的而不得不要求士兵忍受给养极度缺乏的人,无论是出于感情或出于明智,随时都应该想到在有其他机会时给予他们补偿。

现在我们还要谈一谈给养在进攻和防御中的区别。

防御者在防御行动中可以不断地利用事先为部队所做的给养方面的各种准备。因此防御者应该不会缺乏必需品,在自己国土上这一点特别明显,即使是在敌国国土上也是这样。而进攻者则远离其给养源头,只要他继续前进,甚至在停下来的最初数周内,每天都不得不筹备必要的给养,在这种情况下,很少能不感到缺乏或困难。

这种困难在下述两种情况下会变得特别严重。

第一,进攻者在胜负未分前的推进途中。这时,防御者的给养都在他自己手里,而进攻者却只能把自己的给养放在后面,进攻者必须将其大量部队集中在一起,因此不能占据大的地区,而且只要会战行动一开始,甚至无法让自己的辎重队再跟上来。此时如果事先没有做好准备,就容易出现部队在决定性的会战开始前几天缺乏给养的情况,这对于部队进入会战可不是件好事。

第二,进攻者在即将抵达胜利的终点时。此时,交通线开始变得过长,特别是当战争在贫瘠、人烟稀少,而且民众或许怀有敌意的国家中进行时就更是如此。从维尔纳到莫斯科的交通线,与从科隆[1]经列日、勒文[2]、布鲁塞尔[3]、

---

[1] 科隆(Köln),今德国北莱茵—威斯特法伦州一城市,位于莱茵河畔。——译者注
[2] 勒文(Löwen),今比利时佛兰德布拉班特省省会。——译者注
[3] 布鲁塞尔(Brüssel),今比利时王国首都,位于比利时中部斯海尔德河的支流桑纳河畔。——译者注

蒙斯[1]、瓦朗谢讷[2]、康布雷[3]到巴黎的交通线相比，其区别是多么大啊！在前一条线上，取得每一车粮食都必须动用武力，而在后一条线上只要一份商业合同或一张汇票，就可以得到数百万份日需给养。

这种给养困难的后果往往是，即使是最伟大的胜利，其光芒也会消失，力量耗尽和退却成为不可避免的事，此后真正大败的各种症候陆续显现。

至于饲料，正如我们说过的那样，在开始时很少会感到缺乏，但在当地的力量枯竭时，首先缺乏的就是饲料，因为饲料的需要量很大，最难从远方调运，而在缺乏粮秣的情况下，马匹比人死得更快。出于这一原因，过多的骑兵和炮兵可能成为一支大部队真正的负担和一个真正削弱力量的因素。

---

[1] 蒙斯（Mons），今比利时艾诺省省会。——译者注
[2] 瓦朗谢讷（Valenciennes），今法国诺尔省一城市，位于斯海尔德河畔。——译者注
[3] 康布雷（Cambrai），今法国诺尔省一城市，史上为要塞，位于斯海尔德河畔。——译者注

★ 第十五章 ★
行动基地

如果一支大部队从它组建的有关地点出发行动，无论是进攻敌人及其战区，还是到本国的边境进行部署，它都会保持对这些地点作为力量源泉的必要的依赖性，从而必须保持与这些地方的联系，因为它们是这支大部队存在和延续的条件。这支大部队的人数越多，对这些地点的这种依赖性的程度和范围就越大。但是这支大部队既不可能也没有必要总是与整个国家保持直接的联系，而是只要与正好位于其后方，从而也受到其阵地保护的那部分地区保持联系即可。在这部分地区内，必要时可为存放物资建立专门的设施，并为部队经常性的人员补充采取一些措施。这一地区就是部队及其所有行动的基地，应把它和部队看作一个整体。如果为了更安全而把物资存放在筑有防御工事的地点，那么一处基地的概念就会因此而得到加强，但基地这一概念并不是因此才出现的，因为在很多情况下，基地是没有防御工事的。

敌国的一块领土也能构成一支大部队的基地，或至少成为基地的一部分，因为一支大部队进入敌国以后，很多必需品要从占领的地区取得。但这时必须具备一个条件：这支大部队必须确实控制了这个地区，也就是说，要确定这个地区会服从这支大部队的摆布。但是这种服从通常相当有限，不过是用多个小规模的驻军和来回巡逻的小部队维持对当地民众的震慑而已。结果是，就部队的需要而言，在敌国国土上能够取得各种必需品的地区是很有限的，大多是不能满足需要的，于是本国就必须提供大量必需品。因此人们必须考虑将部队背后的那部分本国地区作为基地的一个不可缺少的组成部分。

人们必须将一支大部队的需要区分为两类，一类是任何耕作区都能提供的，另一类是只能从部队组建的源头地区运到部队的。第一类主要是给养，第二类主要是各种补充。第一类也可由敌国提供，第二类则通常只能由本国提供，如人员、武器，往往还有弹药。尽管这种区分在个别情况下有例外，但这种例外的情况很少见，是无关紧要的。这种区分总是非常重要的，并再次证明部队与本国的联系是必不可少的。

无论在敌国还是在本国，给养大多存放在不设防的地方，因为一方面没有那么多的要塞用于接纳大量的不时在这里或那里需要、而且消耗很快的给养；另一方面给养即使有了损失，也比较容易得到补充。相反，各类补充品，例如武器、弹药和装具不能轻易存放在战区附近不设防的地点，而是宁可从较远的地方运来，但在敌国境内则只应存放在要塞内。这一情况也说明，基地对补充品的重要性大于对给养品的重要性。

这两类必需品在运抵使用地以前，越是集中到大的仓库里，从各方面来的补给品越是汇集到大的储存地，这些储存地就越可以被视为整个国家的代表，基地这个概念指的就越是这些大的储存地。但是人们决不能因此就认为这些储存地本身就是基地。

如果补充品和给养品的来源十分丰富，也就是说，如果有些地区广阔而富庶；如果为使这些补充品和给养品更快地发挥作用，已将其集中到几个较大的补给点；如果这些补给点受到某种方式的保护；如果补给点距大部队很近，有良好的道路通达，而且分布在大部队的后面，甚至部分就在大部队的周围，那么这样一方面可以给部队带来更大的生命力，一方面可以给部队的运动带来更大的自由。有人曾想用唯一的一个概念，即行动基地的大小来概括部队的这一有利位置，想以基地与行动目标的位置关系，即基地两端与这个目标（把目标想象为一个点）所形成的角度，来表达给养品和补充品来源地的位置和特点等给一支部队带来的全部有利条件和不利条件[1]。然而很明显，这种几何学上的奥妙不过是一种游戏，因为它是以一系列的概念替换为基础的，而这些替换是以损失真理为代价的。正如我们已经看到的，一支大部队的基地依该部队所处位置分为三个层次：当地的补给物资，在各个地点上建立的物资库，以及这些物资出自的**地区**。这三个层次就其地点来说是分开的，不能合而为一，更不能用一条代表基地展开宽度的线来表示，因为这条线大多数情况下完全是随意想出来的，要么是从一个要塞到另一个要塞，要么是从一个省城到另一个省城，要么是沿国境线，等等。而且这三个层次之间的关系也是无法确定的，因为它们的本性实际上总是或多或少地混合在一起的。有时一些原本只能从远方运来的补充品在部队周围地区就可以获得；而有时甚至连粮食都不得不从远方运来。有时部队附近的一些要塞是大规模的点兵场、港口和商埠，可以容纳整个国家的部队；而有时要塞不过是一个物资匮乏、几乎不能自给的土墙围子。

结果人们从行动基地和行动角的大小所得出的全部结论，以及根据这些结论建立的整个作战理论，只要它们是几何学本性的，则在实际的战争中从未受到过任何重视，在理论界也只是导致一些错误的研究方向。但是由于这些概念的基础是真实存在的，错的只是研究过程和结论，因此这种见解往往很容易反复出现。

因此我们认为，人们在此必须承认基地对部队行动的影响，不管基地**是大是小**，以及**以什么方式**产生影响。但没有一个手段除了提供几个概念外，还能把这一影响简化成有用的规则，而是应在每个具体情况下**同时**考虑我们列举过的几个方面。

如果人们在某一特定地区已经为部队某一特定方向的行动做了补充和给养准备，那么即使是在本国境内，也必须只将该地区视为大部队的基地。由于变换基地总是要花费时间和精力的，因此即使是在本国境内，大部队也不可能在一天之内即变换基地，因此大部队的行动方向也总是或多或少受到限制的。在敌国境内行动时，如果想把本国毗连敌国的全部边疆视为部队的基地，那么一般只有在到处都能够建立各种设施的情况下才是可能的，但是边疆并不是到处都有这样的设

---

[1] 指普鲁士军事理论家亚当·冯·比洛（Adam Heinrich Dietrich Freiherr von Bülow，1757—1807）的理论，可参阅本书第一卷第二篇第二章《关于战争理论》中的"基地"一节。——译者注

施，因此并不是在任何时候都可以成为部队的基地。在1812年战局初期，当俄军在法军的进攻面前退却时，由于俄国幅员辽阔，部队转向任何方向都有辽阔的区域，因此当然可以把整个俄国视为俄军的基地。这种设想并不是幻想，当后来其他俄军大部队从数个方向反击法军时，这一设想也的确成了事实。但是就战局的每一个具体时间段来说，俄军的基地并没有那么辽阔，而是主要位于部队来往运输物资的大路上。俄军由于受到这种限制，在斯摩棱斯克附近交战三天后不得不继续退却时，除了向莫斯科退却外，无法退向其他方向，无法像人们此前建议的那样突然转向卡卢加，以便把敌人从莫斯科引开。只有早就预做准备，才有可能如此突然地改变方向。

我们说过，部队的规模越大，其依赖基地的程度和范围就越大，这是不言而喻的。部队好比是一棵树，从它借以生长的土壤中汲取生命力。如果是棵小树，或者只是一簇灌木，那么要移植它还是很容易的；但是树长得大，移植它就很困难，而且越大越困难。一支小部队也有其生命源泉，但在任何地方都容易生根，而一支人数众多的大部队就不是这样了。因此在谈到基地对行动的影响时，所有设想都必须总是考虑到部队规模所给出的尺度。

此外，就部队眼前的需要来说，给养更为重要，但就较长时间的维持来说，补充则更为重要，因为后者只能从特定来源获得，而前者可以通过多种方法取得，这是存在于事物的本性之中的。这又进一步确定了基地对行动的影响。

无论这种影响能有多大，人们毕竟不可忘记：这种影响需要很长时间才能产生决定性的作用，而在这段时间内有可能发生很多事情。行动基地的价值很少一开始就对人们选择什么样的行动有决定性的影响，而只是当人们要求做不可能成功的事情时，它就会有决定性的影响了。对这方面可能产生的困难，人们应将其与其他有效的手段列在一起做个对比；在要争取决定性的胜利时，这些阻碍的作用往往就消失殆尽了。

★ 第十六章 ★

交 通 线

从部队所在地到部队给养和补充源主要汇集地点的那些道路，在一般情况下也是部队前往其退却点所选择的道路。因此这些道路有双重意义：首先，它们是**交通线**，用于不断地补给部队；其次，它们是**退却路**。

我们在前一章中说过，虽然按照目前的给养方式，部队主要是在当地取得给养，但是仍应将部队及其基地视为一个整体。交通线是这个整体的一部分，构成基地和部队之间的联系，应该被看作是部队的生命线。这些道路沿线布满各种补给品、弹药车、来往的分遣队、驿车和信使、医院和物资库、弹药库、行政机关，它们总的价值对部队有决定性的重要意义。

这些生命线既不能长时间中断，也不能过长和难以通行，因为路途过长总会使力量受到一些损失，结果就会使部队处于一种虚弱的状态。

就交通线的第二重意义，也就是作为退却大路来说，交通线实际上形成了部队的战略后方。

这些道路在其两种意义中的价值大小取决于它们的**长度、数量、位置**（它们总的方向和它们在部队附近时的方向）、**状况**，以及**地形上通行的难度、当地民众的情况和情绪**，最后还取决于它们有无要塞或地形障碍保护。

然而并不是所有从部队所在地通往其生存和力量源的道路都是其真正的交

通线。当然这些道路必要时可以用作交通线，可被视为交通线体系的辅助，但是这一体系只限于那些为此建有专门设施的道路。只有那些设有物资库、医院、兵站和邮局，指定了负责沿线警备的指挥官，派有宪兵队和守备部队的道路，才可被视为真正的交通线。在这个问题上，部队的交通线是在本国境内还是在敌国境内，这之间有一个十分重要但却容易被忽视的区别。部队在本国境内固然也有专门设置的交通线，但它根本不受这些交通线的限制，必要时可以离开这些道路，选用任何其他现有的道路，因为部队在本国境内到处都像在自己家里，到处都有自己的政府机关，到处都可以得到善意的帮助。即使其他道路不太好，对部队不太适用，但仍然是可以选用它们的，因此如果部队认为被敌人迂回，必须转向时，也不会认为**不可能利用这些道路**。相反，部队在敌国境内通常只能将自己推进时走过的那些道路视为交通线。在这方面，一些微小的、至少是不起眼的原因可能就会导致极其不同的结果。在敌国境内推进的军队，只能在大部队前进过程中和在大部队的保护下设置一些构成交通线的设施，使当地民众出于害怕军队的心理而产生一种印象，觉得这些设施是不可改变和无法避免的，甚至使他们把这些设施看作是对普遍存在的战争灾难的一种减轻。大部队沿途不时留下小规模的守备部队，以支援和维持整个交通线。相反，如果大部队把它的军需官、兵站指挥官、宪兵、战地邮局，以及其他维持秩序的机构派往大部队没有到过的偏远的道路上去，那么当地民众就会把这些设施和人员看作是原本完全可以摆脱的负担。如果敌国还没有彻底失败，还没有陷入惊慌失措的状态，那么这些派出的官员就被当作敌人对待，就会头破血流地被赶走。因此要想控制新的道路，首先要有守备部队，而且在这种情况下，守备部队的规模要比一般情况下更大，但守备部队仍然面临当地民众反抗的危险。总之，在敌国境内推进的部队没有能使当地民众服从的任何工具，必须首先设置自己的行政机关，具体是通过以武力树立起来的权威，但它无法随时随地做到这一点，也不是没有牺牲和困难的。由此可见，大部队在敌国境内比起在国内更不能通过变更交通线体系来变更基地（在国内必要时还是可能的）；一般来说，大部队在敌国境内运动时会受到更大的限制，更担心被敌人迂回。

即使是选定交通线和沿交通线建立设施，也从来就是有很多条件限制的。作为交通线的道路一般来说不仅要比较宽阔，而且从很多方面的要求来看，道路越宽阔，沿线人口稠密和富裕的城镇越多，可提供保护的要塞越多，就越为合适。此外，作为水路的河流和作为渡河点的桥梁，对交通线的选择也起到很大的作用。因此交通线的位置和大部队进攻时选择的道路只在一定程度上有选择的自由，其具体位置则受到地理条件的限制。

上述因素共同决定一支大部队与它的基地之间的联系是否紧密。如果我们把得出的结论与敌军和基地之间的联系程度做一个对比，就可以看出，交战双方中哪一方更有可能切断对方的交通线甚至退路，那么用常用的术语来说，谁就更有能力**迂回**对方。除了精神上或物质上的优势以外，只有交通线比对方优越的一方，才能有效地迂回对方，因为否则的话，另一方就会以迂回进行报复，从而以最快捷的方式确保自己的安全。

由于道路有双重的意义，因此这样的迂回也可以有双重的目的：一是可以袭扰或切断敌交通线，以削弱和困绝敌军，迫其退却；二是可以切断敌退路。

关于第一个目的，应该指出，在现行给养制度下，如果只是让敌人的交通线暂时中断，则很少会让敌人感到难受。要让敌人难受，必须在一段时间内这样做，使敌人遭受一系列零星的损失。在采用复杂的给养制度的时代，成千上万辆面粉车往返运输，一次翼侧行动就可以使对方受到决定性的打击。但是现在即使翼侧行动很成功，也起不到什么作用，因为它顶多中断一次运输，使敌人受到一些削弱，但不会迫使敌人退却。

结果是，本来就是在书本中比在现实中更为流行的翼侧行动，现在看上去更不切合实际了。因此人们可以说，只有很长的交通线在情况不利时（特别是随时随地都有可能受到**民众武装**袭击时），才会给交通线带来危险。

至于切断退路，人们也不应该夸大退路因受到限制和威胁而出现的被切断的危险，因为最近的作战经验告诉我们，切断一支由大胆的指挥官指挥的优良部队的退路并俘虏他们比突破这支部队**更困难**。

缩短较长的交通线，以及确保较长交通线安全的手段极少。在部队部署地点附近，以及沿着部队退却路占领一些要塞（如果没有要塞，可对适当地点进行加固），善待当地民众，在古罗马人修建的军用大路上执行严格的军纪，在沿线配备高素质的警察，努力整修道路，这些是仅有的手段。用这些手段可以减少不利，但自然不会完全消除不利。

此外，我们在谈给养问题时所说的关于部队如何优先选定道路的内容，也特别适用于选择交通线。经过最富庶的城镇和通过耕作区最多省份的宽阔道路是最好的交通线。即使部队为利用这些道路要走很多弯路，也值得优先选择，而且在大多数情况下，这些道路对进一步确定大部队的部署有影响。

★ 第十七章 ★

地形和地貌

地形和地貌与部队的给养是有关系的，这是一方面。此外，它们与军事行动也有十分密切和从来不可或缺的关系，即它们无论是对战斗过程本身，还是对战斗的准备和运用都有决定性的影响。现在我们根据它们与军事行动的关系，也就是说从法语"地形"[1]这个词的全部词义上来研究这个问题。

地形的作用绝大部分体现在战术领域，仅其结果体现在战略领域。一场山地战斗就其带来的结果来看，与一场平原战斗是完全不同的。

但是只要我们还没有把进攻和防御分开，还没有转而对二者做进一步的考察，就还不能考察地形的主要组成部分的影响，而只能谈谈这些组成部分的一般特点。地形和地貌通过其三个特点影响军事行动，即妨碍通行、妨碍视线和对敌方火力的防护。地形和地貌的一切影响都可以归结到这三个特点。

地形的这三重影响无疑会带来一个趋势，使军事行动变得更加多样，更加错综复杂和更需要技巧，因为它们显然是影响军事行动各要素中又增加的三个要素。

在现实中，只有对很小的部队来说，才存在纯粹的、绝对开阔的平原的概念，也就是说才存在对军事行动毫无影响的地形的概念，而且即使是这样的小部队，也只是对它的某一时刻的行动来说才存在这样的地形概念。对较大部队和持

---

[1] "地形"一词，作者用了法语"Terrain"。——译者注

续时间较长的行动来说,地形的各个组成部分必然会混合在一起影响到它们。对一整支大部队来说,即使是在某一时刻,例如在会战时,地形不发生影响的情况几乎是不可想象的。

地形的这种影响始终存在。当然,根据一地特点的不同,地形的影响或大或小。

如果观察一下大量的现象,那么我们就会发现,开阔和无障碍的平原以外的地形主要通过三种方式表现出其与平原的不同:首先是通过地貌,也就是通过地势的高低;其次是通过林地、沼泽和湖泊等自然物;最后是由于耕作带来的地形变化。地形在这三个方面与平原不同的程度越大,对军事行动的影响就越大。如果我们对所有这三个方面进行一定程度的探讨,那么就会发现有三种地形:山地,很少耕作的林地和沼泽地,以及深度耕作地。在所有这三种地形上,战争变得更加复杂和更加需要技巧。

至于耕作地,当然并非所有类型的耕作地对作战的影响都一样大。对作战影响最大的是那些在佛兰德、霍尔施坦因[1]和其他地区所常见的耕作地。在这些地区,土地被很多沟渠、栅栏、围篱以及土堤断开,到处散布着住户和小灌木丛。

平坦和耕作适度的地区最便于作战。不过这只是就一般情况而言,而且完全没有把防御者利用地形障碍的情况考虑在内。

这三种地形中的每一种都在通行、监视和对敌火力的防护三方面产生影响,而且是以自己的方式。

林地主要是妨碍视线,山地主要是妨碍通行,深度耕作地则取两者中间。

在一个多林地的地区,大部分地带都不便于运动(因为除了通行困难以外,还完全不能进行监视,不能利用每一个通过的手段),这一方面使行动简单了,但另一方面也给行动造成了同样多的困难,因此在这种地形上,统帅很难在战斗中充分地集结兵力,但也不必像在山地和极其复杂地形中常见的那样过于分兵。换句话说,在这种地形上,分兵是不可避免的,但分散的程度比较小。

在山地,主要是通行受到妨碍,这表现在两个方面:不是到处都能通行;即使在可以通行的地方,部队的运动也一定比较缓慢,比较费力。因此在山地,各种运动的速度受到很大的限制,整个行动要花费更多的时间。但是山地地形也具

---

[1]霍尔施坦因(Holstein),历史上德国北部的一个公国(1474—1864)。——译者注

有一个其他地形没有的特点，即从某一地点可以瞰制另一地点。我们将在下一章中专门谈论制高，在这里只是指出，正是山地的这种特点促使统帅在山地中很分散地用兵，因为有些地点不仅是由于其自身而重要，而且也由于它们能够对其他地点产生影响而重要。

正如我们在别处所说过的那样，所有这三种极具特点的地形和地貌都会起到一个作用，即使最高统帅对战斗结果所起的作用降低，同时使下属军官直至普通士兵的作用提高。不言而喻，分兵程度越高，观察越困难，每个行动者就越要独立行动。在部队层级划分比较多、行动方式比较多样、情况比较复杂的时候，智者的影响一般来说虽然是应该增加的，而且最高统帅此时也应该有能力展示其较他人更强的判断力，但是在此我们也要回到此前说过的一点：在战争中，各个成果的总和比这些成果相互联系的形式更有决定意义。因此，如果我们把这里的考察一直进行到最大限度，设想一支大部队分散成一条长长的散兵线，每一位士兵都在发起他的小会战，那么这支大部队能否取胜，更多地取决于每位士兵所取得的单个胜利的总和，而不是这些胜利相互联系的形式，因为良好的综合举措只能从积极的结果中产生效果，而不能从消极的结果中产生效果。因此，在这种情况下，个人的勇气、机敏和士气能决定一切。只有在双方军队的素质相同，或者双方军队的特点不相上下时，双方统帅天分和判断力的高低才又有可能变得具有决定性的作用。这样一来的结果是：民族战争和民众武装等（在这里尽管每个士兵在勇敢和机敏方面并不一定占优势，但是他们每个人的士气至少总是十分高昂的）在兵力十分分散，即地形非常复杂的情况下往往拥有优势，但他们也只有在这种地形上才会是这样，因为这类武装通常缺乏一支较大部队集中作战时所不可或缺的一切特点和素养[1]。

军队的属性从一个极端到另一个极端也是经过很多层次逐渐变化的，因为在保卫本国的情况下，一支大部队即使完全是一支常备军，也会带上一些民族武装的特点，因此也就更多地适合于分兵作战。

---

[1]"素养"，原文"Tugenden"，在此应取其来自"taugen"一词的基本词义，即"能力""素养"，而不应取其引申词义"品德"或"德行"。以往有的中文版本将此译为"武德"，可能是参考了日文译法。"武德"在中文里意为"习武之人应有的品德"，显然与作者原意不符。——译者注

一支军队越是缺乏这些特点和条件，对手在这些方面越是优越，那么这支部队就越害怕分兵，就越要回避复杂地形。不过能否避开复杂地形，很少能够由它自己选择，人们不能像挑选一件货物那样试来试去地挑选战区。我们常常看到，一些根据其特点，在集中兵力作战上具备优势的部队总是千方百计地尽量按自己的这一战法作战，**而违背地形的特性**。这时，他们不得不忍受其他方面的不利，例如给养不足和困难，宿营条件差，在战斗中经常受到来自各方面的进攻等。不过，如果他们完全放弃自己本来的长处（集中兵力作战），则会带来大得多的不利。

集中兵力和分散兵力是两种相反的倾向，其程度取决于部队的特点是倾向这一方面还是那一方面。然而即使在最紧要的情况下，适于集中兵力的部队也不能始终集中在一起，适于分散兵力的部队也不能单靠分散行动取得成果。即使是适于集中兵力的法国人，其在西班牙也不得不分兵，而西班牙人借助民众起义的方式保卫国土时，也曾有必要集中一部分兵力进行大规模的战斗。

除去地形地貌与军队的一般特性的关系，尤其是与军队的政治特性[1]的关系外，地形地貌与兵种比例的关系就是最重要的了。

在所有很难通行的地区，无论是山地、林地，还是耕作区，都不便使用大量的骑兵，这是显而易见的。同样，密林区不适于使用炮兵，因为这里往往缺乏充分发挥炮兵威力的空间，缺乏可供拖炮通行的道路和缺乏马匹所需的饲料。深度耕作区对炮兵来说，不利的因素要少一些，而山地对于炮兵的不利因素最少。山地和深度耕作区这两种地形虽然针对火力可以提供保护，从而对主要靠火力发挥作用的兵种是不利的，而且这两种地形也使处处畅行无阻的步兵得以让笨重的火炮常常陷于进退两难的境地，不过在这两种地区从不缺乏可供大量使用炮兵的空间，而且炮兵在山区有一个很大的好处：敌军运动较慢，从而加大了炮兵的使用效果。

不可否认，在每一种难以通行的地形上，步兵都比其他兵种拥有明确的优越性，因此在这种地形上，步兵的比例可以显著超出一般的兵种比例。

---

[1] 此处指军队既是民众武装也是常备军的双重特性。——译者注

★ 第十八章 ★
制高

"支配"这个词在军事艺术中有其独特的魅力。地形对部队使用的影响，有很大一部分，也许有一半以上实际上是受到"支配"这个因素的影响。军事学识中的一些法宝，诸如控制性阵地、关键位置、战略机动等，究其根源都是欲通过它们而使自己处于支配地位。我们要仔细而又不至于烦琐地考察这个因素，来辨明它的真假虚实。

任何自下而上的发力，都比反向困难。同理，战斗想必也是如此，这有三个明显的原因：第一，任何一处高地都可视为通行的障碍；第二，自上向下射击虽然不会显著地加大射程，但是从各种几何关系来看，明显比反向射击时**更容易**命中目标；第三，自上向下更便于观察。至于这一切在战斗中如何结合在一起，不是我们这里要谈的问题，我们只是把由于制高而得来的战术上的全部好处归纳为一个，并把它看作是战略上的第一个好处。

但上述有利条件中的第一个和最后一个，在战略上必然还会再出现一次，因为与在战术上一样，人们在战略上也是要行军和观察的。如果说较高的位置对低处的部队构成了通行上的障碍，那么这就是战略可以从制高中获得的第二个好处，而从中得到的便于观察就是第三个好处。

正是这些因素构成了支配、制高和控制的力量，这也正是一支在山顶的部队看到敌人在自己下面时产生优越感和安全感的源泉,同时也是在下面的部队感到处于劣势并为自己担忧的源泉。这一给人的总的印象甚至可能比它实际本应有的印象更强烈,因为制高带来的好处比形成这些好处的环境更多地与人的感觉交织在一起,也许超过了实际情况。因此在这种情况下,人们必须把想象力的作用看作增加制高效果的一个新的因素。

当然,便于运动这一好处并不是绝对的,较高处的部队不是总拥有这一好处,只是当敌人想接近它时,它才拥有这一好处。如果一个大的谷地把双方隔开,那么在高处的一方就没有这一好处了。如果双方想从山地下到平原进行会战(霍恩弗里德贝格会战[1]),那么对较低处的部队来说,它甚至更拥有这一好处。同样,观察也有其很大的局限:位于部队下方的一片林地,以及部队所处的山脉本身,都很容易妨碍观察。人们按照地图选定瞰制阵地,在现地寻找其有利之处,但往往是徒劳的,甚至找到的反而是不利之处,这种情况不胜枚举。不过这些局限和条件并不能抵消高处的部队在防御和进攻中所具有的优越性。下面我们只想简略地谈谈处于高处的部队在防御和进攻时是以什么方式拥有这种优越性的。

制高在战略上有三个有利方面:**战术上更具优势**、**敌人难以抵近**,以及**自己便于观察**。其中前两个有利方面实际上只是对防御者而言的,因为只有谁停下来,谁才能利用它们,而另一方在其运动中是无法带走并利用它们的。至于第三个有利方面,则是进攻者和防御者都可以利用的。

由此可见,制高对防御者是多么重要。由于显然只有在山地阵地上才能获得制高,因此防御者尤其偏爱山地阵地。至于说这一点由于其他情况的影响而有了变化,我们将在《山地防御》一章中阐述。

在这里有一点要区别清楚,即我们谈的不只是一个点(例如一处阵地)的制高问题,否则战略上的有利方面就几乎只表现为一次有利的会战这样一个战术好

---

[1] 第二次西里西亚战争中的一次著名会战。1745年6月2日,弗里德里希二世率普军进至施韦德尼茨以北,统率奥地利、萨克森联军的洛林亲王误认为普军向奥得河畔的布雷斯劳运动,因此走出山区,进入霍恩弗里德贝格(Hohenfriedeberg,即今波兰下西里西亚省村庄多布罗米尔茨[Dobromierz])东北部平原,企图监视普军的动向。3日午夜,普军突然接近联军,并于4日凌晨2时发起进攻,首先击溃联军左翼的萨克森军,然后以优势的骑兵击败奥军主力。联军遂向霍恩弗里德贝格以南退去。——译者注

处了。如果人们把一片较大的地区（如整个省）想象为一个斜面，就像是常见的分水岭的斜坡一样，人们可以在上面行军数日而始终瞰制前面的地区，那么战略上的有利方面就加大了，因为这时制高不仅有利于单个战斗中的兵力运用，而且有利于多个战斗的综合运用，而防御往往就是由多个战斗组成的。

至于进攻，它同样可以享用防御从制高得到的某些有利方面，因为战略进攻不像战术进攻那样只是一次单独的行动。进攻者的推进进程不像齿轮运转那样连续不断，而是通过多次行军实现的，各次行军之间都有或长或短的停顿，而在每次停顿时，进攻者与他的对手一样是处于防御状态的。

在便于观察方面，无论是在防御中还是在进攻中，制高都能产生一定的有利效果，这种效果也是我们必须加以考虑的。它体现在便于派出小部队行动这一点上，因为整个部队从这一制高阵地中可以得到的好处，其每个部分也是可以得到的。因此，一支大的或小的派出部队有这种好处时比没有时更有力，而且人们在部署这些部队时，也会比在没有这种控制性阵地时更敢于部署。至于这些派出的小部队能带来什么好处，我们将在其他地方研究。

如果我方既在制高方面，又在其他地理条件方面比对手有利，而对手除了没有制高外，其运动还由于其他原因而受到限制（例如距一条大河很近），那么其位置带给他的不利条件就有可能变得很严重，以至他会尽快离开。任何一支部队，如果没有占领大河河谷两侧的高地，都不可能扼守住这个河谷。

由此可见，制高有可能成为真正的控制，而且这一看法的现实意义也是不容否认的。但是这并不妨碍，如果**控制性的地区**、**保护性的阵地**、**国土的锁钥**等名词只是根据地势高低确定的，那么它们大多只是一个空壳，缺少了一个健康的内核。为了给军事行动看上去平凡的外表添些佐料，人们总是倾向于抓住这些理论上的高贵因素，于是这些名词成了那些博学军人们津津乐道的话题，成了战略魔法师们手中的魔杖。但是这种空洞的概念游戏和它们与实际经验的种种矛盾未能使作者和读者们相信，他们这样做无异于达那伊得斯往无底桶里注水[1]。人们把

---

[1] 希腊神话中的一个典故。为避免子女们争夺遗产，阿拉伯王埃伊吉普图斯（Aigyptos）向孪生兄弟、利比亚王达那阿斯（Danaos）建议，由自己的50个儿子娶他的50个女儿（均名达那伊得斯）。后者认为其中有诈，于是命女儿们在新婚之夜将其新郎刺死。除大女儿助新郎逃走外，其他49个女儿都杀死了自己的丈夫，因此被罚在地狱中不停地往无底桶里注水。后比喻无意义的付出。——译者注

条件当成了事物本身，把工具当成了使用工具的手；认为占据这样一个地区和阵地是力量的表现，就像是劈砍或前刺；认为这样一个地区和阵地本身是一个真实的要素。其实占据这样一个地区和阵地只不过是为了戳刺或击打而抬起胳膊，地区和阵地本身无非是一种毫无生机的工具，不过是一种只有在某个客体上才能体现出来的特性，是一个还缺少数值的正号或者负号。而这种戳刺和击打，这个客体，这个数值就是**胜利的战斗**，只有它才真正算数，人们只有用它才能计算。无论是对书本中的内容进行评判，还是在战场上行动，人们都必须永远记住这一点。

因此，既然只有胜仗的数量和重要性才起决定作用，那么显而易见，首先要考察的还是双方军队及其指挥官的素质对比情况，而地形影响所起的作用只能是次要的。

第六篇
防御

★ 第一章 ★

进攻和防御

一、防御的概念

防御的概念是什么？是抵抗一次进攻。防御的特征是什么？是等待这一进攻。这一特征常常使军事行动成为一次防御行动，在战争中仅根据这一特征就能将防御与进攻区别开来。然而由于绝对的防御与战争的概念是完全矛盾的（因为在绝对防御时将只有一方在进行战争），因此在战争中的防御也只能是相对的，防御的这个特征只能用于防御的总概念，而不应扩大到防御的所有部分。在一次局部战斗中，如果我们等待敌人的冲锋，那么它就是防御战斗；在一次会战中，如果我们等待敌人的进攻，即等待敌人出现在我们的阵地前面，进入我们的火力打击范围，那么它就是防御会战；在一次战局中，如果我们等待敌人进入我们的战区，那么它就是防御战局。在所有这些情况中，等待和抵御的特征均符合防御的总概念，并未因此而与战争的概念相矛盾，因为等待敌人迎着我们的刺刀冲锋，等待敌人向我们的阵地和战区进攻，我们从中是可以得到好处的。但是我方要真正进行战争，就必须还击，于是在防御战争中的这种进攻行动某种程度上是在防御这一大的主题下进行的，也就是说，我们所运用的攻势是在阵地或战区的概念内进行的。因此人们在防御战局中可以有进攻行动，在防御会战中可以用某些师发起进攻。最后，在一个简单的针对敌人冲锋的部署中，甚至也可以在进攻中用子弹迎击敌人。因此，作战的防御形式不是单纯的盾牌，而是由多个巧妙的打击组成的盾牌。

二、防御的好处

防御的目的是什么？是**维护现状**。维护现状比夺取更容易，因此人们从中就已经可以得出结论：假设使用同样的手段，防御比进攻更容易。为什么维护或保持现状更容易呢？因为进攻者所有未利用的时间，防御者都可以利用。防御者可以坐享其成。凡是进攻者由于估计错误、畏惧或懈怠而没有利用的时机，都会给防御者带来好处。在七年战争中，防御的这个好处不止一次使普鲁士这个国家免遭覆灭。这个在防御的概念和目的中得以体现的防御的好处是符合一切防御的本性的。这一好处在现实生活的其他领域，特别是在与战争非常近似的法律事务交往中，也已经为"先占者得利"[1]这一拉丁谚语固定下来了。另一个纯粹由战争本性带来的好处是当地地形之利，它是防御者可以优先享用的一个好处。

明确了这些一般概念后，现在我们想转而更多地谈谈防御本身。

在战术范围，凡是我们把主动权留给敌人，等待敌人在我们阵地前出现的战斗，无论规模大小，都是**防御战斗**。从敌人出现在我们阵地前的这一刻起，我们就可以运用一切进攻的手段，而且不会失去防御的上述两个好处，即等待之利和地形之利。在战略范围，战局先是取代了战斗，战区取代了阵地；之后则是整个战争取代了战局，整个国家取代了战区。在战略范围这两种情况下的防御和战术上的防御是一样的[2]。

防御比进攻容易，这一点我们已经泛泛地谈过了。但是由于防御具有消极的目的——维护现状，进攻具有积极的目的——占领，而占领可以增加进攻者的

---

[1]"先占者得利"，原文为拉丁语"beati sunt possidentes"，系古罗马律法中的一条原则，规定当两人就一件物品的所有权产生争议时，目前占有者不必证明自己占有该物品的合法性，而另一方主张其权利时，则需证明对方占有该物品的非法性。作者借此比喻防御者占据阵地，相对于进攻者拥有地形熟悉、以逸待劳等有利条件。——译者注

[2]指如果防御者在战略上运用进攻手段，其仍不会失去防御的两个好处。——译者注

作战手段，维护现状不能增加防御者的作战手段，因此为了表达确切，人们应该说：**作战的防御形式本身比进攻形式更有力**。这就是我们要得出的结论。尽管这个结论完全符合事物的本性，而且得到了经验的千百次证明，但流行的说法却完全与这个结论相反。这证明肤浅的著作家们能够给概念造成很大的混乱。

既然防御是一种更有力的、但带有消极目的的作战形式，那么人们自然可以得出结论：只有因力量弱小而需要运用这种形式时，人们才不得不运用它，一旦力量大到足以追求积极目的时，就应该立即放弃防御。由于人们借助于防御成为胜利者，通常可以导致出现对自己更有利的兵力对比，因此以防御开始和以攻势结束也就成了战争的自然进程。如果人们不仅认为防御总体上具有被动性，而且认为防御的各个部分均具有被动性，那么这与战争的概念是相矛盾的。同样，如果人们认为防御是最终目的，则也是与战争的概念相矛盾的。换句话说，如果人们在战争中将其取得的胜利仅用于抵御，根本不想反攻，那么这场战争就是荒谬的，就如同人们在会战中让最绝对的防御（被动性）在一切举措中占主导地位一样，这种会战也是荒谬的。

有人也许会举出很多战例，想证明上述总的看法是错误的。在这些战例中，防御的目的一直到最后仍是防御性的，并未考虑反攻。他们之所以有可能这样做，是因为他们忘了，我们在这里谈的仅仅是一个总的看法，而且在他们用于反驳这一看法的那些战例中，反攻的可能性尚未出现。

例如在七年战争中，弗里德里希大帝至少在这场战争的最后三年没有想要发起一次攻势。我们甚至认为，他在这场战争中只是将攻势视为一种较好的防御手段。他的整个处境迫使他这样做。一位统帅只准备做最符合他当时处境的事，这是十分自然的。尽管如此，如果我们不把有可能对奥地利进行反攻的想法视为他整个行动的基础，如果我们不认为反攻的时机只是直到那时尚未出现，那么我们就无法从总体上考察这一防御战例。双方最终缔结和约，表明上述这一总的看法在这一战例中也是具有现实性的。正是国王的防御使奥地利人认识到，仅以他们的力量无法与这位国王的才干相抗衡，认识到他们无论如何还要付出比到那时更大的努力，而且只要他们有丝毫放松，就有可能再丧失领土，也就是说正是国王的防御才促使奥地利人缔结和约的。而且实际上，如果弗里德里希大帝当时不是部分兵力被俄国、瑞典和帝国军队牵制住，他一定会尝试在波希米亚和摩拉维亚[1]再次战胜奥地利人。对于这一点，没有人会怀疑。

在我们明确了在战争中应如何理解防御这一概念，以及给出了防御的界限以后，现在我们再回过头来，谈一谈防御是**更有力的作战形式**这一论点。

对进攻和防御做进一步考察和比较后，这一论点已经十分清晰了。现在我们只想指出，与之相反的论点是如何自相矛盾，并且与经验相矛盾的。假如说进攻是更有力的作战形式，那么人们就不会再有任何理由去采取防御这种作战形式了，因为防御终究只有消极的目的；假如说进攻是更有力的作战形式，那么每个人想必都要进攻，防御就不存在了。反过来，追求较高的目的是要付出更大代价的，这是十分自然的。谁认为自己的力量足够强大，可以采取进攻这种比较弱的作战形式，谁就可以追求较大的目的；谁要是给自己设定了较小的目的，谁就可以享用防御这种较强作战形式带来的好处。如果我们看看过去的情况，就会发现，大概从来没有听说过，人们在有两个战区的情况下，以一个兵力较少的军团在一个战区进攻，而以一个兵力较多的军团在另一个战区防御。如果说自古以来的情形到处都与此相反，那么这就很好地证明了，即使是那些非常喜欢进攻的统帅，也认为防御更有力。我们在接下来的几章里还要阐明几点问题。

---

[1] 摩拉维亚（Mähren），历史地域名，位于今捷克共和国东部，约占捷克面积的三分之一。——译者注

★ 第二章 ★
进攻和防御在战术上的关系

首先我们必须探讨一下在战斗中导致胜利的因素。

我们在这里不谈部队的优势、勇敢、训练有素或其他特点，因为一般决定它们的东西不包括在我们在这里所说的军事艺术的范围之内，而且它们在进攻和防御时将起到相同的作用。即便是对**总的数量上的优势**，在这里也不能加以考虑，因为部队的数量同样是一个既定的东西，而不是统帅可以任意决定的。上述这些东西对进攻和防御也没有特别的关系。在我们看来，极有利于取得胜利的只有三个因素：**出敌不意、地利**和**多面进攻**。出敌不意是通过在某一点部署远出乎敌人意料的兵力来达到效果。这种局部的数量优势与总的数量优势十分不同，它是军事艺术中最重要的有效手段。至于地利如何有助于取得胜利，对此是十分容易理解的，只有一点需要加以说明，那就是这里所说的地利不仅是指进攻者在前进时遇到的障碍（例如陡峭的谷地、高山峻岭、两岸泥泞的河流、成片的灌木丛等等），而且也指那些给防御者机会，让防御者能隐蔽部署的地形。甚至一个极为普通的地形，我们也可以说，谁熟悉它，谁就能从中得利。多面进攻包括所有战术上的大小迂回，它之所以起作用，一方面是因为敌人受到火力夹击，一方面是因为敌人害怕退路被切断。

那么在考虑到上述因素的情况下，进攻和防御的关系又是怎样的呢？

如果我们想起上面所说的导致胜利的三个因素，那么这一问题的答案是：进攻者只能利用第一和第三这两个因素的一小部分，而防御者则可以利用这两个因素的大部分，以及第二个因素的全部。

进攻者只有以全部部队对敌全部部队进行真正袭击的好处，而防御者在战斗中有能力通过强度和样式不一的进攻不断地对进攻者采取出敌不意的行动。

进攻者比防御者更容易包围对方的全部部队，并切断其退路，因为防御者已经停下，而进攻者相对于防御者的停止状态仍在运动。进攻者的这种迂回依旧只是针对防御者的整个部队而言。在战斗中以及对部队的各个部分来说，则是防御者比进攻者更容易进行多面进攻，**因为如前所述，防御者比进攻者更有能力通过其进攻的样式和强度对敌采取出敌不意的行动。**

防御者优先享受到地利，这本身是很清楚的。至于防御者能够通过进攻的强度和样式在出敌不意方面占有优势，是因为进攻者不得不沿着大小道路行进，容易被观察到，而防御者可以隐蔽部署，在决定性的时刻到来之前，进攻者几乎发现不了防御者。自从普遍采用了正确的防御方式以来，对防御者的侦察已经完全过时了，也就是说对防御者已经不大可能进行这样的侦察了。虽然进攻者不时还进行这种侦察，但是能带回去的收获很少。防御者为部署部队可以选择地形，在战前即充分熟悉它，这给防御者带来的好处很大；防御者隐蔽在这种地形中，必然比进攻者更能对对手采取出敌不意的行动，这个道理也很简单，但人们现在仍不能摆脱陈旧的观念，似乎接受一次会战就等于已经输了一半。这种旧观念来自20年前流行的防御方式（部分在七年战争中仍流行）。当时人们期望从地形方面获得的好处无非是占有一个难以接近的正面（例如陡峭的山坡等）。当时部队的部署没有纵深，而且翼侧运动不便，从而出现很大一个弱点，以至部队总是从一座山延伸部署到另一座山，导致情况越来越糟。这时如果部队在翼侧找到某种依托，那么一切就都取决于这支像一块绷在刺绣框架上的部队，任何一点都不能被敌人突破。部队所占地形的任何一点都有直接的价值，因此必须对这一地形进行直接防御。这样一来，在会战中就既谈不上运动，也谈不上出敌不意了。这样一种防御与可称之为良好的防御（在近代也确实成为现实）是完全相反的。

实际上，人们之所以轻视防御，往往是因为一个时代有了变化，某种防御方式过时了。我们上面所谈的防御方式也是这种情况，过去有一个时期这种防御方式确实优于进攻。

如果我们看一下近代军事艺术的形成过程，就可以知道，起初（在三十年战争和西班牙王位继承战争期间），部队的展开和部署是会战中最主要的事情之一，是会战计划中最占篇幅的内容。这种情况通常对防御者十分有利，因为他已经完成部署和展开。随着部队机动能力的增强，防御者的这个有利条件不复存在，进攻者在一段时间取得了优势。对此，防御者设法在河流、深谷后面以及山上寻求保护，再次取得明确的优势，直到进攻者变得十分机动和灵活，敢于进入地形复杂的地区并分多路进攻，即能够迂回对手时，防御者才又失去优势。由于进攻者敢于这样行动，防御者就把正面部署得越来越宽，这必然使进攻者想到把兵力集中在数个点上，以突破对方纵深不大的阵地。于是进攻者第三次取得优势，防御者不得不再次改变防御方法。在最近几次战争中，防御者已经在这样做了：防御者将其兵力集结成数支大部队，通常不预先展开，而是尽量隐蔽部署，也就是只做好行动的准备，等进攻者的举措进一步暴露后再采取行动。

这种防御方法并不完全排斥在部分地区进行消极防御，这种消极防御的优点极为明显，因此在一次战局中，人们成百次地运用它。但是这种被动防御目前一般已经不占主要地位了，我们在这里要指出的正是这一点。

如果进攻者再发明某种新的有效的方法（但是现在一切都趋向简单，一切都以事物的内在必然性为依据，恐怕难以期待出现什么新的方法），防御者也就必须改变自己的方法，然而地形肯定总是有利于防御的。由于地形和地貌的特点对军事行动的影响现在比过去任何时候都大，因此一般能确保防御者拥有其天然的优势。

★ 第三章 ★

进攻和防御在战略上的关系

我们首先还是要问：

在战略上能带来成果的因素有哪些？

如前所述，在战略上没有胜利[1]。战略上的成果，一方面是指为战术胜利做好了准备（这一成果越大，战斗中的胜利就越有把握），另一方面是指运用已经取得的战术胜利。战略越是有能力在一场胜利会战后通过各种综合运用使胜利产生大量效果，越是能够从被会战动摇了基础的敌军那里夺取大量战利品，越是能够大手笔地弄到很多那些在会战中本来不得不费尽力量逐个取得的成果，那么战略的成果就越大[2]。那些尤其能够导致或便于取得这种成果的主要条件，也就是在战略上起作用的主要因素有下述几个：

1. 地利；

2. 出敌不意（要么通过进行真正的袭击，要么通过在某些地点出敌意料地部署较多力量）；

3. 多面进攻。

（上述三个因素与战术范围的三个因素是相同的。）

---

[1] 根据作者的观点，"胜利"指战斗（会战）的结果，而战斗是战术范围的问题，因此作者认为在战略范围没有"胜利"这一概念。——译者注

[2] 参阅本书第一卷第四篇第十二章。——译者注

4. 战区由于拥有要塞和一切有关设施所具有的支援作用；

5. 民众的支持；

6. 对巨大的精神力量的利用[1]。

那么在考虑到上述因素的情况下，进攻和防御的关系又是怎样的呢？

防御者占有地利，进攻者占有袭击之利，这在战略范围和在战术范围都是一样的。但对于袭击，我们要指出的是，它在战略上是一个远比在战术上有效和重要的手段。在战术范围，人们很少能将一次袭击扩展为大的胜利，相反在战略范围，一次袭击一举结束整个战争的情况并不少见。但是我们还要指出，使用这个手段是以对手犯了**严重、确切和罕见**的错误为前提的，因此这一手段并不能给进攻的天平一端加上很重的砝码。

通过在某些地点部署优势兵力，造成出敌不意，这又与战术上的情况非常相似。假如防御者将其兵力分开部署在其战区的多个接近点上，那么进攻者显然就有以全部兵力打击防御者某一部分的有利条件。

不过，新的防御艺术在这里也采取了另一种行动方式，在不知不觉中带来了与以往不同的防御原则。如果防御者不用担心对手沿着未设防的大路扑向一处大的物资库（或补给站），或扑向未做好防御准备的要塞或首都；如果防御者不用担心失去退路，因此不必沿着进攻者选定的道路去迎击对手，那么他就没有任何理由分兵，因为如果进攻者在一条道路上发现防御者后转而选择另一条道路，那么防御者仍可在数天后以全部兵力沿着进攻者选择的道路去搜寻他。在大多数情况下，防御者甚至可以确信，他会荣幸地受到进攻者的拜访。而如果进攻者认为有必要分兵前进（因为给养的关系，分兵往往几乎是不可避免的），那么防御者显然就处于有利地位，因为防御者能够以自己的全部兵力打击对手的一部分兵力。

在战略范围，翼侧进攻和背后进攻涉及战区的背后和侧面，其本性有很大程度的改变。

1. 火力夹击不存在了，因为人们不可能从战区的一端射击到另一端。

---

[1] 从亚当·冯·比洛先生那里学到有关战略知识的人不会理解，为什么我们在这里不多不少地恰好全部略去了（亚当·冯·比洛的）战略。但这不是我们的过错，亚当·冯·比洛先生谈的净是次要的事情。一个商店学徒在浏览了全部算术书的目录之后，如果既没有看到比例运算法，也没有看到多倍比例运算法，那么他同样会感到诧异。而亚当·冯·比洛先生的见解连这样实用的规则都不如，因此我们在这里做这个比喻，是出于其他原因。——作者注

2. 一方受到迂回时，其对于失去退路的恐惧要小很多，因为空间在战略范围不像在战术范围那样会被人封锁。

3. 在战略范围，由于空间较大，内线（较短的路线）的效果增大，这对抵抗多面进攻极为有利。

4. 交通线脆弱是一个新的因素，也就是说交通线一旦被切断，影响就很大。

在战略范围内，由于空间较大，通常只有掌握主动权的一方（进攻者）才能进行包围（多面进攻）；防御者无法像在战术范围那样，在行动过程中对包围者进行反包围，因为他既无相应的纵深，也无法隐蔽部署他的部队。这些当然都是由事物的本性决定的。如果包围不能带来什么好处，尽管包围是容易的，但对进攻者又有什么帮助呢？因此，假如不是考虑到围攻对交通线的影响，人们在战略范围就根本不会把围攻作为一个致胜的因素。不过这个因素在最初的时刻，即在进攻者和防御者相遇但还在各自阵地对峙时，很少能起到大的作用。只是在一个战局的进程中，当进攻者在敌国逐渐成为防御者时，这一因素的作用才会变大。这时，这个新的防御者的交通线变得脆弱了，原来的防御者作为进攻者能够利用这个弱点了。但是新进攻者所具有的这种优越性总的来说不能算到进攻上，因为它实际上是从防御的较高关系中产生的[1]，谁还看不出这一点呢！

第四个因素，即**战区的支援作用**自然是在防御者一边。当进攻的部队开启了战局，他们也就离开了自己的战区，并因此而受到削弱，也就是说，他们把要塞和各类仓库留在后方了。他们需要通过的行动区域越大，他们受到的削弱也就越多（因为行军和派出占领军），而防御者的部队则保持着与各方面的联系，也就是说，他们享用着自己的要塞提供的支援，不会受到任何削弱，而且距其人员补充和物资补给地更近。

民众的支持作为第五个因素，并不是在每次防御中都能得到的，因为一个防御战局也有可能在敌国进行，但是这一因素终究只是从防御的概念中产生出来的，在大多数情况下都是适用的。此外，这里所说的民众支持主要是（但并不只是）指国民军和民众武装的作用，同时也是指部队遇到的阻力较小，人员补充和物资补给地都比较近，补充和补给比较丰富等。

1812年战局使我们像透过放大镜一样清晰地看到第三个和第四个因素中提到

---

[1]意思是说，这种优越性是在防御转为进攻的情况下产生的，而不是单纯的进攻造成的。——译者注

的那些手段的效果：法军渡过涅曼河时有50万人，打博罗季诺会战时只有约13万人，抵达莫斯科时就更少了。

人们可以说，拿破仑这次庞大的试图征服俄国的行动失利所带来的后果是如此之大，以至俄国人即使没有继而进行反攻，也可以长时期确保不再会受到入侵。当然，除瑞典以外，没有一个欧洲国家与俄国的情况相似，但是起作用的因素是相同的，只是起作用的程度不同。

对第四个和第五个因素还需做一点说明：有利于防御的这两个因素是就最初的防御，即在本国境内进行的防御而言的，当部队在敌国进行防御，而且与进攻行动交织在一起时，这两个因素的作用就会被削弱。当我们考虑到这一情况时，就会发现这两个因素大体像上述第三个因素一样，从中又会产生对进攻的一个新的不利因素，因为正如防御不仅仅由抵御要素构成一样，进攻也不是完全由积极要素构成的，甚至每个不能直接导致媾和的进攻最终都不得不以防御结束。

既然在进攻中出现的一切防御因素都由于进攻的本性（防御因素是进攻的一部分）而受到削弱，那就不得不将此视为进攻的一个普遍存在的不利之处。

这并不是闲来无事的吹毛求疵，相反，一切进攻的主要弱点正是在这里，因此人们在制订每个战略进攻计划时，都必须一开始就特别注意这一点，即特别注意进攻过后的防御。关于这一点我们将在《战局计划》[1]一篇中详细阐述。

巨大的精神力量不时像真正的酵素一样渗入战争的要素，因此在某些情况下，统帅能够运用它们来加强自己的力量。可以想象，防御者和进攻者都有可能拥有这些精神力量。精神力量在进攻时起的作用尤其显著，例如造成对手混乱和恐惧，但由于它们通常只在决定性打击以后才能呈现出来，因此对决定性打击本身很少能起到决定其方向的作用。

至此，我们认为已经充分论证了**防御是比进攻更有力的一种作战形式**这一论点，但是还剩下一个迄未谈到的小的因素需要提一下，这就是勇气，即部队中源于意识到自己是进攻者而产生的占有优势的感觉。这种感觉本身确实是真实存在的，只是它很快就会被淹没在部队由于胜利或失败、由于指挥官有才或无能而产生的更普遍和更强烈的感觉中。

---

[1] 指本书第三卷第八篇《战争计划》。作者在第七篇的附录《关于胜利的顶点》一文中也论述了这一问题。——译者注

★ 第四章 ★
进攻的向心性和防御的离心性

进攻的向心性和防御的离心性这两个概念，这两种在进攻和防御时使用部队的形式，在理论和实践中经常出现，以至不知不觉地造成一种印象，似乎它们分别是进攻和防御的固有形式。但是人们只要稍加思索就知道，事实上并非如此。因此我们想尽早考察它们，一劳永逸地得出明确的概念，以便今后在进一步考察进攻和防御的关系时可以完全撇开它们，以免不停地受到它们所造成的有利或有弊的假象的干扰。因此我们在这里把它们视为纯粹抽象的东西，像提炼酒精似的把概念总结出来。至于这一概念在实际中的作用，则留待以后再做研究。

无论是在战术范围还是在战略范围，人们都可以想象防御者是处于等待状态的，也就是说是处于停止状态的；而进攻者则是运动着的，而且是针对防御者的停止状态进行运动的。人们从中必然会得出结论：只要进攻者在运动，而防御者处于停止状态，那就只有进攻者可以随意进行包围和合围。进攻者这种根据利弊决定是否向心进攻的自由，想必是进攻的普遍优点。不过进攻者只是在战术范围才有这种自由，在战略范围并不总是有这种自由。在战术范围，防御者两翼的依托点几乎从不会有绝对的安全，而在战略范围，当防线从一个海岸径直延伸到另一海岸，或由一个中立区延伸到另一中立区时，两翼的依托点则常常是安全的。在这种情况下，进攻不可能向心进行，进攻者的选择是受到限制的。而当进攻者不得不向心推进时，这种选择受限的情况就更让他难受。如果俄国和法国进攻德意志，那么他们就只能以合围形式进攻，而不能集中兵力进攻。如果我们可以假设，在大多数情况下，向心形式对发挥兵力作用来说是较弱的形式，那么进攻者因在选择方面有较大自由而获得的好处，很有可能被他在没有选择自由的情况下被迫采用这种较弱的形式完全抵消掉。

现在我们想进一步考察这两种形式在战术范围和战略范围的作用。

部队从圆周向圆心做向心运动时，兵力在前进中越来越集中，人们认为这是一个重要的优点。兵力越来越集中，固然是事实，但所谓的优点并不存在，因为双方的兵力都在集中，因此双方是保持均势的。在分兵进行离心行动时，也是这样。

但另一个（而且是真正的）优点是：做向心运动的各路部队是在向一个共同的点采取行动，而在做离心运动时不是这样。那么向心运动能产生哪些作用呢？要回答这个问题，我们必须分别从战术和战略两个方面来谈。

我们不想做过多的分析，仅提出下列几点作为向心运动的有利的作用：

1. 当所有部队都向某一点推进并接近它时，对这一点的火力效果就可以增加一倍，或至少有所增加。

2. 可以对敌人的同一个部分进行多面进攻。

3. 可以切断敌人的退路。

切断退路在战略范围也是可能的，不过显然要困难得多，因为空间大，不容易封锁。至于对敌人的同一个部分进行多面进攻，一般来说，敌人的这一部分越小，越是接近部队建制的最低限度（单个士兵），这种进攻就越有效，就越具有决定性。一支大部队可能有理由经得住同时来自多面的打击，而一个师要做到这一点就已经比较困难了，一个步兵营只有集结在一起时才能做到这一点，单人则根本不可能做到这一点。但是战略是占用大量人员、空间和时间的领域，战术则相反。由此可见，多面进攻在战略上不可能取得它在战术上的结果。

火力效果根本不是战略范围内的问题，但取而代之的有另外的问题，就是基地受到威胁。当敌人在自己背后或远或近的地方取得胜利时，任何军队都会或多或少感到自己的基地受到威胁。

因此可以肯定，部队在采取向心行动时有一个优点，那就是对甲产生作用的同时对乙产生作用，而且并未因此而削弱对甲的作用；对乙产生作用时，又同时对甲产生作用。因此部队向心行动的总的作用，不是对甲的作用加上对乙的作用，而是还会更大一些。这一优点在战术范围和战略范围虽然有所不同，但都是存在的。

那么部队在采取离心行动时，相应地有什么优点呢？显然是部队相距较近和在内线运动这两点。至于这两点以什么方式成了力量的倍增器，以至对手没有大的兵力优势就不敢在这种不利情况下向它发起进攻，对此已经没有必要再展开加以论证了。

尽管防御者的运动开始得比进攻者晚，但他总是可以及时地摆脱停滞的被动状态的束缚。只要防御者开始运动，那么更为集中和处于内线这两个优点比起进攻者的向心形式，对于取得胜利就更具决定性，而且通常也能起更大的作用。而要取得成果，势必先要取得胜利。在考虑切断敌人退路以前，必须先战胜敌人。简而言之，向心形式与离心形式的关系大体上与进攻和防御的关系相类似。向心形式能导致辉煌的成果，离心形式则更有把握取得成果；前者是较弱的形式，但具有更积极的目的；后者是较强的形式，但具有消极的目的。在我们看来，这两种形式由此得到了某种平衡。如果我们现在再说明一点，即防御不是任何时候都不可能向心使用兵力（因为防御不总是纯粹的防御），那么人们至少不再有理由认为单是向心的运动方式就足以使进攻相对防御拥有普遍的优势。同时这也可以使人们摆脱这一看法每每对判断所产生的影响。

我们以上所说的包括战术和战略方面。现在我们还要强调指出一个只涉及战略的极为重要的一点。内线的好处是随着与之有关空间的扩大而增大的。在数千步或者半普里的距离上，人们赢得的时间自然不会与数日行程甚至20～30普里的距离上赢得的时间相同。在前一种情况下，空间较小，属于战术范围；在后一种情况下，空间较大，属于战略范围。即使人们要在战略范围内达到目的，当然比在战术范围内需要更多的时间，战胜一个军团不可能像战胜一个步兵营那样快，但是在战略范围内这些时间也只能增至某一点，即只能增至一次会战持续的时间，必要时可增至既可避免会战，又不至于带来重大后果的那么几天。此外，人们在这里或那里赢得的先机在战略范围与在战术范围相比，也有更大的差别。在战术范围，在会战中，距离比较小，一方的运动几乎在另一方的视野内进行，处于外线的一方大多可以迅速发觉其对手的运动。在战略范围，距离比较大，一方的运动一天都瞒不过另一方的情况极少，如果只是一部分部队在运动，而且是派遣到较远的地方，那么数周不被敌人发现也是常有的事。如果一方处于最适合利用隐蔽之利的位置，那么隐蔽之利给他带来多么大的好处，是很容易被看清的。

关于兵力的向心方向运动和离心方向行动，以及它们与进攻和防御的关系，我们就考察到这里，以后在谈到进攻和防御时，我们还要谈到这方面的问题。

★ 第五章 ★

战略防御的特点

前面已经谈了防御究竟是什么。防御无非是战争的一种更有力的形式，人们欲借助这种形式赢得胜利，以便在取得优势后转入进攻，也就是转向战争的积极目的。

即使战争的意图只是维持现状，单纯的击退进攻也是与战争的概念相矛盾的，因为作战无疑不是忍受。当防御者取得很大的优势时，防御就已经完成了它应做的事情。如果防御者不甘某种程度上的消沉，就应该利用这一优势进行反攻。聪明的做法是趁热打铁，利用取得的优势，防备敌人再次进攻。至于应该怎样以及在何时何地反攻，当然取决于很多其他条件，我们将在以后加以阐述。我们在这里要说的是：必须把转入反攻设想为防御的一个趋势，即防御的一个基本组成部分；只要是在军事上对通过防御形式所取得的胜利未以某种方式利用，而是听任它像花朵一样凋谢，那就是犯下了一个大错。

迅速而有力地转入进攻（这是闪亮的复仇之剑），是防御的最亮的闪光点。谁要是在防御时没有考虑到这一点，或者更确切地说，谁要是没有一开始就把它纳入防御的概念，谁就永远不会理解防御的优越性，就会只想到人们通过进攻摧毁敌人的那些手段，以及通过进攻为自己赢得的那些手段，但是这些手段并不取决于打结的方式，而是取决于解结的方式[1]。此外，如果人们认为进攻总是出敌

---

[1] 可能是指双方作战手段的多寡并不取决于激化矛盾（打结）的方式（例如进攻），而是取决于解决矛盾（解结）的方式（例如媾和）。——译者注

不意的，因此想象防御无非是迫不得已和混乱的，那就是完全混淆了概念。

征服者进行战争的决心自然比善意的防御者下得早，如果征服者懂得很好地保守其举措的秘密，那么他大概就经常可以或多或少出敌不意地进攻防御者。但这对战争本身来说是件完全陌生的事情，因为实际情况不会是这样。战争与其说是随着征服者出现的，不如说是随着防御者出现的，因为入侵引起了防御，而有了防御才引起了战争。征服者总是自称爱好和平的（正如拿破仑一贯声称的那样），他非常想在一片宁静之中进入我们的国家。而为了不让征服者这样得逞，我们就不得不要进行战争，也就是说要准备战争。换句话说，正是那些被迫进行防御的弱者，应该总是做好战争的准备，以免受到袭击。这正是军事艺术所要求做到的。

至于谁先出现在战区，这在大多数情况下并不取决于抱有进攻意图还是抱有防御意图，而是取决于另外的完全不同的因素。因此进攻和防御意图不是谁先出现在战场上的原因，而往往是谁先出现在战场上的结果。谁先做好准备，而且突然进攻带来的好处足够大，谁就可以出于这个原因而以进攻方式推进；而准备较迟的一方，就只能通过利用防御的优点来多少弥补一下因自己准备较迟而带来的不利。

对于进攻者能够利用较早做好准备这一点，一般说来应该将其看作进攻的一个优点（这在第三篇中也已经得到肯定），但这个一般的优点并不是在每个具体情况下都必然出现。

因此，如果我们设想一下防御应该是什么样的，那么防御应该是：尽可能地准备好一切手段，有一支能征善战的军队，有一位不是心中无数和提心吊胆地等待敌人，而是主动进取和沉着冷静的统帅，有不怕围攻的要塞，最后还有不怕对手而是让对手害怕的坚强的民众。有了这些条件，面对进攻，防御大概就不会再像某些人模糊想象的那样只是扮演糟糕的角色，而进攻也不会再像某些人模糊想象的那样轻而易举和万无一失了。这些人在谈到进攻时，就只想到勇敢、意志力和运动，而在谈到防御时则只想到软弱无力和丧失行动能力。

★ 第六章 ★

防御手段的范畴

在防御中，除了部队的绝对兵力和质量以外，决定战术和战略结果的还有地利、出敌不意、多面进攻、战区的支援作用、民众的支持、对巨大精神力量的利用等因素。防御者在运用这些因素方面是如何自然地比进攻者更优越，我们在本篇第二、三章里已经谈过了。我们认为，在这里再谈一下防御者尤其喜欢使用的那些手段是有益的，这些手段可以被看作支撑防御这座大厦的不同支柱。

1. **后备军**。在近代，后备军也被用于在国外进攻敌国，而且不容否认，从一些国家（例如普鲁士）后备军的组织样式来看，几乎应将其视为常备军的一部分，因为它不仅用于防御。但是也不能忽略，人们在1813年、1814年和1815年非常广泛地使用后备军，是从防御战争开始的；后备军只在极少数地方是像在普鲁士那样组织的，而那些组织不完善的后备军想必更适合用于防御，而不是进攻。此外，在**后备军**的概念中总是包含着这样一种考虑，即全体民众在战时以他们的体力、财力和精神不同寻常地、或多或少志愿地共同作战。人们在组织后备军时越是远离这种考虑，他们组建起来的队伍就越成为一支换了名称的常备军，就越具有常备军的优点，但也就越缺乏真正后备军的优点。真正后备军的优点就是其力量涵盖范围比常备军广泛得多，受到的约束少得多，更容易因精神和信念的作用而力量大增。后备军的本质就表现在这些方面。人们应通过组织后备军，为全体民众留出共同参战的余地，否则期待**后备军**有什么特别的表现就只能是幻想。

显而易见，后备军的这种本质与防御的概念有非常密切的关系。同样不可否认的是，这样的后备军更适于防御，而不是进攻，后备军挫败进攻的那种效果主要体现在防御中。

2. **要塞**。进攻者能发挥助攻作用的要塞仅限于边境附近，而且帮助不大；防御者的要塞所能发挥的辅助作用则深入国土，能使很多要塞发挥作用，而且这种作用本身的强度大得多。一个能促使敌军进行真正的围攻，而自己又能顶得住的要塞，比起一个凭借其工事只是使敌人打消占领这一地点的想法，即并未能真正牵制和消灭敌军的要塞，在战争的天平上自然占更重的分量。

3. **民众**。尽管战区内单个居民对战争的影响在大多数情况下并不比一滴水在整个河流中的作用更大，但是即使在根本谈不上是民众暴动的场合，全国民众对战争的**总**的影响也绝不是无足轻重的。在本国进行一切活动都更容易，前提是民众服从本国政府。而敌人要让被占地区民众尽的任何义务，无论大小，都只有公然使用暴力强迫才能得逞，而使用暴力就必须动用军队，这将占用敌人大量兵力和增加很多劳顿。防御者却可以得到这一切，即使民众没有像在热情奉献的情况下那样真正出于自愿，但通过公民长期养成的服从性（这种服从性已成为民众的第二天性），以及通过一些不是来自军队的、与军队相距甚远的其他威吓和强制手段，防御者可以得到这一切。而且民众出于真正忠诚的自愿协助在任何情况下也是非常多的，在一切不需要流血牺牲的事情上，这种协助总是不会少的。我们只想提出其中一项对作战有重要意义的事情，这就是情报。这里指的不是个别重大的、需要通过侦察获取的情报，而是指一支大部队在日常勤务中遇到的无数让人心里没底的和细小的情况。与民众的关系使防御者在这方面普遍占有优势。最小的侦察队、每个小哨和哨兵、每位外出执行任务的军官都应向当地民众了解关于敌、友和对手的情报。

如果我们在考察了这些普遍存在的、从不会缺少的情况之后，再研究一下特殊的情况，即民众开始参与斗争，并且发展到这些特殊情况的最高阶段，像在西班牙那样主要通过人民战争进行斗争[1]，那么人们就会懂得，在此已经不单纯是民众的支持增加了，而是出现了一种崭新的力量，因此我们可以提出：

4. **民众武装**或国民军是一个独特的防御手段。

5. 最后，我们还可以把**盟友**称为防御者的最后支柱。我们在这里指的当然不是进攻者也有的一般的盟友，而是指那些**实质参与**维持一个国家生存的盟友。我们只要看一看目前欧洲各国的情况，就会发现各国之间的均势实际上并不存在（顶多是对力量和利益进行系统调节后形成某种均势），因此各国经常并且不无道理地否认均势，但不可否认的是，国家和民众的大大小小的利益是以最复杂和最可变的方式交汇在一起的。每一个这样的交汇点都是一个起固定作用的结，因为在这个结里，一个趋向对另一个趋向来说就是一种平衡力量；通过所有这些结，显然又组成整体中较大的联系；在每一次出现变化时，都不得不部分地克服这一联系。因此，各国之间总的相互关系更多是有助于维持整体的现状，而不是引起它的变化，也就是说，维持现状的**倾向**是普遍存在的。

我们认为，对政治均势应做上述这样的理解。在这个意义上，凡是多个文明国家有多方面接触的地方，都自然会产生政治均势。

至于要求维持现状的这种整体利益的倾向能起多大作用，是另外一个问题。当然我们可以设想，个别国家之间的关系会发生变化，有的变化便于整体发挥这种维持现状的作用，有的变化则使整体难以发挥这种作用。在第一种情况下，这种变化是形成政治均势的力量，由于它们的倾向与共同利益的倾向相同，因此它们也会得到这些利益中的大部分。但是在另外一种情况下，这种变化是一种回避，是个别部分在积极活动，是一种真正的病态。在由大大小小很多国家结成的松散整体内出现这种病态，是不足为奇的。在所有生物的排列非常精巧的有机整体内，毕竟也是会出现这种病态的。

因此，如果有人向我们指出，历史上有个别国家能够施加影响，实现只对自己有利的重大变化，而整体并未尝试阻止这种改变，甚至单个国家能够高居于其

---

[1] 1808年拿破仑诱西班牙国王斐迪南七世赴法国并加以囚禁，立约瑟夫（拿破仑之兄）为西班牙国王，以防止英军在西班牙登陆为由，派军队继续占领西班牙。西班牙人民群起反对，起义遍及全国。起义军和英国远征军一起对法军作战，最后赶走了法军。——译者注

他国家之上，几乎成了整体的绝对统治者，那么我们的回答是：这绝不证明整体利益要求维持现状的倾向不存在，而只证明这个倾向的作用在当时不够强大；追求达到某一目标与向这一目标运动是有所不同的，但决不能因此就说这种追求不存在。这个道理我们在天体力学中看得再清楚不过了。

我们说，均势的倾向是保持现状，当然这是以现状中存在着平静状态（均势）为前提的；因为当平静状态已经受到干扰，已经出现了紧张，那么均势当然也可能趋于变化。但是如果我们看事物的本性，这种变化总是只涉及个别少数国家，永远不会涉及大多数国家，因此可以肯定，大多数国家都认为其生存权始终得到了所有国家整体利益的代表和保证；还可以肯定，每一个与整体未处于紧张状态的国家在进行防御时，支持它的国家会比反对它的国家多。

谁嘲笑这些考察是乌托邦式的空想，谁就是抛弃了哲学上的真理。这一哲学上的真理让我们认识了事物的基本要素之间的相互关系，但是如果我们绕过一切偶然现象，欲从这些相互关系中推论出能够支配每个具体情况的法则，当然也是欠考虑的。不过谁要是**不能超越逸事趣闻**（一位著名的著作家曾如此表述），而是用这些逸事趣闻堆砌全部历史，处处从最个别的现象和事件最浅显的地方开始研究，而且研究的深度只限于刚好找到原因，从来不去探究深藏着的起支配作用的总的关系，那么他的见解也就永远无法对一个以上的情况研究有什么价值。在这种人看来，哲学对情况的普遍性的研究，自然是乌托邦式的梦幻了。

假如那种普遍追求平静和维持现状的努力不存在，那么大量文明国家就绝不可能长时期地并存，而是必然会合并成一个国家。如果说现在的欧洲已经存在了一千多年，那么我们只能把这种结果归功于整体利益要求维持现状的倾向。如果说整体的保护并不总是足以维持每一个国家的存在，那么这是这一整体生活中的不规律现象，但是这些不规律现象并没有破坏整体，而是最终被整体克服了。

有些过于干扰均势的变化会被其他国家或多或少公开的反对所阻止或恢复原样。人们只要浏览一下历史，就可以明白这一点，因此罗列大量这样的事件将是非常多余的。我们在这里只想谈一个事例，因为那些嘲笑政治均势这一想法的人总是提到它，而且在这里谈一个无辜的防御者走向灭亡而没有赢得任何外国支援的事例，看来也是尤其适合的。我们说的是波兰。一个拥有800万人口的国家灭亡了，被另外三个国家瓜分了[1]，而其余国家没有一个拔刀相助。这初看上去似乎足以证明政治均势一般是不起作用的，或者至少表明政治均势在个别情况下不起作用到何种程度。这样一个规模的国家会灭亡，成为几个最强大国家（俄国和奥地利）的掠夺物，这似乎是一种极为特殊的情况。如果这样一种情况都不能引起欧洲国家整体利益的任何反应，那么人们就会说，这种整体利益对维护各个国家生存所应起的作用是虚构的。然而我们仍然坚持认为，个别事件无论它多么引人注意，都不能成为否定普遍性的论据；其次，我们认为波兰灭亡一事并不像看上去那样难以理解。难道真的可以把波兰看作一个欧洲国家，一个在欧洲各国中具有同等水平的成员吗？不能！它曾是一个鞑靼人的国家，只是不像克里米亚半岛[2]的鞑靼人那样位于黑海[3]之滨，位于欧洲国家的边缘，而是位于欧洲国家之间的维斯瓦河畔。我们这样说既不是蔑视波兰人民，也不是为瓜分这个国家辩解，只是实话实说。百年来，这个国家说到底没再起什么政治作用，对其他国家来说，它只是引起纷争的祸根。就其状况和结构来说，波兰不可能在其他各国之间长期保持存在；而要根本改变这种鞑靼人的状态，即使波兰人的领袖们有这种愿望，也是一件需要半个或一个世纪才能完成的工作。但这些领袖本身的鞑靼人习气很重，很难产生这种改变的愿望。他们漫不经心的政治生活和他们无可比拟的轻举妄动相互助长，就这样跟跟跄跄地坠入深渊。在波兰被瓜分以前的很长一段时间里，俄国人在那里就如同在自己家里一样。波兰作为一个独立的、对外自成一体的国家的概念根本不复存在。完全可以肯定，即使波兰不被瓜分，也一定会变成俄国的一个省份。假如情况完全不是这样，假如波兰是个有防御能力的国家，那么三个强国就不会如此轻易地瓜分它；同时那些最希望波兰保持存在的强国（如法国、瑞典和土耳其）就有可能以完全不同的态度来协助维护波兰的存在。但是如果一个国家的生存完全依靠外国的力量来维护，这自然是一个过分的要求。

---

[1] 波兰在18世纪时成为邻国争夺的对象，分别于1772年、1793年、1795年三次被普鲁士、俄国和奥地利瓜分。——译者注
[2] 克里米亚半岛（Krim），位于黑海与亚速海之间，面积26,100平方公里。——译者注
[3] 黑海（Schwarzes Meer），欧亚大陆的一个陆间海，位于欧洲、高加索和安纳托利亚半岛之间，面积约461,000平方公里。——译者注

瓜分波兰在一百多年以前就已经多次成为话题。从那时起，人们就不把这个国家看作门禁森严的住宅，而看作一条外国军队经常往来的公路。难道要其他各国来制止这一切吗？难道要其他国家经常拔出剑来维护波兰国界在政治上的神圣不可侵犯吗？这无异于要求其他国家做一件道义上根本不可能做到的事情。这个时期的波兰从政治上看就像是一片荒无人烟的草原；人们没有能力始终保护这片位于其他国家之间的未设防的草原不受这些国家的侵犯，同样也无法保证这个所谓国家的不可侵犯性。出于所有这些理由，人们对波兰的悄无声息的灭亡，如同对克里米亚鞑靼国[1]的默默无闻的灭亡一样，不应该感到惊讶。无论如何，土耳其人对保持波兰的独立，比任何一个欧洲国家都有更大的兴趣，但是他们同样认识到，保护一片毫无抵抗能力的草原是徒劳无益的。

我们再回到讨论的问题上来。我们认为已经证明，防御者一般比进攻者更能指望得到外部的支持；防御者的存在对所有其余国家越是重要，也就是说它的政治、军事状况越是健全和有力，它就越有把握得到外部的支持。

我们在这里提出的主要供防御者使用的手段，并不是每次防御都能运用的，可能有时缺少这几种，有时缺少那几种，这是不言而喻的，但是这些手段都是属于防御的总概念的。

---

[1]克里米亚鞑靼国是14世纪末金帐汗国解体时在克里米亚半岛上建立的汗国，是土耳其和俄国争夺的对象。在第五次俄土战争（1768—1774）以前臣服于土耳其，此后名义上独立，不久便为俄国所吞并。——译者注

★ 第七章 ★
进攻和防御的相互作用

现在我们准备最大限度地对进攻和防御分别加以研究。出于以下理由，我们从防御开始研究。制定防御的规则时，以进攻的规则为基础；建立进攻的规则时，以防御的规则为基础——这虽然是十分自然和必要的，不过要使这一系列概念有一个开端，也就是说，要使这些概念能够成立，就必须在进攻和防御两点之外再有一个第三点。现在要谈的第一个问题就是这个点。

如果我们从哲学角度来考虑战争的发生，那么真正战争的概念不是随着进攻，而是随着防御产生的，因为进攻的绝对目的与其说是斗争，不如说是占有，而防御则是以斗争为直接目的的，因为抵御和斗争显然是一回事。抵御只是针对进攻的，因此必然以对方的进攻为前提；但进攻不是针对抵御的，而是为了别的东西，是为了占有，所以并不一定以对方的抵御为前提。因此，首先将战争要素带入行动，首先从战争的角度考虑对立双方，并为战争制定最初法则的是**防御者**，这是符合事物本性的。这里谈及的不是个别情况，而是理论为了确定其研究方法而设想的普遍的、抽象的情况。

由此我们知道，应在哪里去寻找在进攻与防御相互作用以外的固定点，那就是在防御方面。

如果上述结论是正确的，那么即使防御者对进攻者将要采取的行动还一无所知，他也要有自己行动的基本规定，而且这些基本规定必须包含对战斗手段的部署。相反，只要进攻者不了解其对手的情况，他想必也就没有确定其行动的基本规定（包括战斗手段的运用）。进攻者能做的只是带上这些战斗手段，也就是借助于一支军队去实行占领。实际情况也正是如此，因为创建战斗手段还不等于使用战斗手段。进攻者带上战斗手段，是基于一种完全普遍存在的假设，即他可能要使用这些战斗手段。如果进攻者不是以派遣官员和发表宣言的方式，而是以军队占领别国的土地，那么其实他还没有采取任何积极的战争行动。而防御者不仅集中了他的战斗手段，而且还按照他进行战斗的意图对战斗手段进行了部署，是防御者首先采取了真正符合战争概念的行动。

现在的第二个问题是：在不考虑进攻本身之前，如果首先在理论上为防御提出确定其行为时应注意的事项，那么在确定这些事项时应考虑的进攻的本性有可能是什么呢？显然是为占领而进行的推进。人们应将这一推进想象成是战争以外的东西，但这一推进是战争行为最初一批行动的基础。防御要阻止的就是这一推进，因此人们应联系到国土来考虑进攻者的推进问题，于是就产生了有关防御的最初的、最普遍的规定。这些规定一旦确立，进攻者就针对它们采取对策；而针对进攻者运用的手段进行研究后，又产生新的防御原则。这样就出现了相互作用。只要理论认为不断产生的新结果值得注意，它就可以持续研究这种相互作用。

为了使我们今后所有的考察更为清晰和更有根据，上述这一简短的分析是必要的。我们的这一分析不是为战场，也不是为未来的统帅所做，而是为一群迄今过于轻率地对待这些问题的理论家们所做。

★ 第八章 ★
抵抗的方式

防御的概念是抵御,在这种抵御中有等待,而在我们看来,这种等待是防御的主要特征,同时也是防御的主要长处。

由于防御在战争中不能只是忍受,因此等待也不能是绝对的,而只能是相对的。等待所涉及的对象,就空间来说,或是国土,或是战区,或是阵地;就时间来说,或是战争,或是战局,或是会战。我们非常清楚,这些对象不是固定不变的单位,只分别是某些相互交织的领域的中心。不过在现实世界中,我们往往不得不满足于对事物只是分类,而不是严格地加以区分,而这些概念经由现实世界中的使用已经十分明确了,以至我们可以方便地根据它们来确立其余的概念。

因此,国土防御只是等待敌人进攻国土,战区防御只是等待敌人进攻战区,阵地防御只不过是等待敌人进攻阵地。防御者在这一时刻以后实施的任何积极的(从而或多或少带有进攻样式的)活动,都不会消除防御的概念,因为防御的主要特征和主要长处——**等待之利**已经出现了。

属于时间范畴的战争、战局和会战等概念与国土、战区和阵地等概念是相对应的,因此与我们考察对象的关系是相同的。

因此,防御是由等待和行动这两个本性不同的部分组成的。我们将等待与一定的对象联系到一起,即在行动之前先等待,这样就使两者有可能结合成为一个整体。但是一次防御行动，特别是一次大的防御行动（例如战局或者整个战争）在时间上不能由两大阶段组成（不能在第一大阶段只是等待，在第二大阶段只是行动），而是由等待和行动这两种状态交替组成的，以至等待能够像一条长线贯穿于整个防御行动。

我们之所以赋予等待如此大的重要性，只是因为事物的本性要求我们这样做。迄今还没有任何一个理论把等待作为一个独立的概念突出出来，但是它在现实世界中一直是行动的主导，尽管这往往是不自觉的。等待是整个战争行动的一个基本组成部分，以至战争行动没有等待就几乎不可能成为战争行动。因此我们以后还将不时回到这一点，会提请读者注意等待在双方力量激烈较量的过程中的作用。

现在我们想谈谈等待这一要素是如何贯穿于防御行动的，以及由此产生了哪些程度不同的防御方式。

为了用较为简单的对象来说明我们的看法，我们打算把国土防御留到《战争计划》一篇去研究，因为在国土防御中，政治关系更为复杂，影响也更大。另外，阵地和会战中的防御行动是一个战术问题，它们只有作为一个**整体**才构成战略活动的起点。因此，最能让我们说明防御情况的是**战区**防御。

我们说过，等待和行动（行动常常是反攻，也就是还击）是防御的两个十分重要的部分。没有等待，防御就不成其为防御；没有行动，防御就不成其为战争。这个见解此前已经使我们得出了这样一个观点：防御无非是**一种可以更有把握战胜对手、更有力的战争形式**。我们必须彻底坚持这一观点，一方面是因为最后只有它能保护我们不犯错误；另一方面是因为这一观点越是有活力，越是为人们所掌握，它就越是能强化整个防御行动。

如果有人要把还击这一构成防御的第二个必要的组成部分加以区分，只把狭义的抵御（自国土、战区和阵地抵御）看作是**必要的**部分（这部分行动仅够保障国土、战区和阵地的安全），而把**转入真正战略进攻**领域的进一步还击的可能性看作是与防御无关的、可有可无的东西，那么这种看法是**违背**我们上述观点的。因此，我们不能把这样一种区分视为一种本质上的区分，而是应坚持主张每个防御均要有**报复**进攻者的想法，因为无论防御者最初的还击在顺利时能使其对手受到多大损失，进攻与防御的力量对比毕竟还是失衡的。

第六篇 防御

因此我们说，防御是更容易战胜对手的更有力的战争形式，至于这个胜利能否超过防御的原来的目的，则要视具体情况而定。

但是由于防御是与等待这个概念联系在一起的，因此**战胜敌人**这一目的只有在一定条件下，即只有在敌人发起进攻后才能存在。不言而喻，如果敌人没有发起进攻，防御者就只能满足于维持已有的东西。维持已有的东西是防御在等待状态中的目的，也是它最直接的目的。同时，防御只有在满足于这一较低的目标时，才能得到它作为更有力的战争形式的那些长处。

如果我们现在设想一支大部队受命防守其战区，那么防御可能以下列方式进行：

1. 敌人一旦进入战区，这支大部队即向他们发起进攻（例如莫尔维茨会战、霍恩弗里德贝格会战）。

2. 这支大部队在靠近战区边缘的地方占据一处阵地并等待，直到进攻的敌人出现在该阵地前，然后对敌人发起进攻（例如恰斯拉夫会战[1]、索尔会战[2]、罗斯巴赫会战[3]）。防御者在这里显然更为被动，等待的时间更长。在敌人确实发起了进攻的情况下，即使采取这种防御方式与前一种方式相比，赢得的**时间**很少或者相同，但是在前一种情况下肯定会发生会战，而在这种情况下不一定发生会战，因为敌人可能没有足够的决心发起进攻，因此等待所带来的好处也就更大。

---

[1] 又称霍图西茨会战。1742年5月17日，弗里德里希二世率领的普军与洛林亲王指挥的奥军在恰斯拉夫和霍图西茨之间进行会战，普军获胜。这是第一次西里西亚战争中最后一次会战。——译者注

[2] 在第二次西里西亚战争（1744—1745）期间，1745年8月，弗里德里希二世攻入波希米亚，企图迫使奥地利签订和约。奥地利不听英国斡旋，命令洛林亲王迎击弗里德里希二世。当时，普军处境非常困难，急需补充给养，后方交通线受到奥地利和萨克森联军的威胁。9月，弗里德里希二世决定率1.9万名普军从波希米亚撤退。30日，卡尔亲王率3.2万名联军在索尔（Soor，今捷克小城哈伊尼茨的一部分）附近本想袭击普军，但由于奥军行动迟缓未果。弗里德里希二世成功组织反击，取得胜利，10月6日得以撤到西里西亚。——译者注

[3] 1757年8月，弗里德里希二世率普军向西迎击法国和神圣罗马帝国联军。10月，奥军进入柏林，弗里德里希二世回师救援。当奥军退出柏林后，弗里德里希二世又回到莱比锡迎击联军。11月5日在罗斯巴赫（Rossbach，今德国萨克森—安哈尔特州城市布劳恩贝德拉［Braunsbedra］的一部分）进行会战。会战中，联军企图迂回普军左翼，弗里德里希二世及时调转了正面，并派骑兵袭击联军，结果联军大败。——译者注

3. 这支大部队在靠近战区边缘的阵地上不仅等待敌人定下会战的决心（等待敌人出现在我们阵地前），而且等待敌人发起真正的进攻（为引用同一位统帅的战例，可以崩策尔维茨营垒为例）。在这种情况下，防御者将进行一次真正的防御会战；然而正如前面我们说过的，这种防御会战还有可能包括部分进攻行动。像第二种情况一样，这里还根本未考虑赢得时间的问题，但是敌人的决心却要受到新的考验。有的进攻者为进攻而推进到前面以后，由于他认为对手的阵地过于坚固，于是在最后时刻，或者在进行第一次进攻尝试时便放弃了进攻。

4. 这支大部队退入本国腹地进行抵抗。这一退却的目的是使进攻者受到极大的削弱，或者等待进攻者受到极大的削弱，进攻者要么不得不停止前进，要么至少无法再击破我们在其进攻路程的终点进行的抵抗。

如果防御者能够在退却中留下一个或多个要塞，迫使进攻者不得不对其进行围攻或者包围，那么这种情况就会表现得最为直截了当和清晰明确。很清楚，进攻者的部队会因此而受到很大的削弱，会给防御者机会，以大的优势在一个地点上对进攻者发起进攻。

即使防御者在退却时没有留下要塞，向本国腹地的退却也能使防御者逐渐取得他所需要的均势或优势（而在战区边缘附近，他是得不到这种均势或优势的）[1]，因为在战略进攻中，任何推进都会受到削弱，这种削弱一方面是绝对的，另一方面是必要的分兵造成的。关于分兵，我们在研究进攻时再做详细的阐述。在这里，我们之所以先提出这个真理，是因为我们认为这是历次战争充分证明了的事实。

对于这第四种情况，首先应该把可以赢得时间看作一个大的好处。如果进攻者围攻我们的要塞，那么我们就赢得了要塞很可能陷落之前的时间，这段时间有可能长达数周，在有些情况下有可能长达数月。如果进攻者力量的削弱（其进攻力量趋于枯竭）只是由推进和占领必要的地点造成的（只是路程漫长造成的），那么我们赢得的时间在大多数情况下还会更多，我们的行动就不会被限定在一定

---

[1] 指这种削弱是进攻者由于推进而不可避免和不得不忍受的。——译者注

的时刻了。

除了考虑进攻者和防御者在进攻者路程的终点所出现的力量对比变化，我们还要再次考虑到防御者因等待而拥有的**加大了的好处**。即使进攻者确实没有因推进而被削弱到无法向我们停下来的主力发起进攻的地步，但他此时也许已经缺少发起进攻的决心了，因为在这里发起进攻往往比在战区边缘附近发起进攻需要有更大的决心。这一方面是因为他的部队已经受到削弱，不再是新锐部队了，同时危险已经增大了；另一方面是因为对一些犹豫不决的统帅来说，占领了抵达的地区，往往就足以使其完全放弃会战的想法，他们要么确实相信没必要再进行会战了，要么是以此为借口而放弃会战。由于进攻者放弃了进攻，防御者自然无法得到像在边境附近那样通过消极等待所能得到的成果，但毕竟可以赢得很多时间。

显而易见，在上述四种情况下，防御者都享有地利。同样十分明显的是，他在行动中还能利用要塞和得到民众的帮助，而且这些因素的作用是随着上述四种防御方式的次序递增的，在第四种防御方式中使敌人力量削弱的主要就是这些因素。由于等待带来的好处也是按这四种防御方式的次序递增的，因此不言而喻，人们应将上述四种防御方式的递增视为防御的真正的依次增强，而且防御这一作战方式越是与进攻不同，它就越是有力。我们并不担心人们因此而指责我们，说我们认为所有防御中最消极的防御却是最有力的。抵抗行动并未随着上述四种防御方式的不同而受到削弱，仅仅是**推迟**和**换了地点**。如果人们退却到一处坚固和适当的设防阵地中进行更有力的抵抗，如果这一抵抗能使敌人的兵力损失一半，使防御者有可能对敌进行更有效的反击，那么这肯定是合理的。假如道恩没有进入科林附近的有利阵地，他恐怕就不会取得那次会战的胜利；假如在弗里德里希大帝率领不超过1.8万人撤离战场后，道恩能对他进行更猛烈的追击，那么这次胜利就可能成为战史上最辉煌的胜利之一。

因此我们断言，防御者的优势（或者更确切地说，防御者所能得到的抵抗力量）将会依上述四种防御方式的次序而递增，防御者的反击强度也会随之加大。

但是这些递增的防御力量所带来的好处是可以凭空得来的吗？绝不是。得到这些好处的代价也是相应增加的。

如果我们在自己的战区内等待敌人，那么无论在距战区边缘多近的地方进行决战，敌军总是要进入这一战区的，这就肯定会给战区带来损失。而如果我们采取进攻，就可以让敌人遭受这种损失。如果我们不是一开始就迎向敌人，对其发起进攻，我们的损失就会更大一些；敌人占领的空间越大，接近我们阵地所需要的时间越长，我们的损失就越大。如果我们想要进行一次防御会战，也就是说等待敌人定下会战决心和选定会战时刻，那么敌人就有可能长期占据他们所占领的地方。这就使我们因敌人下不了决心而赢得的时间又因敌给我造成很大损失而被抵消掉了。如果我们向本国腹地退却，这种损失就更大。

防御者因退却而受到的所有这些损失大多会导致他缺少兵力，这只会**间接地**（也就是在以后，而不是直接地）影响他的部队，而且往往是如此间接，以至这种影响变得不是很明显。也就是说，防御者会试图以今后的人员补充为代价，进行当前的人员补充，他会像每个过于贫穷的人不得不做的那样：借贷。

如果我们现在要考察这些不同抵抗方式的效果，那么就必须看一看**进攻的目的**。敌人进攻的目的是占领我们的战区，或者至少占领我们的大部分战区，因为至少是大部分才能理解为整体，而占领数平方普里的一块地方，在战略上通常没有什么独立的重要性，因此只要进攻者还没有占领我们的战区，也就是说，只要他由于畏惧我军而根本未向我战区发起进攻，或者还没有来寻找我们的阵地，或者是避开了我们欲发起的会战，那么我们就达到了防御的目的，各种防御举措的效果就是圆满。当然这种效果仅仅是消极的，不能直接为真正的还击提供力量，但是它能够**间接地**为真正的还击提供力量，也就是说，这种效果正在为还击做准备，因为**进攻者正在损失**时间，而任何时间上的损失都是一种不利，必然会以某种方式削弱损失时间的一方。

因此，在采用前三种防御方式时，即当防御在战区边缘进行时，**不进行决战就已经是防御的一个成果**。

但是在采用第四种防御方式时，情况不是这样。

如果敌人围攻我们的要塞，那么我们就必须适时为这些要塞解围，也就是说，我们应该通过积极行动发起决战。

如果敌人没有围攻我们的任何要塞，而是尾随我们进入国土腹地，也是同样。虽然我们在这种情况下有更多的时间，可以等到敌人极度削弱的时刻，但是我们最终转入行动这一前提是不变的。敌人此时虽然也许占领了构成其进攻目标的整块地方，不过这只是"借"给他的，紧张仍在持续，决战尚待开始。只要防御者的力量日益增强，进攻者的力量日益削弱，不进行决战就符合防御者的利益；但是只要必然到来的进攻的顶点一出现（即使这个顶点是由于防御者[1]整体损失最后产生的影响才出现的），防御者就应该采取行动和进行决战，此时应认为等待给防御者带来的好处已经完全用尽了。

当然对于这个时刻并没有普遍适用的标准，因为它取决于很多的情况和条件，但我们还是必须指出，临近的冬季通常可以被看作一个非常自然的转折点。如果我们不能阻止敌人在其占据的地方过冬，那么通常就应该认为我们已经放弃了这个地方。不过只要人们想一想托里什-韦德拉什[2]这个例子[3]就可以知道，这个规律并不具有普遍的意义。

那么到底什么是决战呢？

我们在思考问题时总是把决战想象为会战的形式。当然决战并不一定要采取会战形式，也可以是分兵进行的、导致态势骤变的一系列战斗。这些战斗之所以能导致态势骤变，要么是因为最后确实进行了血战，要么是因为这些战斗一旦进行而很有可能产生的效果就已经足以迫使对手退却。

除上述两种形式外，在战区本身不可能以其他方式进行决战。根据我们提出的有关战争的观点，得出这个结论是必然的，因为即使一支敌军仅仅是由于缺乏粮食才退却的，那也是因为我们手中的利剑限制了他们的行动。假如我军根本不存在，敌军一定会设法解决粮食问题。

因此，即使敌人在进攻路程的终点，此前已经在进攻过程中被种种困难弄得

---

[1] 本书原文第一版在此并未写明是"进攻者"还是"防御者"。此后德语不同版本有的加上了"进攻者"，有的加上了"防御者"。现参考德国迪姆勒出版社1980年第19版《战争论》，使用"防御者"。从逻辑上看，使用"防御者"也更恰当。——译者注

[2] 托里什-韦德拉什（Torres Vedras），今葡萄牙一城市。1809年，英军统帅威灵顿下令在该市附近构筑约40公里长的同名防御工事。——译者注

[3] 1810年，拿破仑派马塞纳率法军攻入葡萄牙，企图将威灵顿率领的英葡联军逐出葡萄牙。1810年年底到1811年年初的冬季，英葡联军曾退入该防御工事抗击拿破仑。法军屡攻不下，后因粮食缺乏和军中疾病流行，不得不自行退却。——译者注

疲惫不堪，由于分兵、饥饿和疾病而受到削弱和消耗，但促使他们退却和放弃已经得到的一切的，仍然永远只是他们对我们手中利剑的畏惧。不过这样的决战与在战区边缘进行的决战当然还是有很大区别的。

在战区边缘进行的决战中，只有我们的部队与敌人的部队对峙，只有我们的部队限制或者摧毁敌人的部队，而当敌军在进攻路程的终点时，其由于自身的劳顿已经损失了一半，此时我们的部队所起的作用就完全不同了。即使我军是决定胜负的最终因素，但已不再是决定胜负的唯一因素，因为敌军在前进中所受到的损失已为胜负的决出做了准备。这种损失可以达到这样的程度，以至仅是由于我们有可能进行反攻就已经足以促使敌人退却，也就是说可以引起双方态势的骤变。对这种情况，决定胜负的原因实际上只能被归于敌人在前进中的劳顿。当然在任何情况下，防御者手中的利剑是一并起到决定胜负作用的。对提出务实观点来说，区别两个因素中哪一个起主要作用，是进攻者的途中劳顿，还是防御者手中的利剑，是很重要的。

在这个意义上，我们认为，在防御中，根据进攻者是**由于防御者的利剑**，还是**由于进攻者自己的劳顿**而崩溃，存在着两种决定胜负的方式，也就是说防御者有两种对进攻做出反应的方式。

不言而喻，第一种决定胜负的方式主要用于前三种防御方式，第二种决定胜负的方式主要用于第四种防御方式。而且在大多数情况下，只有在向本国腹地做深远的退却时，才能以第二种方式决定胜负；同时，只是因为以这种方式能够决定胜负，人们才愿意进行这种会带来大的牺牲的退却。

这样，我们就知道了两种不同的抵抗原则。在战史上的一些战例中，这两个原则是纯粹的和分别出现的，就像在现实生活中某个基本概念一样清晰可辨。1745年，当弗里德里希大帝在霍恩弗里德贝格附近向奥地利人发起进攻时，后者正要从西里西亚的山上下来，其力量既不可能由于分兵，也不可能由于劳顿而受到显著的削弱。与这个战例完全不同的是：威灵顿在托里什-韦德拉什的设防阵地上等待，直到马塞纳[1]的部队由于饥寒交迫而不得不自行退却。在这个战例中，

---

［1］马塞纳（André Masséna，1758—1817），公爵，法国元帅。1810年在葡萄牙与英葡联军作战时，因给养缺乏，疫病流行，不得不自行退却。——译者注

防御者的利剑实际上并未参与削弱进攻者。而在另一些战例中，这两种抵抗原则是错综复杂地交织在一起的，但其中一种原则肯定是主要的。1812年的情况就是这样。在这一著名战局中尽管发生了那么多浴血战斗（如果在其他场合，发生这么多浴血战斗，双方也许就已经可以用武力彻底决出胜负了），但仍然没有一个战例能像这个战例更清楚地说明进攻者是怎样由于自己的劳顿而可能走向覆灭的。组成法军中央部队的30万人抵达莫斯科时只剩下不到9万人，由于其派出的分遣队不过约1.3万人，因此法军中央损失了19.7万人，其中战斗减员肯定不超过1/3。

在以所谓拖延而著称的一切战局中，例如在著名的"拖延者"法比尤斯进行的那些战局中，防御者主要是指望对手由于其自身的劳顿而崩溃。

总之，这一抵抗原则在很多战局中起了主要的作用，可是人们没有认真地谈及。我们只有抛开某些历史著作家们杜撰的原因，转而深入研究战事本身，才能找到这个决定很多胜负的真正原因。

说到这里，我们认为已经充分阐明了防御的一些基本概念，清楚地指出了防御的各种方式和这些方式中的两个主要抵抗原则，并且说明了等待这一因素是如何应贯穿于整个防御设想，并与积极行动紧密相连，以至积极行动迟早要出现，之后人们就可以认为等待的好处已经利用殆尽了。

我们认为，至此已经从总的方面分析并研究了防御问题。当然防御中还有一些十分重要的问题，它们可以构成专门的章节，也就是说可以成为专门思考的中心问题，这些也是我们必须探讨的，包括要塞、设防营垒、山地防御、江河防御和翼侧行动等的本质和影响，我们将在以下各章加以论述。但是我们认为所有这些问题并没有超出上述一系列看法的范围，不过是这些看法在具体地形和情况下的进一步运用而已。上述系列看法是我们从防御的概念以及防御与进攻的关系中得出来的。我们把这些简单的概念与实际联系起来，从而可以指出从实际再回到简单看法的方法，也就是指出如何能够脚踏实地，以便让人们在讨论问题时不必去求助那些本身尚飘浮在空中的论据。

战斗的组合是多种多样的，武力抵抗会因这一多样性（尤其是在浴血战斗实际上并未发生，只是由于有可能发生就已经产生效果的情况下）而在形式和特点上有很大的变化，以至人们很容易认为这里一定还能找到另外一个产生效果的因素。在一场简单的会战中浴血击退敌军与根本不会让战事发展到如此程度的战略计谋所产生的效果之间是有很大区别的，以至人们必然会揣测在两者之间还有一种新的力量，就像天文学家由于火星与木星之间空间广大而认为在这一空间还有其他行星存在一样。

如果进攻者发现防御者在一处坚固的阵地中，并认为自己无法攻克该阵地；如果进攻者发现防御者在一条大河的后面，并认为自己无法渡过此河；甚至如果进攻者在继续推进时担心自己的给养得不到保障，那么能引起这些效果的始终只是防御者手中的利剑。进攻者之所以停止行动，是由于他害怕在主要战斗中或者在一些特别重要的地点上被防御者的利剑击败，只是他根本不会或者至少不会坦率地说出这一点罢了。

即使人们同意我们的观点，承认甚至是在未经浴血战斗而决出胜负的场合，最终起决定作用的还是那些未真正进行而**只是威胁要进行的**战斗，但他们还是会认为在这种情况下，应将这些战斗的**战略计谋视为最有效的因素**，而不应将这些战斗在战术上的胜负视为最有效的因素，而且他们认为只有考虑使用武力以外的其他防御手段，才能使战略计谋起到这种突出的作用。我们承认有这种情况，但这正是我们要讨论的问题。我们认为，如果一切战略计谋必须以战斗中的战术成果为**基础**，那么总有可能发生以下令防御者担心的情况：进攻者一定会针对这个基础采取有力措施，首先力求赢得这些战术上的成果，以便随后彻底粉碎防御者的战略计谋，因此**决不应把战略计谋视为什么独立的东西**，只有人们出于这种或那种理由有把握取得战术成果时，战略计谋才有可能发挥作用。为简单说明这一点，我们在这里只想提一下，一位像拿破仑那样的统帅之所以能不顾一切地冲破其对手的全部战略计谋，去寻求战机，是因为他在这场斗争中几乎从未怀疑过结局将有利于自己。由此可见，只要战略没有竭尽全力在这场战斗中以优势兵力压倒拿破仑，而是致力于玩弄比较精巧的（无力的）计谋，那么它就会像蜘蛛网一样被撕破。但是一位像道恩这样的统帅，就容易被这样的战略计谋所阻止。因此，如果人们认为以普鲁士军队在七年战争中对付道恩及其军队的办法可以对付拿破仑及其军队，那么这是愚蠢的。为什么呢？因为拿破仑非常清楚，一切都取决于战术成果，并且有把握取得战术成果，而在道恩那里并非如此。因此，我们认为指出以下两点是值得赞扬的：任何战略计谋都只能以战术成果为基础；在所有情况下，无论是通过流血的还是不流血的途径解决问题时，战术成果都是决定胜负的真正的根本原因。只有在人们不用担心胜负时（无论是由于对手的特点或情况，还是由于双方军队在士气和体力上处于均势，甚至是由于我军占有优势），才可以指望从战略计谋**本身**得到些好处。

在全部战史中，我们看到有很多战局，其中进攻者没有经过浴血决战就放弃了进攻，可以说是防御者的战略计谋发挥了很大的作用。这就有可能让人认为这些战略计谋至少本身就有巨大的力量，认为在进攻者没有明确优势以取得战术成果时，防御者的战略计谋大多可以单独解决问题。对于这一点，我们必须回答说，即使上面所谈的现象究其原因在于战场，也就是说这些现象更多属于战争本身，但这一观点仍是错误的；大多数进攻之所以没有发挥作用，其原因在于战争的较高的、政治方面的因素。

从中产生战争，因此构成战争基础的总的关系，也决定着战争的特点。关于这一点，我们在以后研究战争计划时还要详细阐述。这些总的关系使大多数战争变成了似是而非的东西。在这种战争中，本来的敌意不得不迂回地穿行于诸多冲突关系，以至它成了一个非常微弱的因素。这一点在**采取积极行动的一方**，即进攻者一方当然表现得更为明显和突出，因此如果防御者稍加压力就使这种软弱和忙乱的进攻停了下来，自然是不足为奇的。针对进攻者无力的、为重重顾虑所羁绊的、几乎已不存在的进攻决心，防御者往往做出抵抗的样子就足够了。

因此，防御者之所以能用不流血的方法多次取得成功，不是因为到处都有坚不可摧的阵地，不是因为横贯战区的山脉或宽阔的江河让进攻者害怕，也不是因为防御者能轻易地通过某些战斗瓦解敌人用于进攻的力量，而是因为进攻者意志薄弱，导致他踌躇不前。

我们可以而且必须考虑上述那些阻止进攻者的因素，但是应该以它们的本来面目认识它们，并且不应该把它们产生的作用归因于我们这里所谈的事物。我们不能不强调指出，如果评论界不从一个修正的角度出发，那么战史中关于这方面的叙述就很容易成为不断说谎和骗人的东西。

现在我们来考察一下众多没有采用流血方式解决而失败了的进攻战局的肤浅

形态。

　　进攻者进入敌国，迫使对手后退一段距离，但对于进行一次决定性的会战顾虑重重；于是他在对手面前停下来，好像已经完成了占领，除了保护已经占领的地方就没有其他任务了，好像寻求会战是对手的事情，好像他每天都可以和对手进行会战，等等。这一切都是统帅对他的部队、宫廷、世人，以及他自己所做的**托词**。他停下来的真正原因是认为对手过于强大。我们这里所说的进攻者放弃进攻，不是因为他无法扩大战果，不是因为他在进攻路程的终点已经没有足够的力量来开始一次新的进攻。出现这样的情况，是以已经有一次成功的进攻，即真正的占领为前提的。我们这里所说的进攻者放弃进攻，是他还没有达到预定的占领目的就停止不前。

　　这时进攻者就观望等待，以便利用有利的情况，但通常这种有利的情况是不可能出现的，因为进攻者现在只是计划进攻，这已经证明他在最近的将来不会比现在有更大的希望，因此这又是一个新的错觉。如果这次行动像常见的那样，与同时进行的其他行动有关联，那么这支部队就会把自己不愿承担的任务推到其他部队身上，以支援不足和协调不够为自己的不作为找理由。它会诉说种种不可克服的困难，并在各种复杂微妙的关系中寻找理由。进攻者的力量就这样在不作为中消耗殆尽，或者更确切地说，消耗在力量不足的、因此毫无成果的活动之中。防御者赢得了自己主要关心的时间，气候恶劣的季节临近，进攻者返回自己的战区，进驻越冬营地，进攻也就随之结束了。

　　这一整套虚假现象都被载入了战史，掩盖了进攻者未取得战果的非常简单和真实的原因，即**畏惧敌人的武力**。如果评析者想研究这样的战局，那么他就会被很多相互矛盾的原因弄得头昏脑涨，这些原因给不出令人信服的结论，因为这些原因都是飘浮在半空中的，而人们又没有俯下身去研究真理的真正基础。

　　这种欺骗不仅是一种恶劣的习惯，而且还是由事物的本性所决定的。那种尤其削弱战争基本威力（进攻）的牵制力量大部分存在于国家的政治关系和意图中，人们总是把这些关系和意图隐藏起来，不让世界、本国人民和军队知道，在一些情况下甚至不让统帅知道。例如没有人能够和愿意承认，他决定停止或放弃行动是因为担心自己的力量不足以坚持到底，或者是怕树起新敌，或者是不愿让自己的盟友变得过于强大，等等。对所有这类事情，人们都长期甚至也许永远保持缄默。但是面对世界，又要对行动的前因后果有所交代，于是统帅就不得不为他自己或者他政府的过错编造一套虚假的理由。在军事问题上进行辩论时反复出现的这种欺骗手法在理论上已经僵化成一些体系，这些体系当然同样没有什么真理。理论只有像我们力图做到的那样沿着事物内在联系的简单线索，才能回到事物的本质。

如果人们以这种怀疑的眼光来观察战史，那么那些只存在于说来说去的大量关于进攻和防御的空洞理论就会不攻自破，而我们提出的有关这方面的简单的研究方式就会自然而然地显现出来。因此我们认为，这个简单的研究方式适用于整个防御领域；人们只有牢牢地把握这种简单的研究方式，才能够以清晰的眼光了解大量的战事。

现在我们还要研究一下各种防御形式的使用问题。

由于这些防御形式越来越有力量，是用越来越大的代价换来的，因此在没有其他条件一同产生作用的情况下，仅仅这一点就足以决定统帅选择何种防御方式。他会选择适当的防御方式，既能使他的部队具有所需的抵抗能力，又能使他不过度防御，不带来任何无谓的牺牲。不过我们要看到，统帅在选择这些不同的防御方式时，大多受到很大的限制，因为在防御中出现的其他重要因素必然会迫使统帅选择这种或那种防御方式。例如，向本国腹地退却要求有辽阔的国土，或者具有像1810年时的葡萄牙那样的条件，当时有一个盟国（英国）做它的后盾，而另一盟国（西班牙）则以其辽阔的国土较大地削弱了敌人的进攻力量[1]。要塞的位置是更多在边境附近，还是更多在本国腹地，同样可以决定是否采取这样的计划，而国家的地理和地形、民众的性格、习俗和信念则起到更大的决定作用。选择进攻会战还是防御会战，应根据对手的计划、双方军队和统帅的特点来决定。最后，是否占有有利的阵地和防线也可以导致采取这种或那种防御方式。总之，列

---

[1] 拿破仑在1806年对英国实行封锁政策，禁止欧洲大陆与其通商。葡萄牙受到英国的支持，拒不执行法国这项政策。拿破仑于1807年占领葡萄牙，1808年进军马德里。1808年英军在葡萄牙登陆，赶走了驻葡法军，西班牙也爆发了反法斗争。拿破仑亲征西班牙，并于1809年再次派兵攻入葡萄牙。1810年，拿破仑专门组建一个军团，由马塞纳率领，在葡萄牙与葡英联军作战，但由于兵力已在西班牙受到削弱，最终没有战胜葡英联军，被迫于1811年退出葡萄牙。——译者注

举这些因素已经足以让人感觉到，选择防御方式在很多情况下更多是取决于这些因素，而不是取决于单纯的兵力对比。对于这里提到的最重要的因素，我们还要做进一步探讨，因此它们对选择防御方式的影响也要在以后才能更明确地加以阐述。最后在《战争计划和战局计划》[1]那篇里，我们再把这一切总括起来探讨。

但是这种影响大多只在兵力对比不悬殊的情况下才起决定性作用。在兵力对比悬殊以及一般情况下，兵力对比起着主要的作用。战史充分证明，在并没有一套我们在这里阐述的观点的情况下，即**在情况不明中只是根据判断情况时的直觉**[2]（如同在战争中大多数情况下所做的那样），根据兵力对比选择了防御方式。同一位统帅，同一支军队，在同一个战区，一次发起霍恩弗里德贝格会战，另一次却进驻崩策尔维茨营垒。甚至所有统帅中最喜好进攻会战的弗里德里希大帝在兵力悬殊时也不得不先去进驻一处真正的防御阵地；拿破仑以往像一头野猪似的撞向其对手，可是在1813年8月和9月，当兵力对比的变化对他不利时，他却像笼中困兽一样来回转动，并未不顾一切地继续扑向联军中的某个对手。难道我们没有看到这一点吗？在同年10月，当兵力悬殊达到极点时，他就像一个人在房间里背靠墙角那样，在莱比锡附近，在帕尔特河[3]、埃尔斯特河[4]和普莱瑟河[5]构成的角落里寻求保护和等待敌人[6]。难道我们没有看到这种情况吗？

我们不能不指出，本章比本篇其他任何一章都更清楚地表明，我们的目的不是要提出作战的新原则和新方法，而是研究早已存在的事物的最内在的联系，并弄清其最基本的要素。

---

[1] 指本书第三卷第八篇《战争计划》。——译者注
[2] "判断情况时的直觉"，原文"Takt des Urteils"，直译为"判断情况时的分寸感"。——译者注
[3] 帕尔特河（die Parthe），今德国境内白埃尔斯特河的一条支流，流经莱比锡。——译者注
[4] 埃尔斯特河（die Elster），又称白埃尔斯特河，德国萨勒河的一条支流，流经莱比锡，长245公里。——译者注
[5] 普莱瑟河（die Pleisse），白埃尔斯特河的一条支流，流经莱比锡，长90公里。——译者注
[6] 1813年秋季战局开始时，反法联盟的军队约为49万，拿破仑的法军为44万，双方兵力相差不大。10月中旬，法军退过易北河，据守莱比锡附近的帕尔特河、普莱瑟河和白埃尔斯特河地区，当时的兵力约为16万人，而联军的兵力有28万（也有资料称莱比锡会战开始的16日当天，法方有19万人，联军有20.5万人，到19日结束时才出现兵力悬殊，联军达到了36.5万人）。——译者注

★ 第九章 ★

防御会战

我们在前一章中说过，如果防御者在对手一进入战区就寻找和进攻敌人，那么他在防御中就可以进行一次从战术上来看纯粹是进攻的会战；防御者也可以等敌人来到自己的阵地前，然后转入进攻，在这种情况下从战术上看会战仍会成为一次进攻会战，尽管它已经是一次带有某种条件[1]的进攻会战；最后，防御者还可以在自己的阵地上等待对手发起进攻，之后既可以通过局部防御，也可以一部分兵力发起进攻来抵御对手。我们在这里当然可以设想有不同程度和规模的防御，从积极还击的做法下至局部防御的做法。尽管我们在这里无法说这种防御可以到什么程度，以及积极还击和局部防御这两个做法成什么样的比例会最有利于取得决定性的胜利，但是我们坚持认为，只要想取得决定性的胜利，那么在防御会战中就决不能完全没有进攻，而且我们确信，这一进攻部分就像纯粹的战术进攻会战一样，能够而且必然会带来决定性胜利所拥有的一切效果。

从战略上来看，战场仅仅是一个点。同样，一次会战的时间从战略上看只是一瞬间。在战略上起作用的因素不是会战的过程，而是会战的结束和结果。

假如任何防御会战中都含有的进攻要素真的可以导致彻底的胜利，那么对战略运用来说，进攻会战与防御会战之间其实就没有什么区别了。我们也确信是这

---

[1]指防御者要有从防御转入进攻的条件。——译者注

样，但是表面上看当然不是这样。为了弄清这一问题，为了阐明我们的观点，从而消除表面上的假象，我们不妨简略地描绘一下我们想象的防御会战。

防御者在一个阵地上等待进攻者，为此选择了适当的地方，并做了准备，也就是说，他仔细了解了这个地方，在几个最重要的地点构筑了坚固的工事，开辟并平整了交通线，部署了炮兵连，在村落中构筑了防御工事，为自己的部队找好了适于隐蔽部署的场所，等等。如果防御者的阵地正面比较坚固有力，筑有一道或数道平行的壕沟，或者设有其他障碍物，或者有坚固的、可以控制周围地区的制高点，使敌人难以接近，那么在争夺核心阵地以前的各个抵抗阶段，当双方在一些接触点上消耗兵力时，防御者就可以利用这种阵地正面，**以少量兵力杀伤敌人大量兵力**。防御者两翼的依托点可以保障他不至于受到来自多方面的袭击。防御者为部署部队所选择的隐蔽地形，使进攻者小心翼翼，甚至畏缩不前，使防御者有手段进行若干小规模的成功的进攻，让这场向核心阵地收缩的、后撤的战斗延长时间。于是防御者满意地注视着眼前不断燃烧着的、但并不猛烈的战火。当然，防御者不会认为他在正面上的抵抗力是无穷无尽的，不会相信其翼侧是牢不可破的，也不会指望数个步兵营或者骑兵连的成功进攻会使整个会战局势发生剧变。防御者的阵地是**有纵深的**，因为战斗序列中的每个部分（从师向下至营）都有用于应对意外和恢复战斗的预备队。此外，防御者把占总兵力四分之一到三分之一的一支大部队部署在远离会战战场的地方，部署在根本不会受到敌方火力杀伤的地方，并尽量部署在进攻者的迂回线以外（进攻者可能对我们阵地的这一翼或那一翼进行包围）。防御者准备用这部分部队保护自己的两翼免遭敌人较深和较大规模的迂回，以及应付意外情况。在会战的最后三分之一阶段，当进攻者的计划已经全部暴露，他的绝大部分兵力已经投入战斗时，防御者就可以用这支大部队扑向进攻者的一支部队，针对它展开较小规模的进攻会战，并使用攻击、袭击、迂回等所有进攻手段。在会战胜负未定的关键时刻，通过这样的施压行动就会引发整个态势的逆转。

这就是我们通常设想的建立在当前战术水平上的防御会战。在这样的会战中，防御者用局部包围来回应进攻者的全面包围（进攻者欲以全面包围来增加其进攻成功的可能性并同时扩大战果），即防御者用自己的部队去包围敌人进行迂回的那部分部队。这种局部包围能达到使敌人的包围不起作用的目的，但不可能发展到类似进攻者那样的全面包围，因此在进行这两种包围时，部队运动的形式往往是不同的：在进攻会战中，包围敌军时，是向敌军的中心点行动；而在防御会战中，则或多或少是从中心点沿半径向四周运动。

在战场范围内和在追击的最初阶段，应认识到包围是比较有效的形式，但这不是因为它的形状，也不是因为一旦成功就能够进行最严密的包围（在会战时就已经能够极大地限制敌军的退却）。而防御者积极的反击行动正是针对这一最严密的包围的。在很多情况下，这种反击行动即使不足以使防御者获得胜利，却足以使防御者不至于受到最严密的包围。但是我们必须承认，在防御会战中，这种危险（退却受到极大限制的危险）大多是存在的。如果防御者不能摆脱这一危险，那么进攻者在会战中和在追击的最初阶段所取得的战果就会大幅增加。

但是通常只有在追击的最初阶段，也就是直到天黑以前会出现这种情况；次日包围行动结束，交战双方在这一方面就又处于均势。

当然防御者可能丧失最好的退却路，从而在战略上继续处于不利的态势，但是除了少数例外，进攻者对他的包围本身总是会结束的，因为只是打算在战场范围内进行，不会超出战场很远。如果**防御者**获得胜利，另一方会出现什么情况呢？被击败的进攻者会被分成几部分，这种情况在最初时刻是有利于退却的，但在**次日**人们迫切需要**将所有部分集中起来**。如果防御者取得的胜利十分确切，并且进行有力的追击，那么战败者往往不可能进行这样的集中，其兵力分成几部分的状况会导致极严重的后果，可以逐渐发展到崩溃的地步。假如拿破仑在莱比锡会战中获胜，那么其后果将是联军完全被分割，他们的战略地位就会一落千丈。在德累斯顿附近，拿破仑虽然没有进行真正的防御会战，但是他的进攻却具有我们在这里所说的那种几何形式，即由圆心指向圆周[1]。众所周知，联军当时被其分开后的处境是多么困难，只是普军在卡茨巴赫河畔的胜利才使他们摆脱了这一困境（因为拿破仑得到这一消息后，率领近卫军返回德累斯顿了）。

---

[1] 1813年秋季战局开始时，拿破仑所率法军的主力部署在德累斯顿附近，处于内线，反法联盟的军队分别部署在波希米亚、西里西亚和柏林，处于外线。因此法军从德累斯顿附近发起的出击是由圆心向圆周的运动。——译者注

卡茨巴赫河会战本身也是一个类似的战例[1]：防御者在最后时刻转入进攻，并因此而离心状地采取行动；法军各部队由此受到挤压，四外散开，皮托[2]师在会战后数日落入联军之手，成为联军胜利的一个果实。

由此我们得出结论，进攻者能够利用在本性上与进攻相适应的向心方向行动作为扩大胜利的手段，防御者也同样可以利用在本性上与防御相适应的离心方向行动作为扩大胜利成果的手段。防御者用这种手段取得的战果比他与进攻者成平行部署时，向敌正面垂直行动所取得的战果要多，而且我们认为，这两种手段的价值至少是相同的。

我们在战史上很少看到防御会战取得进攻会战那样大的胜利，但这丝毫不能证明我们关于"防御会战本身同样适合取得大胜利"的看法是错误的。防御会战之所以没有取得进攻会战那样大的胜利，原因在于防御者所处的情况与进攻者相比非常不同。防御者大多是较弱的一方，不仅在兵力上，而且从总的情况来看也是这样。他大多不能或者认为不能让自己的胜利有大的战果，于是只满足于消除危险和挽回军人的荣誉。由于防御者力量较弱且条件不利，他无疑会在很大程度上受到束缚。但是人们往往认为这种不得不出现的结果是防御者这种角色所带来的结果，于是对防御形成了一种实在是愚蠢的基本看法，认为防御会战只应立足于抵御，而不应立足于消灭敌人。我们认为这是最有害的谬误之一，认为它完全把形式与事物本身搞混了。我们一定要坚持：采用我们称作防御的这种作战形式，获胜的可能性不仅更大，而且胜利的规模和效果可以和进攻时一样大。只要具备适量的力量和意志，那么不仅在构成战局的所有战斗的**总的战果**中是这样，而且在**单个会战**中也是这样。

---

[1] 1813年8月布布尔河战斗后，布吕歇尔为避免与拿破仑会战，向东撤退。拿破仑派麦克唐纳追击。26日，布吕歇尔趁法军渡过卡茨巴赫河后立足未稳，分三路发起进攻，将法军击溃。29日，联军在追击中歼灭了属于法军第5军的皮托师，重新推进至布布尔河。——译者注

[2] 皮托（Jacques-Pierre-Louis-Marie-Joseph Puthod，1769—1837），法国少将。——译者注

★ 第十章 ★

要塞

在大规模常备军出现的时代之前，要塞（城堡和设防城市）只是为保护当地民众而设置的。贵族在受到各方威胁时，就进入自己的城堡避难，以赢得时间，等待有利的时机；城市则力图凭借其防御设施使自己不至于受到掠过的战争风暴的侵袭。这是要塞最原始和最自然的防御设施的使命，但它并未就此止步。要塞所在的这样一个点与整个国土以及与在国内各处作战的民众是有关系的，这些关系很快使要塞具有了更大的重要性，具有了超出其城墙以外的意义，对占领或保卫国土，对整个斗争胜利或失败的结局都有了影响，并以这种方式甚至成了一个将战争更多地联结成一个相互关联的整体的手段。于是要塞就有了战略意义，这种战略意义有一个时期受到高度重视，以至要塞对战局计划的基本轮廓起着决定性的作用，使战局计划更多的是以夺取一个或数个要塞为目的，而不是以消灭敌军为目的。后来，人们想到当初使要塞具有这种战略意义的原因，即想到一个设防地点与地区和军队的关系，于是就认为，在确定应设防的地点时，把要塞的使命想象得再全面、细致和抽象也不为过。要塞有了这种抽象的使命以后，它本来的使命就几乎被完全忘掉了，于是人们就产生了在没有城市和居民的地方设置要塞的想法。

另外，仅加固城垣而不建设其他军事设施就可以完全保护一个地点，不让它被席卷全国的战争洪水淹没的时代已经过去了。加固的城垣以前之所以能起到这个作用，部分是由于以前各民族分为一些小的国家，部分是由于当时进攻的间歇特性。在当时，或是由于封臣急于回家[1]，或是由于经常付不出要支付给佣兵队长[2]的钱，进攻几乎像季节那样有一定的、十分有限的持续时间。自从庞大的常备军能够用强大的炮兵像机器一样碾碎各地的抵抗以来，就不再有任何城市和其他小团体愿意以自己的力量做赌注了，因为它们只是使城市推迟数周或数月失守，之后却会受到更加严厉的惩罚。而对军队来说，如果把兵力分散到无数的要塞中只是使敌人的前进稍微变缓，最终却只能以屈服于敌人而结束的话，则不是军队的兴趣所在。军队不得不始终在要塞留有足够的兵力，以便与要塞以外的敌人抗衡，除非要塞守军可以指望有一个盟友抵达，为我们的要塞解围并解救我们的军队。因此这种情况又要求人们大幅减少要塞的数量，使人们从利用要塞直接保护城市居民和财产的想法变为另一种想法：把要塞视为对国土的一种**间接保护**，使要塞通过其作为战略枢纽的战略意义而起到这种间接的保护作用。

这就是有关要塞的想法的演变过程，不仅是在书本中，也是在实际生活中的演变过程；但是像常见的那样，书本中的演变过程自然会更抽象。

尽管事情必然会这样发展，可上述关于要塞的想法还是发展得太过分了，臆想的和空洞的东西挤掉了自然的和人们急需的东西。当我们列举要塞的使命和条件时，将只考虑这些简单的和人们急需的东西。我们将先谈简单的，再谈复杂的，并在下一章看一看，从中能为确定要塞的位置和数量而得出什么结论。

要塞的效果显然是由两个不同的因素构成的，一个是被动的因素，一个是主动的因素。要塞通过被动的因素保护某地点和该地点内的一切，通过主动的因素对要塞炮火射程以外的周围地区产生一定的影响。

这个主动因素体现在要塞守军能够对接近到一定距离的任何敌人发起进攻。

---

[1] 在中世纪，西欧封建领主将土地及土地上的农民分给封臣作为采邑，封臣则对领主负一定的义务，主要是提供军队的义务。一旦战事发生，领主即召集封臣的军队作战。这种军队往往以完成某一战事为期限，战事告一段落，封臣的军队就返回家乡。——译者注

[2] 中世纪晚期至16世纪中叶，意大利一些城邦国家，如威尼斯、佛罗伦萨、热那亚等，虽然经济发达，但防卫能力弱，它们为维护其利益而与佣兵签合同，由其提供保护。佣兵成为一种职业，佣兵的首领称为佣兵队长（Condittiere）。每个佣兵集团的武器装备为佣兵队长所有，给养和薪饷由佣兵队长负责。佣兵队长可以使自己的集团受雇于任何国家甚至个人。——译者注

守军的规模越大，可以用于出击的部队规模就越大；出击部队的规模越大，其出击的范围通常就越广。由此可见，与小要塞的主动影响程度相比，大要塞的主动影响程度不仅更强有力，而且影响的范围也更大。但是主动因素本身一定程度上又是由两部分组成的：一是要塞本身守军的行动，二是其他不属于守军，但与守军有联系的大小部队可以实施的行动。这些要塞之外的大大小小的部队力量较弱，无法单独对抗敌人，但是有了要塞的保护（在紧急情况下他们可以退入要塞），他们就能够在要塞周围的地区立足，并在一定程度上控制这个地区。

一个要塞的守军所能实施的行动总是相当有限的。即使要塞很大，守军兵力多，其能够派出去行动的部队与野战部队相比大多还是比较小的，它们活动范围的直径很少超过两日行程。如果要塞很小，那么派出的部队就会非常小，其活动范围大多限于邻近的一些村庄。然而那些不属于守军的部队由于不必返回要塞，其受到的束缚要小得多；当其他条件有利时，通过这些部队就可以极大地扩展一个要塞主动影响的范围。因此当我们谈到要塞一般所具有的主动影响时，必须特别注意这部分主动因素。

但是即使是最弱小的守军所起的最小的积极效果，对要塞要完成的一切使命来说，也仍然是一个十分重要的部分；因为严格地说，即使是要塞所有活动中最消极的活动（进攻时的防御），如果没有上面所说的积极效果也是不可想象的。同时，显而易见，在要塞一般的或者某一时刻所能完成的不同的使命中，有的更多要求发挥消极效果，有的则更多要求发挥积极效果。这些使命有些是简单的，有些是复杂的，在前一种情况下，要塞的效果在一定程度上是直接的；在后一种情况下，要塞的效果则或多或少是间接的。我们准备先谈前者，再谈后者，但是先要说明一点，即一个要塞自然可以同时或至少在不同时刻担负多个或全部使命。

因此我们说，要塞是防御首要的和最大的支柱，具体是通过以下方式：

1. **作为有安全保障的仓库**。进攻者在进攻期间只需考虑其一两天的给养，而防御者通常必须提前做好准备，也就是说他不能仅从其所在地区获取给养，因为这本来是他欲保全的地方，因此仓库对防御者来说是非常需要的。进攻者在前进时，其各种物资留在后面，这些物资因此不会面临战区内的各种危险，而防御者的物资是在战区内的。如果防御者的各种物资不是存放在**设防地点**，那么这想必会对野战行动产生极为不利的影响,也就是说,为保护这些物资,部队往往不得不进入非常迫不得已选定的、范围极大的阵地。

一支没有要塞的防御部队就像一个未穿铠甲的人,有无数的部位会被击伤。

2. **用以保护富庶的大城市的安全**。这一使命与前一项使命非常接近,因为富庶的大城市,特别是商业中心,是部队的天然仓库。作为这样的仓库,其得失对部队有直接的影响。此外,花费一些力量来保护这部分国家财产毕竟总是值得的,因为一方面,从这里可以间接地汲取力量;另一方面,一个重要的地点本身在媾和谈判时就是一个非常重要的砝码。

要塞的这一使命在近代没有得到应有的重视,但它毕竟是最起作用的、最少招致失误的最自然而然的使命之一。如果一个国家不仅在所有富庶的大城市筑有工事,而且在每个人口稠密的地点也筑有工事,由当地的民众和附近的农民来防守这些地方,那么进攻者的战争运行速度就会受到很大的减弱,受到进攻的民众就会以其很大一部分力量投入到战争中去,以至敌方统帅的才智和意志力下降到微不足道的程度。我们提出这种全国设防的理想,只是为了让要塞的使命能得到应有的重视,希望人们时刻不要忽视要塞提供**直接**保护的重要性。此外,这一想法与我们这里的考察并不矛盾,因为在全部城市中必然会有一些城市的设防程度比其他城市更高,被视为武装力量的真正支柱。

要塞在完成上述第一项和第二项使命时,几乎只需要发挥其被动因素。

3. **作为真正的堡垒**。要塞可以用来封锁道路,在大多数情况下也可以用来封锁流经要塞的江河。

进攻者要找到一条可以用来迂回要塞的小路,并不像人们通常想的那样容易,因为这种迂回不仅必须在要塞炮火射程以外进行,而且由于守军可能出击,因此还必须在距要塞较远的范围以外进行。

如果地形稍难通行一些,那么即使进攻者稍微离开大路也往往会使其行动迟缓,可能耽误一整天的行程。如果这是一条必须经常使用的大路,这种耽误就可能是非常严重的问题。

至于利用要塞封锁江河上的航行如何妨碍进攻者的行动,则是不言而喻的。

4. **作为战术上的依托点**。由于一个不算太小的要塞的火力控制范围通常就已经达到数小时行程，而出击的活动范围无论如何还要更大些，因此永远可以把要塞看作一处阵地某一翼的最好的依托点。一个数普里长的湖泊肯定可以算是极好的依托点，但是一个中等要塞能起到更大的作用。阵地的一翼不必靠近要塞，因为进攻者不会在阵地这一翼与要塞之间行动，否则他将失去退路。

5. **作为兵站**。如果要塞位于防御者的交通线上（大多数情况下是这样的），那么对于往来这条路上的一切，要塞就是便利的兵站。交通线受到的威胁往往来自敌方袭扰部队，其影响只是短暂的。一支重要的运输队在这种彗星般的袭扰部队接近时，只要加快前进或迅速返回要塞，就得救了，等危险过去后就可以再次行动。此外，一切来来往往的部队都可以在这里休息一天或数天，由此更会加快余下的行军速度。而休息期间恰恰是部队受到威胁最大的时候。因此一条长30普里的交通线，如果中间有一个要塞，这条交通线在某种程度上就缩短了一半。

6. **作为弱小部队或败退部队的避难地**。任何一支部队在一个不太小的要塞的炮火保护下，即使没有专门构筑设防营垒，也不至于受到敌人的袭击。当然这样一支部队如果想留驻在这里，就不得不放弃继续退却。但是在有些情况下，不能继续退却并不会带来大的损失，因为继续退却也许只能以全军覆灭而告终。

但是在很多情况下，要塞可以保障部队停留数日，而且不会让部队因此而失去退却的可能性。特别是对那些早到的战败部队中的轻伤员和溃散的士兵来说，要塞是他们的避难地，他们可以在那里等候自己的部队。

在1806年，假如马格德堡[1]位于普鲁士军队的径直退却线上，假如这一退却线没有在奥尔施泰特[2]附近就已经被切断，那么普军自然就可以在这个大要塞中停留3~4天，从而集结并重新组织起来。即使是在当时那样的情况下，马格德堡还是成为霍恩洛厄余部的集结地，这支部队在那里才又重新组织起来[3]。

人们只有通过在战争中的鲜活体验，才能对情况不利时附近一处要塞所起

---

[1] 马格德堡（Magdeburg），今德国萨克森-安哈尔特州首府，历史上是普鲁士一处要塞，位于易北河畔，东北距柏林130公里。——译者注
[2] 奥尔施泰特（Auerstedt），今德国图林根州一小镇，西距马格德堡约115公里。——译者注
[3] 在1806年耶拿会战开始前，普鲁士军队部署在耶拿和魏玛一带。10月14日，普军霍恩洛厄部在耶拿和奥尔施泰特被法军击溃后，绕道经奎德林布克向北方退却，于20日抵达马格德堡，在这里等待和集结溃散的部队。——译者注

的良好作用有一个正确的概念。要塞中有弹药、枪支、燕麦和面包，使病员有住处，使健康者有安全，使受到惊吓的人恢复镇静。要塞就是荒漠中的旅店。

要塞在完成上述后四项使命时，需要更多地发挥其主动作用，这本身是很清楚的。

7. 作为抵挡敌人进攻的真正盾牌。防御者设置在自己前方的要塞就像大冰块一样断开敌人进攻的洪流。敌人不得不包围这些要塞。如果要塞守军作战勇敢，那么敌人为达成包围，大致需要比守军多一倍的兵力。此外，大部分要塞的守军几乎一半可以或者就是由那些如果不用于要塞就根本无法带上战场的人员组成的，例如未经充分训练的后备军、半残军人、武装民众、国民军等等。在这种情况下，敌军因包围我要塞而被占用的兵力大概为我军的四倍。

敌军受到这种不成比例的削弱，是受到围攻的要塞通过其抵抗带给我们的第一个和最重要的好处，但这并不是唯一的好处。从进攻者突破我们的要塞线的那一刻起，他的一切运动都受到很大的制约；他的退路受到限制，而且总是不得不考虑如何直接保护他所进行的围攻。

因此，要塞在这方面对防御行动起着巨大的和决定性的作用。我们必须把这一点看作一处要塞能具有的所有使命中最重要的使命。

尽管如此，我们在战史上很少看到这样使用要塞，特别是很少看到经常这样使用要塞，这是由过去大多数战争的特点所决定的。对这些战争来说，使用这一手段某种程度上过于坚决和强硬了。对这一点，我们以后再做进一步的说明[1]。

要塞的这个使命从根本上来说，主要是要求要塞发挥其进攻力量，至少要塞在这种情况下的效果是来自这种进攻力量的。假如要塞对进攻者来说只是一个无法占领的地点，那么它对于进攻者虽然碍事，但绝不会达到使进攻者感到必须加以围攻的程度。然而由于进攻者不能让6000，8000乃至1万名敌军在他背后任意活动，因此他不得不用适当的兵力去冲击要塞，而且为了不总是要这样冲击要塞，就不得不占领要塞，也就是不得不围攻要塞。从要塞被围攻的那一刻起，要塞主要是通过其被动因素发挥作用。

---

[1] 作者在本篇第二十八章和第三十章中谈及类似的问题。——译者注

对于所有上述使命，要塞都是以相当直接和简单的方式完成的。与此相反，对于以下两项使命，要塞发挥作用的方式更为复杂。

8. **用以保护延展较大的舍营地。**一个中等的要塞可以封锁通向它身后舍营地的接近地，宽度可达3～4普里。这是由于要塞的存在而产生的一个很简单的效果。但是至于说这样一个要塞能够保护一条长15～20普里的舍营线（在战史上经常谈到这一点），如果确有其事，则需要加以探讨，而如果只是幻想，也需要加以指出。

在这里需要考察以下几种情况：

（1）要塞本身可以封锁一条主要道路，并确实可以保护宽3～4普里的地区。

（2）可将要塞视为防御者的一个非常强大的前哨，或者它能使人们更全面地了解当地的情况。由于一个大城镇与周围地区之间的社会关系，防御者还可以通过秘密情报的途径增加这种了解。人们在一个6000、8000到1万人口的城镇，自然比只在一个村庄（一个普通前哨经常利用的舍营地）能更多地了解到周围地区的情况。

（3）一些较小的部队可以依托要塞，得到要塞的保护和保障；他们不时可以对敌出击，以获取情报，或者在敌途经要塞的情况下，在其背后采取些行动。因此，尽管要塞是固定的，但它在某些方面可以起到一支前出部队的作用（见第五篇第八章）。

（4）防御者集结其部队后，正好可以在要塞后面进行部署，以致进攻者无法推进到防御者的这一部署地，否则其背后就会受到防御者要塞的威胁。

当然，任何对一条舍营线的进攻都可被视为带有袭击特点的进攻，或者更确切地说，这里说的进攻就是袭击。袭击与对战区的进攻相比，会在短得多的时间内达到效果，这是显而易见的。如果说，进攻者在进攻战区时，有必要对不得不经过的要塞进行冲击和控制，那么他在袭击一条舍营线时，就没必要对要塞这样做了，因此要塞也就不会像削弱敌人进攻那样削弱敌人的袭击。这当然是事实。距要塞6～8普里的两翼的舍营地也不会因此而得到要塞的直接保护。不过，这样一种袭击的目的也并不是攻击几个舍营地。至于这样一种袭击的真正意图是什么，以及袭击者可以期待得到些什么，我们在《进攻》一篇[1]中才能做更详细的说明，但在这里我们就已经可以指出：袭击取得的主要成果不是通过真正袭击几个舍营地得来的，而是通过追赶，迫使敌方一些部队应战得来的（敌方这些部队状态不佳，更多是准备赶往某些地点集合，而不是准备战斗）。但是进攻者的这种推进和追赶必须总是或多或少地指向敌舍营地的中心。而此时一个位于该中心前面的大要塞当然会给进攻者造成很大的困难。

我们认为，如果考虑到上述四个方面的综合效果，那么就可以看出，一个大要塞能以直接的和间接的方式在一定程度上为一个超出人们最初想象的、延展更大的舍营地提供一些安全保障。我们之所以说"一些安全保障"，是因为要塞所有那些间接的效果并不能阻止敌人前进，只能使敌人在前进时的困难和顾虑更多，从而使其前进的可能性小些，对防御者的危险少些。然而人们对要塞所能要求的，以及要塞在这种情况下所能提供的保护也就是这些了。真正的、直接的安全必须通过部署前哨和正确地安排舍营来获得。

因此，如果人们认为一个大的要塞有能力保护它后面的延展很大的舍营线，并非不现实。但是我们也不能否认，在这个问题上，人们在实际的战争计划中，尤其是在历史著作中常常遇到空洞的言辞或者虚幻的观点。既然只有多种条件共同起作用，要塞才能产生上述保护作用，而且即使有了这种作用，也只是减少一些危险而已，那么人们就不难看出，在有些情况下，由于特殊原因，特别是由于对手勇敢，要塞的这种保护作用有可能化为泡影。因此在战争中，人们不能满足于笼统地假设要塞有这种作用，而是必须深入细致地考虑到各种具体情况。

9. 用以保护未设防的地区。如果在战争中某个地区根本没有军队驻守，或者没有大部队驻守，多少有受敌袭扰的危险，那么人们就会把位于这个地区的一个较大的要塞看作对该地区的保护，或者，如果愿意的话，把它看作对该地区的安全保障。人们当然可以把要塞看作对这个地区的保障，因为敌人在攻占要塞以前是控制不了这个地区的，这样我们就赢得了时间，可以赶来对这个地区进行防御。但是人们对这种保护当然只能理解为一种非常间接的保护，不是**本来意义上**

---

[1] 参阅本书第三卷第七篇第十九章。——译者注

的保护，因为要塞只能通过它的主动作用在一定程度上限制敌人的袭扰。如果人们只靠要塞的守军来发挥这一作用，就不会收到很大的效果，因为这种要塞的守军大多兵力薄弱，通常只是由步兵组成的，而且还不是精锐的步兵。如果有一些小部队在要塞周围活动，同时与要塞保持联系，把要塞作为它们的支撑和基地，那么要塞发挥保护作用的现实性就会更大些。

10. **作为民众武装的中心**。在一场人民战争中，给养、武器和弹药不可能有正规的供应，而是由民众尽自己所能在这方面想办法，并且通过这种方式去唤醒数以千计的、点点滴滴的、如果没有人民战争就将始终沉睡的抵抗力量，这正是人民战争的本性。不过，如果有一个储存这类物资可供救急的大要塞，就会使整个抵抗更加严密和可靠，更有相互联系和连续性，这是不言而喻的。

此外，要塞是伤员的避难地，是领导机关的所在地，是贵重物品的保管库，是较大行动的集结地等，最后是抵抗的中心，使敌军在其围攻期间处于一种容易受到民众武装袭击的状态。

11. **用于江河和山地防御**。大江大河沿岸的要塞比其他地方的要塞能达成更多的目的，扮演更多的角色。在这里，要塞可以随时保障我军安全渡河，阻止敌军在要塞附近数普里的范围内渡河，控制江河上的运输，收纳一切船只，封锁桥梁和道路，使防御者有可能以间接的方法，即在对岸敌占区进入一处阵地来防守江河。显然，要塞通过这种多方面的作用，大幅减轻了江河防御的难度，应被视为江河防御的一个重要环节。

与上述情况类似，在山地的要塞也是重要的。山地要塞构成路网的枢纽，控制着整个路网，并因此而控制着这些道路所通过的整个地区。因此，山地要塞应该被看作山地防御体系的真正支柱。

★ 第十一章 ★

要塞（续）

我们已经谈了要塞的使命，现在谈一谈要塞的位置。这个问题初看上去似乎很复杂，因为要塞的使命很多，而每个使命又因地形不同而可能有变化。但是如果我们把握住事物的本质，注意避免多余的枝节问题，那么就没必要顾虑这些了。

显然，如果人们在那些可被视为战区的地区内把位于连接两国的大路上的最大、最富庶的城市，尤其是优先把靠近港口、海湾以及大江河沿岸和山地中的城市都构筑成要塞，那么就能同时满足所有那些对要塞提出的要求了。大城市和大路总是在一起的，两者与大的江河和海岸也有天然的密切关系。因此，这四者很容易共处，不会产生矛盾。相反，山地很难与之共处，因为大城市很少位于山地。因此，如果某一山地的位置和走向适于作为防线，那就有必要通过一些小堡垒封锁该山地的道路和隘口。这些小堡垒应专门用于此目的，构筑时应尽量少花费用。同时，大的要塞设施应继续用于平原上的大城市。

我们还没有谈到在边境设置要塞的问题，也没有谈到整个要塞线的几何形式，以及要塞位置的其余地理因素，因为我们认为前一章所谈的是要塞最重要的任务，并且认为在很多情况下，尤其是对小国来说，构筑要塞时只考虑这些使命已经足够了。当然就那些幅员更为辽阔的国家来说，有的拥有很多大城市和大路，有的则相反，几乎完全没有大城市和大路；有的非常富有，在既有的很多要塞之外还想构筑新的要塞，有的则相反，非常贫穷，不得不以很少的要塞勉强应付。总之，如果要塞的数目与需要构筑要塞的大城市和大路的数目不是很协调，大城市和大路不是特别多就是特别少，那么选择构筑要塞的地点时，就可以而且需要考虑另外一些依据。我们只是简单地谈一谈这个问题。

余下的主要问题涉及以下几点：

1. 当连接两国的主要道路很多，不能沿每一条道路都设置要塞时，应该选择沿哪条大路设置要塞？

2. 要塞应该仅仅设置在边境附近，还是应该分布在全国？

3. 要塞应该平均分布，还是应成组分布？

4. 设置要塞时应考虑当地的哪些地理条件？

就要塞线的几何样式来说，还有很多其他问题，例如：要塞线应设置成一排，还是多排，也就是说，要塞前后分布时的作用大，还是左右分布时的作用大；应该设置成棋盘状，还是直线式，或者要塞线是否应像工事本身的形状那样有一些凹凸的部分。我们认为这些都是空洞的细枝末节问题，也就是说，是一些不必加以考虑的问题，当人们考虑更重要的问题时，是决不会谈论它们的。我们在这里之所以触及这些问题，只是因为在有些书本中不仅谈到它们，而且赋予这些内容贫乏的东西过大的重要性。

说到第一个问题，为了把它讲得更清楚些，我们只想提一下南德意志[1]对法国，即对上莱茵地区[2]的关系。如果我们不去考虑构成南德意志的各个邦国的情况，只把这块土地看作一个整体，从战略上来考虑如何构筑其要塞的问题，那么想必会出现一个很大的不确定性，因为自莱茵河畔有无数漂亮的大路通往弗兰肯、巴伐利亚[3]和奥地利的腹地。虽然在这些大路上并不缺少比一般城市大得

---

[1] 南德意志（Süddeutschland），一般指今德国包括巴登-符腾堡州、巴伐利亚州、黑森州自美因河畔法兰克福以南的部分、萨尔州和莱茵兰-普法尔茨州在内的地域。——译者注

[2] 上莱茵地区（der Oberrhein），指巴塞尔和宾根之间的莱茵河中游两岸地区，大致包括今法国阿尔萨斯大区，德国巴登-符腾堡州、莱茵兰-普法尔茨州，以及瑞士北部部分地区。——译者注

[3] 巴伐利亚（Bayern），今德国东南部的一个州，历史上曾是德意志的公国、选帝侯国和王国。——译者注

多的城市，例如纽伦堡[1]、维尔茨堡[2]、乌尔姆[3]、奥格斯堡[4]、慕尼黑[5]等，但是如果不打算在所有这些城市中都构筑工事，那就必须有所选择。此外，即使人们根据我们的观点，认为主要应该在最大和最富庶的城市中构筑工事，也还是不得不承认，由于纽伦堡距慕尼黑较远[6]，其战略意义与慕尼黑相比显然也不同，因此始终存在着这样一个值得考虑的问题：是否应该取代纽伦堡，而在慕尼黑地区的一个地点（即使是比较小的地点）设置要塞。

至于在这种情况下如何做出决定，也就是说，如何回答第一个问题，请读者参阅我们论述一般防御计划和选择进攻点的那几章。哪里是最自然的进攻点，哪里也就是我们应该优先构筑防御设施的地方。

因此，在敌国通往我国的多条大路中，我们应优先在那条最径直通往我国心脏的道路上构筑要塞，或者在那条由于穿过富饶的地区或靠近通航的河流而最便于敌人行动的道路上构筑要塞，然后我们要确定，敌人或者会遇到这一要塞的阻拦，或者当敌人欲绕过要塞时，要塞会为我们提供一个自然和有利的从翼侧向其采取行动的手段。

维也纳是南德意志的心脏，仅从与法国交战的角度来看（假设瑞士和意大利是中立的），慕尼黑或奥格斯堡作为主要要塞所起的作用显然会比纽伦堡或维尔茨堡更大。如果人们同时再考虑到从瑞士经过蒂罗尔[7]，以及从意大利过来的道路，对这一点就更有感触了，因为慕尼黑或奥格斯堡对这两条道路总可以起到一些作用，而维尔茨堡和纽伦堡对它们来说就像不存在一样。

现在我们来谈谈第二个问题：要塞应该仅仅设置在边境附近，还是应该分布在全国。首先我们必须指出，对小国来说，这个问题是多余的，因为在战略上可

---

[1] 纽伦堡（Nürnberg），今德国巴伐利亚州一城市，位于佩格尼茨河畔。——译者注
[2] 维尔茨堡（Würzburg），今德国巴伐利亚州西北部一城市，位于美因河畔。——译者注
[3] 乌尔姆（Ulm），今德国巴登-符腾堡州一城市，位于多瑙河左岸。——译者注
[4] 奥格斯堡（Augsburg），今德国巴伐利亚州一城市，位于莱希河畔。——译者注
[5] 慕尼黑（München），今德国巴伐利亚州首府。——译者注
[6] 两者相距约170公里。慕尼黑位于从法国直接通往维也纳的道路上，而纽伦堡则位于另一条绕道较远的道路上。——译者注
[7] 蒂罗尔（Tirol），历史上欧洲中部阿尔卑斯山脉中的一个地区，包括今奥地利西部和意大利北部的部分地区。——译者注

以称之为边境的地方，在小国几乎就是整个国土。而国家越大，就越有必要考虑这个问题。

对这个问题的最自然的回答是：要塞应该设置在边境附近，因为要塞应该用于保卫国家，而只要守住了边境，也就保卫住了国家。这一观点一般来说是正确的，但是以下的考察表明，这个观点会有很大的局限性。

凡是主要依靠外援的防御，都尤为重视赢得时间。这种防御不是强有力的还击，而是一种缓慢的推进。在这一过程中，它主要是赢得时间，而不在于削弱敌人。假设其他一切情况相同，敌人攻占分布在全国的、相隔很远的要塞比攻占密集在边境附近一线上的要塞要用更长的时间，这是符合事物本性的。此外，凡是在欲通过使敌人拉长交通线和出现生存困难而战胜敌人的一切场合，也就是说在那些可以优先考虑这种抵抗方式的国家，如果它们仅在边境附近设置防御设施，则与其具备的这种抵抗方式是完全矛盾的。最后，如果我们再考虑到以下因素，那么就可以看出，人们或多或少总是有在腹地设置要塞的理由。这些因素是：只要条件允许，在首都构筑防御设施是首要的事情；根据我们的原则，各省的首府和商业中心也需要构筑这种防御设施；横贯一国的江河、山脉以及其他地形障碍有利于设置新的防线；有些城市因自然的固定位置，需要构筑防御设施；最后，某些军事设施（例如所有兵工厂）设置在腹地，比在边境附近更好，因为它们很重要，的确值得要塞工事保护。我们认为，即使那些有很多要塞的国家有理由将较多要塞设置在边境附近，但如果它们在腹地完全不设置要塞，就仍是犯了一个大的错误。我们认为，法国在很大程度上就是犯了这样的错误。如果一个国家在边境地区完全没有大城市，只是在深远的后方才有大城市（例如在南德意志这种情况就特别明显，在士瓦本[1]几乎没有大城市，而在巴伐利亚却有很多大城市），那么是否只应该在边境附近设置要塞就更值得怀疑了。我们认为，没有必要根据一般的论据来一劳永逸地排除这一怀疑。我们说，在这种情况下要得出结论，就必须让论据符合具体情况，但我们还是请读者注意本章最后的结论。

第三个问题是，要塞更应平均分布，还是更应成组分布。如果人们对各方面

---

[1] 士瓦本（Schwaben），历史上曾是德意志的一个公国（911—1268），包括符腾堡、黑森、巴伐利亚西部和巴登的一部分，后主要指德国境内说士瓦本方言的地区。——译者注

的情况都进行了考虑，那么很少会出现这一问题。但是我们并不因此就认为这是毫无意义的枝节问题，因为由两个、三个或四个要塞组成的要塞群，距一个共同的中心只有数日行程，当然能极大地加强这一中心和在该地的部队的力量，以至只要其他条件在一定程度上允许，人们必然会力图组成这样的战略棱堡[1]。

最后一点涉及选择要塞地点时应考虑的其余地理因素。要塞设置在沿海、大江河的两岸和山地，能加倍发挥作用。这一点，我们在前面已经谈过，因为这是人们要考虑的主要问题，但还要考虑到其他一些地理因素。

如果一个要塞不能设置在江河畔，那就最好不要把它设置在江河附近，而是设置在距江河10～12普里的地方，因为江河在我们上面提到的一切方面都会分割和干扰要塞的作用范围[2]。

在山地就没有这种情形，因为山地不会像江河那样把大小部队的行动限制在个别点上，但是在山地迎向敌人的一面（距敌人较近处）设置要塞是不利的，因为这样的话，自己的援军很难为该要塞解围。而如果把要塞设置在山地背向敌人的一面，则会加大敌人围攻的难度，因为山地切断了敌人的交通线。我们请读者注意1758年围攻奥尔米茨的例子[3]。

难以通行的大片林地和沼泽地的情况与江河类似，这是不难理解的。

位于难以通行的地形上的城市是否应该设置要塞，也是一个人们经常提出的问题。由于这种城市以少量的费用就可以构筑工事进行防御，或者与其他城市相比，付出同样多的力量即可成为坚固得多而往往难以被攻克的城市，同时由于要塞的作用更多是被动而非主动产生的，因此人们似乎不必太重视那种认为这种城市容易被封锁的意见。

最后，如果我们回过来再看一下我们提出的有关在全国构筑要塞的非常简

---

[1]"棱堡"，原文为法语"Redan"，指要塞、堡垒等工事突出的部位，以便于观察和防御，有V字等形状。——译者注

[2]菲利普斯堡就是要塞位置选择不当的一个典型，它就像一个白痴把鼻子紧贴在墙上。——作者注

[3]奥尔米茨是18世纪奥地利的一个要塞，位于苏台德山脉南面，即背向普鲁士一面。普军想要围攻奥尔米茨，必须经过苏台德山脉，交通线易被切断。1758年5月22日，普军围攻奥尔米茨要塞。6月30日，奥地利统帅道恩派出袭扰部队在普军通过苏台德山脉的交通线上截获大批辎重，迫使普军停止围攻，退向波希米亚。——译者注

单的理论体系，可以说：这一体系是以直接关系到国家根基的重大而持久的事务和因素为基础的，其中不可能含有任何早晚会过时的有关战争的时髦观点、空想出来的战略妙计，以及只适合眼前的极个别的需要。这些时髦观点和妙计对为使用五百年，甚至一千年而构筑的要塞来说是错误的，会引起无法挽回的后果。弗里德里希二世在西里西亚的希尔博贝格[1]要塞构筑在苏台德山脉[2]的一个山脊上，在情况完全变化后，几乎失去了它的全部意义和作用；而假如布雷斯劳是一个坚固的要塞并且能保持这样，那么在任何情况下，无论是针对法国人，还是针对俄国人、波兰人和奥地利人，它都能保持其原来的意义和作用。

请读者不要忘记，我们的这些考察并不是针对一个国家完全从头构筑要塞的那种情况提出的，如果是那样的话，这些考察就没有用处了，因为从头构筑要塞的情况基本没有出现过。我们的这些考察在设置每个具体要塞时可能是有用的。

---

[1] 希尔博贝格（Silberberg），即今波兰下西里西亚省村庄斯雷布诺戈拉（Srebrna Góra）。三次西里西亚战争后，普鲁士国王弗里德里希二世于1765年下令在该地附近构筑要塞，1778年建成。——译者注

[2] 苏台德山脉（die Sudeten），位于欧洲中部，在西里西亚和波希米亚之间，连接埃尔茨山脉和喀尔巴阡山脉，长310公里，宽30~50公里。最高峰斯涅日卡山，海拔1603米。——译者注

★ 第十二章 ★

防御阵地

　　任何一个我们利用地形作为一种防护手段而在其中接受会战的阵地都是一处防御阵地。至于我们当时的行动是以防守为主还是以进攻为主，是没有区别的。从我们关于防御的总的看法中就已经可以得出这一结论。

　　人们可以进一步把一支迎向对手的部队在对手挑战而被迫应战时所处的任何阵地，也叫作防御阵地。实际上，大多数会战都是这样发生的。在整个中世纪，就没有其他的会战。在战争中，大多数阵地都是这类阵地，但我们这里要谈的不是这类阵地。对于这样的阵地，我们只要指出**阵地**的概念与**行军途中的宿营地**不同就够了。一个专门被称作**防御阵地**的阵地与这类阵地相比，想必还是有不同的地方。

　　在一处普通阵地上进行决战时，时间的概念显然是主要的：双方部队相向运动，以期相遇，而地点是次要的，人们只要求它合适就行了。但是在选择真正的防御阵地时，**地点**的概念却是主要的，因为决战只应在这一地点进行，或者更准确地说，决战应主要利用这一地点进行。这里说的只是这一阵地。

　　地点在此的意义表现在两个方面：一方面，部署到这一地点上的部队将对整个防御起到一定的作用；另一方面，这个地点的地形可以作为保护和加强这支部队力量的手段。简而言之，前者是战略方面的意义，后者是战术方面的意义。

如果我们要说得确切，那么**防御阵地**这个术语只是源于地点在战术方面的意义，因为地点在战略方面的意义（部署在该地点的部队通过其存在影响到国家的防御）也适合一处带有进攻性质的阵地。

上述两个意义中的第一个意义，即一个阵地在战略上的作用，以后在研究战区防御时才能得到充分的说明，我们在这里只想谈现在可以谈的问题。为此我们必须先弄清楚两个近似的、经常被混淆的概念，即对阵地的迂回和从阵地的侧面通过。

对阵地的迂回是指绕过阵地的正面，要么是为了从侧面甚至从背后进攻这一阵地，要么是为了切断这一阵地的退却和交通线。

前一种情况，即从侧面和背后发起进攻，是有战术特性的行动。当今部队的机动性很强，一切战斗计划都或多或少地准备进行迂回和包围打击，每个阵地都应对此有所准备。一个名副其实的坚固阵地不仅应该有牢固的正面，而且当侧面和背后受到威胁时，至少还能在那里组织对己有利的战斗。这样阵地就不会因迂回所具有的旨在从侧面或背后进攻它的意图而失去作用，在这个阵地上进行的会战成败才是阵地的意义所在。阵地应给防御者带来它通常所能提供的好处。

如果阵地受到进攻者旨在威胁其退却和交通线的迂回，那么这就是战略问题了，这时的问题在于阵地能坚持多久，以及阵地在退却和交通线方面是否优于对手，而这两点都取决于阵地的位置，也就是说主要取决于双方交通线与阵地的关系。任何好的阵地都应该保障防御的部队在阵地里占有优势。无论如何，阵地不应因受到迂回而失去作用，而是应该让忙于对付阵地的对手至少失去一些进攻的锐气。

但是如果进攻者不理睬在防御阵地中等待他的敌军，而是以主力沿另一条道路推进，去追求其目的，那么这就是从阵地**侧面通过**。如果进攻者能够不受惩罚地这样做，那么当他真的这样做了以后，就随时可迫使防御者放弃这个阵地，也就是说使这个阵地失去作用。

仅就"从阵地侧面通过"的字面意义来看，在世界上几乎没有不能从侧面通过的阵地,像彼列科普地峡[1]那样的情况由于极为少见,因此几乎可以不予考虑。进攻者不能从阵地侧面通过,一定是由于他会因此而陷入不利。至于这些不利究竟是什么,我们在第二十七章[2]将有更好的机会予以阐明。这些不利有大有小,但无论如何它们补偿了阵地未能发挥的战术效果,与阵地一道构成防御阵地的目的。

从上述内容可以看出防御阵地在战略上的两个特点:

1. 敌人无法从其侧面通过;

2. 在争夺交通线的斗争中使防御者处于有利地位;

(现在我们还要补充另外两个战略上的特点)

3. 交通线与阵地的位置关系对防御者的战斗进程也应该产生有利的作用;

4. 地形的一般影响应该对防御者有利。

双方交通线与阵地的位置关系不仅对进攻者能否从阵地侧面通过,以及能否切断阵地上的给养供应有影响,而且也影响到会战的整个进程。防御者的斜向退却线在会战中便于进攻者进行战术迂回,同时妨碍防御者自己的战术运动。但这种斜向部署并不总是战术上的过失,而往往是错误选择战略地点的结果。例如,如果道路在阵地附近改变方向,那么斜向部署就是根本不可避免的(1812年的博罗季诺会战)。在这种情况下,进攻者**不改变其垂直部署**,就已经处于可以迂回防御者的方向上。

此外,如果进攻者有很多退路,而防御者只有一条退路,那么进攻者就会享有大得多的战术自由所带来的好处。在所有这些情况下,防御者即使用尽了一切巧妙的战术,也无法消除战略错误所造成的不利影响。

至于最后的第四点,地形也可能在某些方面对防御者十分不利,以至即使精心地选择了并且非常巧妙地运用了战术手段,也不能消除这一不利情况。在这方面,应该注意的最主要的情况是:

1. 防御者首先必须争取有利条件,使自己能够清楚地观察对手,并能够在自

---

[1] 彼列科普地峡(Landenge von Perekop),连接陆地与克里米亚半岛的狭长通道,宽5~8公里。——译者注

[2] 原文如此,疑误。应为本篇第二十八章。——译者注

己阵地所处地带内迅速扑向对手。只有在那些地形通过障碍与这两个条件结合的地方，地形才对防御者特别有利。

所有受到制高点制约的地点，所有或者大多数山地阵地（这一问题在有关山地战的那几章中还要专门论述），所有侧面依托山地的阵地（在这种情况下，山地虽然增加了进攻者从阵地**侧面通过**的难度，但却便于他**迂回**），所有前面不远处有山地的阵地，以及所有不符合上述地形要求的地点对防御者都是不利的。

在与上述不利情况相反的情况中，我们只想提出阵地背后有山地这一情况。这种情况可以带来很多好处，以至一般来说可以把它看作对防御阵地最有利的情况之一。

2. 地形应该多少与部队的特点和编成相适应。一支很占优势的骑兵部队当然应该去寻找开阔地，而一支缺少骑兵和炮兵，但经过战争历练、熟悉地形和勇敢的步兵部队，则最好去利用非常难以通过的复杂地形。

在这里，我们没有必要详细论述一处防御阵地所在的地形对部队的战术意义，而只谈防御阵地所在地形的总的影响，因为只有这种影响才是具有战略分量的一个因素。

毫无疑问，部队完全为了等待敌人进攻而进入的阵地，应该为这支部队提供非常有利的地形条件，以至这些条件可以被看作部队的力量倍增器。在大自然提供了很多，但仍未能满足我们愿望的地方，就要由筑垒术来帮忙。用这种方法往往可以使阵地的某些部分**变得坚不可摧**，在某些情况下甚至可以使整个阵地**变得坚不可摧**。显然，在整个阵地变得坚不可摧的情况下，防御举措的整个性质就起了变化。这时我们寻找的不再是在有利条件下进行会战和通过这种会战取得战局的成果，而是不经过会战就取得成果。如果我们让部队在坚不可摧的阵地上固守，就等于断然拒绝会战，迫使对手采用其他决出胜负的方法。

因此我们必须把这两种情况完全区别开来。我们将在以**坚固阵地**为题的下一章中探讨后一种情况。

我们这里所谈的防御阵地，应是一个对防御者更为有利的战场。而要使防御阵地成为一个战场，防御者的有利条件就不宜过多。这样一处防御阵地究竟应该加强到什么程度呢？显然，我们对手进攻的决心越大，阵地的坚固程度也要越大，这一点取决于对具体情况的判断。对抗拿破仑这类人物与对抗道恩或施瓦岑贝格这类人物相比，可以而且必须退到更坚固的防御工事后面。

如果阵地的某些部分是坚不可摧的（例如正面），那么就应该把这些部分视为阵地全部力量的一个因素，因为在这些地点省下来的兵力可以用到其他地点。但是我们也必须指出：敌人由于无法突破这些坚不可摧的部分，就会完全改变其进攻形式，这时我们必须首先弄清楚，敌人改变进攻形式对我们是否有利。

例如，如果我们在一条大河后面很近的地方部署部队，以至可以把这条大河看作对我们正面的加强（这是有可能发生的），但实际上这一部署不过是使这条河成为我们右翼侧或左翼侧的依托点，因为敌人自然不得不在右方或左方更远的地方渡河，之后变换正面，向我们发起进攻。因此这时的主要问题是，这种做法会给我们带来哪些利弊。

我们认为，防御阵地的坚固程度越隐蔽，我们通过战斗组合达到出敌不意效果的机会越多，防御阵地就越接近其理想状态。正如人们顾及自己的部队，要设法向对手隐瞒其真正的兵力和真正的动向一样，人们同样应该力求向对手隐瞒自己想从地形方面获得哪些好处。当然，这只能做到一定程度，而且也许需要一些特别的、迄今还较少运用的办法。

任何一个位于大要塞（不论它在哪个方向）附近的阵地都可以使部队在运动和运用方面较敌人占大的优势。适当地使用野战工事可以弥补某些地点天然坚固程度的不足，可以使我们随心所欲地预先确定战斗的大体轮廓，这些就是人为加强阵地的方法。如果我们把这些方法与善于选择地形障碍结合起来，增加敌军的行动难度，但又不至于让其不能动，如果我们尽量利用环境带来的一切好处（例如我们熟悉战场而敌人不熟悉，我们能够比敌人更好地隐蔽自己的各种举措，以及在战斗过程中能够比敌人更好地运用出敌不意的手段），那么这些条件结合在一起就能使地形产生一种强有力的、决定性的影响，使敌人由于这种影响而失败，却不知道其失败的真正原因。这就是我们所理解的防御阵地。我们认为这是防御战的最大优点之一。

如果不考虑特殊情况，人们可以认为中等耕作程度的起伏地可以提供大部分这样的阵地。

★ 第十三章 ★

坚固阵地和设防营垒

我们在前一章已经说过，如果一个阵地经天然条件和人为的加强，坚固到坚不可摧的程度，那么它就已经完全超出了一个有利的战场的意义，从而具有了专门的意义。我们准备在本章中考察这种阵地的特点，并且由于它具有近似要塞的本性而把它称为**坚固阵地**。

这种阵地单靠防御工事是不容易有突出的表现的，除非作为要塞附近的设防营垒，而单靠天然障碍就更不容易有突出的表现了。这种阵地是天然条件和人工加强相结合的产物，因此它们常常被称为设防营垒或设防阵地。实际上任何一个或多或少筑有工事的阵地都可以称作设防阵地，这样的阵地与我们在这里所谈的阵地的本性是完全不同的。

构筑一处坚固阵地的意图是使其中的部队坚不可摧，从而要么**确实**直接保护一个地区，要么只是保护部署在这一地区的**部队**，以便之后用这部分部队以另外的方式间接地保护国土。以往战争中的防线（尤其是法国边境一带的防线）要起到的作用是前一种，而向四周都形成正面的营垒和在要塞附近设置的设防营垒要起到的作用是后一种。

如果阵地的正面由于工事和阻止敌人接近的障碍物而坚固到敌人无法进攻的程度，那么敌人就会被迫迂回，以便从侧面或背后发起进攻。为了使敌人不容易进行这种迂回，人们为这些防线寻找从侧面支撑它们的依托点。莱茵河和孚日山脉就是这样从侧面对阿尔萨斯[1]的防线提供支撑。这种防线的正面越长，就越容易防止敌人迂回，因为任何迂回对迂回者说来总是有些危险的，而且部队迂回时越是不得不偏离它原来的行动方向，这种危险就越大。如果防线有一个可以做到坚不可摧的宽大正面和良好的依托点，就有可能直接保护一个较大地区，使之免受敌人的入侵。以往的防御设施至少是出于这种想法构筑的。以右翼依托莱茵河，以左翼依托孚日山脉的阿尔萨斯防线，以及以右翼依托斯海尔德河[2]和图尔奈[3]要塞，以左翼依托大海的15普里长的佛兰德防线，都是为起到这个作用而构筑的。

但是人们在没有这样宽大而坚固的正面和良好的依托点作为手段的情况下，如果还要借助一支有良好防御工事的部队来防守一个地区，那么这支部队就必须使自己和阵地的四面都成为正面，从而保护自己免遭敌人的迂回。在这种情况下，真正受到保护的不是这个地区，因为这样一处阵地在战略上只是一个点。受到保护的只是这支部队，而这支部队因此有可能守住这个地区，也就是说它有可能**在这个地区固守**。这样的营垒是无法再**被迂回**的，也就是说，它不会作为**比较薄弱的**部分在侧面和背后再受到进攻，因为它处处都是正面，处处都同样坚固。但是敌人有可能从这种营垒的侧面通过，而且比从设防防线侧面通过容易得多，因为营垒的正面**没有**延展。

要塞附近的设防营垒其实起着坚固阵地的第二种作用，因为它们的使命是保护集结在其中的部队；而它们在战略上的进一步作用，也就是它们对**这支**受到保护的部队的运用所起的作用，与其他设防营垒是有些不同的。

谈过这三种不同的防御手段的产生情况，我们想考察一下它们的价值，并且用坚固防线、坚固阵地，以及要塞附近的设防营垒这三个名称来区别它们。

---

[1] 阿尔萨斯（Elsass），今法国东北部一个大区，被莱茵河分为上、下莱茵省，与德国的莱茵兰-普法尔茨州、巴登-符腾堡州，以及瑞士的巴塞尔州相邻。——译者注
[2] 斯海尔德河（die Schelde），又称埃斯科河，流经法国东北部、比利时和荷兰西南部，长360公里。——译者注
[3] 图尔奈（Tournai），今比利时埃诺省一城市，位于斯海尔德河畔。——译者注

一、**坚固防线**。坚固防线是哨所线战争[1]的最不利的方式。这种防线对进攻者的阻碍,只有在强大火力的保护下,才有价值,而它本身根本毫无价值。而这种火力保护部队能达到的延展程度相对于国土的延展程度总是很小的,因此这种防线肯定是很短的,只能保护很少的国土,或者说,部队将无力确实防守所有的地点。于是人们或许就想到,不去占领这些防线上所有的点,而只是对它们加以监视,需要时则借助于部署好的预备队进行防御(就像防守一条中等江河那样)。不过这种做法是违背防线这一手段的本性的。假如天然的地形障碍大到足以采用这种"监视+防御"的方式,那么防御工事就毫无用处和毫无危险了,因为这种防御方式不是为扼守某地,而防御工事本来只是为了扼守某地而设置的。如果人们把防御工事本身看作阻止敌人接近的主要障碍,那么就很容易理解,一处**未加防守**的防御工事在阻止敌人接近方面的作用是多么小。试问,当成千上万的人一起发起进攻时,如果没有敌方的火力杀伤他们,一条12或15普尺深的壕沟和一道10~12普尺高的城垣又能起到什么作用呢?因此结论是:这种防线如果较短,从而相对来说有较多的部队防守,就会**受到迂回**;而如果它延展较大,并且没有相应的兵力来防守,就很容易被敌人从正面攻占。

由于这种防线使部队局限于局部防御而失去任何机动性,因此用它来对抗敢作敢为的敌人是很不合适的。如果说尽管如此这种防线在近代战争中还是存在了很长时间,那只是因为战争要素受到了削弱,表面上的困难往往像真正的困难一样起了作用。此外,这种防线在大多数战局中只是在次一级防御上用于对付敌人的袭扰部队。如果说这些防线用于这些情况还是起到了一些作用,但是我们同时要知道,假如把用于这些防线防御的部队用在其他地点,能够做多少更有用的事情啊!在最近的战争中,根本没有人再采用这种防线,连这种防线的一点痕迹都找不到了。至于说这种防线是否会再度出现,也是值得怀疑的。

二、**坚固阵地**。奉命在一个地区进行防御的部队在该地固守多久,该地区的防御就存在多久(对这一问题,我们在第二十七章[2]中将更详细地论述)。当这

---

[1] 借助一道或多道由一系列哨所构成的哨所线进行防御,是18世纪末欧洲常见的一种防御形式。当时作战部队将很大一部分精力用于寻找和占据合适的哨所阵地,避免进行大的歼灭战。哨所线有纵深小、占用兵力多、易被各个击破等弱点。请参阅作者在本卷第六篇第二十二章和第三卷第七篇第十二章的有关论述。——译者注
[2] 原文如此,疑误。应为本篇第二十八章。——译者注

支部队离开和放弃这个地区时，防御才终止。

如果一支部队奉命在一块国土上固守，而该国土受到优势很大的对手的进攻，那么一个办法就是将这支部队部署在坚不可摧的阵地中，以保护其免受打击。

正如我们已经谈过的那样，这种阵地不得不把四面都加固成正面，因此在兵力不是**很大**（否则就不符合这里所假设的整个情况了），**采用通常宽度的战术部署的情况下**，这种阵地就只能防守**很小的地区**。这个地区在战斗的整个过程中会面临很多不利因素，即使尽可能利用防御工事来加强，也难以想象进行成功的抵抗。因此这种四周都是正面的营垒，每一面都必须有相应的较大的宽度，而且每一面还都应该是坚不可摧的。尽管宽度很大，每一面还要求具有这样的坚固程度，这是筑垒术所做不到的。因此，人们应利用地形障碍使对手完全无法接近营垒的某些部分，并难以接近其他部分，这是一个基本要求。因此，为了能够运用这一防御手段，必须有一处满足这一要求的阵地。在没有这种阵地的地方，人们只靠构筑防御工事是达不到目的的。

上述考察关系到战术上的结果，只是为了适度地确定坚固阵地这一战略手段的存在。为了清楚地说明这个问题，我们在这里提出皮尔纳[1]、崩策尔维茨、科尔贝格[2]、托里什-韦德拉什和德里萨[3]这些营垒作为例子。现在我们来谈谈坚固阵地在战略上的特点和作用。

这种阵地应具备的第一个条件，当然是部署在这一营垒中的部队的给养在一定时间内能得到保障，也就是说，在需要营垒发挥作用的期间能保障部队的给养。而要做到这一点，只有阵地背后通向某一港口（例如科尔贝格和托里什-韦德拉什营垒），或者与一座要塞有紧密的联系（例如崩策尔维茨和皮尔纳营垒），或者在营垒内部或距营垒很近的地方有大量储备（例如德里萨营垒）。

只有在上述第一种情况下，营垒的给养才能得到相当充分的保障，而在第

---

[1] 皮尔纳（Pirna），今德国萨克森州一城市，位于易北河畔，西北距德累斯顿20公里。——译者注

[2] 科尔贝格（Kolberg），即今波兰港口城市科沃布热格（Kołobrzeg），位于波罗的海岸边。——译者注

[3] 德里萨（Drissa），即今白俄罗斯城市维尔什尼亚温斯克（Werchnjadswinsk），位于道加瓦河与德里萨河交汇处附近。——译者注

二、三种情况下，只能得到有限的保障，因此营垒中的部队仅是在给养方面就经常面临缺乏的危险。由此可以知道，保障给养这一条件将很多本来适于做营垒的险要地点都排除在外了，从而使适于构筑这种阵地的地点变得稀少了。

为了了解这种阵地的作用，以及它带来的好处和危险，我们必须研究一下进攻者针对这种阵地会采取什么行动。

1. 进攻者可以从坚固阵地的侧面通过，继续他的行动，同时以一定数量的部队监视这个阵地。

在这里，我们必须区别两种情况：设防阵地是由主力部队占据的，还是只由一支次要部队占据的。

在第一种情况下，进攻者只有在除防御者的主力以外还有其他可取得的、**决定性的进攻目标**时（例如攻占一处要塞、首都等），从坚固阵地侧面通过才有一些意义。而且即使进攻者有这样的进攻目标，也只有在其基地的坚固程度和交通线的位置让他不必担心其战略翼侧受到威胁时，才能去追求。

虽然我们根据上述情况可以得出结论说，对防御者的主力来说，坚固阵地是可靠的，并且能发挥作用，但是这只有在下述情况下才是可能的：要么这个阵地对进攻者的战略翼侧能产生确切的影响，以至防御者事先有把握将进攻者牵制在对自己无害的地点上；要么是根本不存在防御者担心的、进攻者可取得的目标。如果存在着这样的目标，同时又不能对敌人的战略翼侧造成足够的威胁，那么防御者的主力要么根本不能占据这样的阵地，要么只能佯做占据，对进攻者进行试探，看他是否认为这个阵地重要。但是在这种情况下始终是有危险的，即一旦进攻者并不认为这个阵地重要，防御者想驰援受到威胁的地点就来不及了。

如果占据坚固阵地的只是次要部队，那么进攻者就肯定会有其他的进攻目标了，因为这一目标有可能就是防御者的主力。在这种情况下，阵地的意义就仅限于有可能对敌人的战略翼侧产生作用，而且取决于能否起到这种作用。

2. 如果进攻者不敢从阵地侧面通过，他就有可能包围这一阵地，迫使阵地上的守军因绝粮而投降。但是进攻者要进行这种包围，必须具备两个条件：第一，防御者的阵地没有行动自如的后方；第二，进攻者的兵力足以进行这种包围。如果进攻者具备这两个条件，那么他的部队虽然一段时间被这一坚固营垒牵制住了，但是防御者为得到这一好处也付出了代价——占用了防御的兵力。

从以上论述可以得出结论,防御者只有具备下列条件,才能以**主力占据坚固阵地**:

(1)具有十分安全的后方(例如托里什-韦德拉什营垒)。

(2)预料敌人的优势不足以把我们真正地包围在营垒中。如果敌人在优势不足的情况下仍要这样做,那么我们就能够成功地冲出营垒,并各个击破敌人。

(3)可以期待援军解围。1756年萨克森人在皮尔纳附近的营垒就是这样[1]。1755年布拉格会战[2]以后发生的情况其实也是这样,当时的布拉格只能被看作是个设防营垒,假如卡尔[3]亲王不知道摩拉维亚军团能够解救他,他就不会让敌人把自己包围在这个营垒中。

因此,只有具备上述三个条件之一时,才允许以主力占据一处坚固阵地。但人们还是要承认,后两个条件对防御者来说已经近乎于一个大的危险了。

但是,如果占据坚固阵地的是一支为整体利益必要时可以牺牲的次要部队,那么就无须考虑这三个条件了,此时需要考虑的只是通过这种牺牲能否避开确实比这更严重的灾祸。这种情况可能是很少见的,但并非不可设想。皮尔纳的设防营垒就阻止了弗里德里希大帝于1756年对波希米亚发起进攻。当时奥地利人几无准备,以至于波希米亚这一王国的失陷似乎是肯定无疑的了。如果它失陷了,损失的人员也许会超过在皮尔纳营垒投降的1.7万名盟军人员。

3. 如果进攻者不可能像第1和第2两项中所说的那样去行动,也就是说防御者具备我们上面所列出的条件,那么进攻者能做的自然只有在防御者的阵地前面停下来,就像一条狗停在一群鸡前面一样,顶多派出一些部队,尽量扩大所占范围,满足于取得这种没有决定意义的小的好处,而把真正的事关占有这一地区的胜负留待将来决出。这时,防御阵地就充分发挥了它的作用。

---

[1] 1756年8月,弗里德里希二世进攻萨克森,企图进而占领波希米亚。萨克森军队在皮尔纳附近构筑坚固阵地进行防御,等待奥地利军队前来支援。直到奥地利的援军被普军击败后,皮尔纳的守军才于10月中旬投降。但弗里德里希二世也由于冬季临近而未能达到占领波希米亚的目的。——译者注

[2] 1757年,普军攻入波希米亚,5月初在布拉格附近大败奥军。奥地利统帅卡尔亲王被迫退守布拉格,等待道恩所率的摩拉维亚军团前来解围。6月18日,道恩在科林击败弗里德里希二世,迫使普军放弃布拉格,撤出波希米亚。——译者注

[3] 卡尔(Karl Alexander von Lothringen,1712—1780),奥地利元帅,奥皇弗朗茨一世之弟,曾任奥属尼德兰总督,多次参加针对土耳其、法国、普鲁士等国的战争。——译者注

三、要塞附近的设防营垒。如前所述，如果要塞附近设防营垒的使命不是保护一个地区，而是保护一支部队免受敌人的进攻，那么这种营垒就属于设防阵地。要塞附近设防营垒与其他设防营垒的不同之处，实际上只在于前者与要塞是一个不可分的整体，因此自然具有大得多的力量。

这些营垒还具备下列一些特点：

1. 这些营垒可以担负其他特殊使命，使敌人完全不可能或者很难对要塞进行围攻。如果要塞是一个无法被封锁的港口，那么其附近设防营垒中的部队为了这一目的而受到大的损失是值得的。如果要塞不是一个难以封锁的港口，那么它可能很快就会由于粮秣耗尽而投降，故不值得牺牲大量兵力去保卫它。

2. 要塞附近的这些设防营垒可供开阔地上的小部队使用。4000～5000人在要塞城垣的保护下可能成为不可战胜的力量，而在开阔地上，他们即使是在世界上最坚固的营垒中，也仍然会被消灭。

3. 这些营垒可以用于集结那些内部结构还不够紧密、没有要塞城垣的保护、尚不能接敌的部队，进行战前准备，例如新兵、后备军、国民军等。

对要塞附近的设防营垒，如果无法派兵去驻守，就会或多或少有损于要塞，这是个严重的不足。如果没有这个不足，这种营垒可以说是一个在很多方面都有利、非常值得推荐的手段。然而，总是要求要塞保有足够的守军，以便分出一定兵力准备驻守设防营垒，也是太过强人所难。

因此我们倾向于这样一种看法：只是在海岸要塞附近才建议构筑这种营垒，在所有其他场合构筑这种营垒则弊多利少。

最后，如果我们再归纳一下我们的看法，那就是：

1. 国土越小，可用于避开的空间越小，就越需要坚固阵地和设防阵地；

2. 越是有把握得到帮助和解围（来自其他国家的军队、气候恶劣的季节、民众暴动或进攻者缺乏给养和物资等），坚固阵地和设防阵地面临的危险就越小；

3. 敌人可用于突击的基本力量越弱，坚固阵地和设防阵地的作用就越大。

★ 第十四章 ★

翼侧阵地

我们像编纂词典一样把翼侧阵地单列一章，只是为了使读者更容易在本书中找到这个在一般军事术语中很突出的概念，因为我们并不认为它是一个独立的东西。

凡是在敌人从其侧面通过后仍应固守的阵地都是翼侧阵地，因为自敌人从侧面通过的那一刻起，该阵地除了威胁敌人的战略翼侧外，就没有其他作用了。因此所有的**坚固阵地**必然同时是翼侧阵地，因为它们是坚不可摧的，也就是说对手只能从它们侧面通过，因此这种阵地的价值只在于威胁对手的战略翼侧。至于坚固阵地本来的正面应该如何设置，是应像科尔贝格营垒那样平行于敌人的战略翼侧，还是应像崩策尔维茨和德里萨营垒那样垂直于敌人的战略翼侧，则完全是无关紧要的，因为一处坚固阵地必须在所有方向上都是正面。

但是，即使我们的阵地**不是**坚不可摧的，只要阵地的位置在保障退却线和交通线方面能使我们占有重要的优势，我们仍然可以在敌人从阵地侧面通过后固守这一阵地，以至我们不仅能有效地进攻推进之敌的战略翼侧，而且会使进攻者担心其退路，并且无力彻底切断我们的退路。假如敌人能够彻底切断我们的退路，那么我们就会面临在无退路情况下作战的危险，因为我们的阵地不是坚固阵地，即不是坚不可摧的阵地。

1806年的一个战例向我们说明了这一点。如果部署在萨勒河右岸的普鲁士军队正面朝向萨勒河,并且在这个阵地上静候情况的发展,那么当拿破仑经霍夫[1]前进时,这个阵地就完全可以成为翼侧阵地。

假如当时双方在物质和士气方面不是如此悬殊,假如指挥法军的只是道恩式的人物,那么普军的阵地就会显示出巨大的作用。从这个阵地侧面通过,是完全不可能的,甚至拿破仑也承认这一点,因此他决心进攻这个阵地。至于切断这一阵地的退路,即便是拿破仑也未能**完全**做到。即使双方在物质和士气方面的差别不大,法军要切断普军退路也与从其阵地侧面通过一样,是不可行的,因为普军左翼一旦被攻克所面临的危险比法军左翼一旦被攻克所面临的危险要小得多。即使双方在物质和士气方面差别很大,假如指挥果敢而镇定,普军仍有大的获胜希望。其实没有什么能阻止布伦瑞克公爵[2]在13日做适当的准备,以便在14日拂晓率领8万人与拿破仑在耶拿和多恩堡[3]附近渡过萨勒河的6万人对峙。即使普军的这一兵力优势和法军背靠萨勒河陡峭河谷的处境还是不足以使普军取得决定性的胜利,人们还是要说,这种对峙局面本身对普军是十分有利的。如果普军不能利用这种有利的局面而赢得决战的胜利,那么就根本不应考虑在这一地区进行决战,而应继续退却,以便在退却中加强自己和削弱敌人。

可见在萨勒河畔的普军阵地虽然是可以被攻破的,但对经霍夫而来的那条大路来说,这一阵地还是可以被视为翼侧阵地的。只是像任何可以被攻破的阵地一样,它并不具备翼侧阵地的所有特性,因为只有当敌人不敢进攻它时,它才成为翼侧阵地。

有些阵地在进攻者从其侧面通过时固守不住,因此防御者就想从这些阵地出发,从侧面对进攻者发起进攻。如果人们仅仅因为这一进攻是从侧面发起的,就要把这些阵地叫作**翼侧阵地**,那就更不符合翼侧阵地的明确概念了,因为这样的

---

[1] 霍夫(Hof),今德国巴伐利亚州一城市,位于萨勒河畔。——译者注
[2] 即卡尔·威廉·费迪南德(Karl Wilhelm Ferdinand,1735—1806),布伦瑞克-吕讷堡公爵,普鲁士元帅。1787年曾占领尼德兰,1792年率奥普联军进攻法国。1806年在耶拿会战中任普军总司令,被拿破仑击败,双目受伤后阵亡。——译者注
[3] 多恩堡(Dornburg),今德国图林根州城市多恩堡-坎姆堡(Dornburg-Camburg)的一部分,位于耶拿以北的萨勒河西岸。——译者注

侧面进攻与阵地本身几乎没有什么关系，或者这种进攻至少主要不是以翼侧阵地的特性（可以威胁进攻者的战略翼侧）为依据的。

无论如何，从以上可以看出，关于翼侧阵地的特性没有什么新东西可谈了。在这里我们只需简单地谈谈翼侧阵地这一防御举措的特点。

关于真正的坚固阵地，我们完全不必再谈了，因为这个问题已经谈得相当清楚了。

一处并非坚不可摧的翼侧阵地是一种极为有效的工具，但自然也是一种危险的工具，正是由于它并非坚不可摧。如果进攻者被翼侧阵地牵制住了，那么防御者使用少量兵力就产生了大的效果，就像骑手用小指按压反应灵敏的衔铁长柄。然而如果这一翼侧阵地的效果太小，进攻者没有被牵制住，那么防御者就会或多或少失去退路，要么不得不试着急忙绕道逃命，即在非常不利的条件下寻找脱身之计，要么面临在没有退路的情况下作战的危险。针对一个大胆、士气上占优势并且正在寻求真正决战的对手，防御者采取这一手段是极为冒险和不合适的，就像上面所举的1806年的例子所证明的那样。但是针对一个谨小慎微的对手和在双方只是相互监视的战争中，这一手段却是有才干的防御者可以采用的最好的手段之一。费迪南德[1]公爵利用威悉河[2]左岸阵地防守该河，以及著名的施莫特塞芬[3]和兰德斯胡特[4]阵地的利用，都是这方面的例子。不过1760年富凯[5]军在兰德斯胡特的惨败[6]同时也说明错用这种手段所面临的危险。

---

[1] 即卡尔·威廉·费迪南德。——译者注
[2] 威悉河（die Weser），今德国中部的一条河流，长452公里。——译者注
[3] 施莫特塞芬（Schmottseiffen），即今波兰下西里西亚省村庄普瓦夫纳戈尔纳（Pławna Górna），位于布布尔河畔。1759年7月10日，普军在此占领坚固阵地，阻挡奥军前往奥得河与俄军会合。——译者注
[4] 兰德斯胡特（Landeshut），即今波兰西南部城市卡缅纳古拉（Kamienna Góra），位于布布尔河东岸。——译者注
[5] 富凯（Heinrich August de la Motte Fouqué，1698—1774），男爵，普鲁士将军。1760年6月23日在兰德斯胡特附近被奥地利劳东元帅所率优势兵力击败并被俘。——译者注
[6] 1760年6月，普鲁士富凯将军率领1.2万人进入下西里西亚的兰德斯胡特附近阵地，试图凭借丘陵地带中的坚固阵地使奥军不敢贸然进攻，从而阻止奥军通过里森山脉进入西里西亚。23日凌晨2时，富凯受到奥地利劳东元帅所率2.8万人的进攻，伤亡2000人，被俘8000人，富凯本人负伤后也被俘，损失火炮68门，奥军伤亡3000人。——译者注

★ 第十五章 ★

山地防御

山地对作战的影响是很大的，因此对于理论非常重要。由于这种影响是一个减缓军事行动的因素，因此它首先对防御有利。我们在这里研究这种影响，但并不局限于山地防御的较窄的概念。由于我们在考察这一问题时，在某些方面所得出的结论与通常的观点是相反的，因此我们必须对这些方面做深入的分析。

首先，我们要考察这一问题的战术属性，以便能找到与之相联的战略节点。

一路大的部队沿山地小路行军会遇到数不清的困难，而一个小哨所，如果正面有陡峭的山体保护，左右有深谷做依托，却能获得非常强大的力量。毫无疑问，正是这两种情况使人们一向认为山地防御能产生很大的效果和力量，认为只是在某些时期由于武器和战术特点的限制，大部队才未能在山地进行防御。

一路部队蛇行前进，费力地穿过狭长深谷，攀登上山，然后蜗牛般翻过山头继续前行，炮兵和辎重兵边走边骂，抽打着筋疲力尽的骡马通过崎岖不平的山路，每损坏一辆车，都要费尽力气才能清掉。清障期间，后面的一切都会被堵住去路，导致怨声载道，骂声不绝于耳。这时人人都会想：这里只要出现200个敌人，就一切都完了。因此历史著作家们在谈到隘路时，总是把它描绘成一夫当关、万夫莫开的样子。但是每个熟悉战争的人都知道（或者说应该知道），这种穿过山地的行军与**山地进攻**很少有或根本没有共同之处，因此从**这种山地行军的**

困难推论出山地进攻会有更大的困难，是错误的。

一个没有战争经验的人很自然会得出这种结论，甚至某个时期的军事艺术几乎也同样自然地陷入这种错误。当时山地作战对有战争经验的人来说就像对新手一样，几乎同样是一种新现象。在三十年战争以前，由于战斗序列具有纵深大、骑兵多、火器不完善以及其他种种特点，因此利用险要地形障碍的做法还很不普遍，几乎不可能进行正式的山地防御（至少是用正规部队进行的山地防御）。大约到了战斗序列展开较大，步兵及其火器占了主要地位时，人们才想到利用群山和谷地。百年以后，也就是到18世纪中叶，山地防御的思想才发展到登峰造极的地步。

上面提到的第二种情况，即一个小哨所部署在难以接近的山地某处，能够由此获得大的抵抗能力，这更容易让人得出山地防御力量强大的结论。有人甚至认为，似乎只要把这种哨所的兵力增加若干倍，就可以使一个步兵营起到一支大部队的作用，使一座山起到一道山脉的作用。

毫无疑问，一个小哨所如果在山地选择了有利的部署地，就可以获得不同寻常的力量。一支小部队在平原上被数个骑兵连追击，这时如果它能迅速逃掉，不被击溃和被俘，就已经是万幸了。而这支小部队在山地却能以一种从战术上来看可以说是狂妄的姿态出现在一支大部队的眼前，迫使后者郑重其事地采取正规的进攻或迂回等行动，从而得到军事上的荣耀。至于这支小部队应该如何利用通行障碍、两翼依托点，以及在退却途中找到的新阵地来赢得这种抵抗能力，那是战术应该阐明的问题。我们认为这些问题通过经验是可以得到解决的。

以往人们有以下想法是很自然的，即如果把很多这种强有力的哨所并列部署，必然就会形成一个非常坚固的、几乎坚不可摧的正面，从而使问题的关键只在于确保自己不被迂回。为此，正面必须向左右延展，直到找到能满足整个防御要求的依托点，或者直到人们认为延展的程度本身足以保证不会被迂回。一个多山的国家尤其容易吸引人们这样做，因为它能提供很多这样的哨所部署地，这些地点似乎一处胜似一处，以至人们竟不知应该延展到何处才算是个头。于是人们在一定的宽度上用小部队占据和防守山地的所有入口，认为用10个或者15个单独的哨所占据一处宽约10普里的地域，就终于可以不必担心受到可恶的迂回了。由于这些单独的哨所之间是难以通过的地形，使这些哨所看似紧密相连，而行军纵队在山地无法离开道路行进，因此人们就认为这是在敌人面前构筑了一道铜墙铁壁。此外，防御者还保留数个步兵营、数个骑炮兵连和十几个骑兵连作为预备队，以防进攻者奇迹般地突破阵地的某一点。

这种看法现在已经完全过时了，这是谁都不会否认的，但谁也不能肯定说，我们已经完全摒弃了这种错误看法。

自中世纪以来，军队人数日益增加，战术也随之发展，同样有助于人们在军事行动中像上面所说的那样利用山地。

山地防御的主要特点是极为确切的被动性，因此部队在具有今天的机动性以前，倾向于山地防御是相当自然的。部队的规模日益加大，为避免对手的火力打击，人们开始将部队部署成长而稀疏的横队，这种横队的相互联系非常复杂，机动非常困难，往往不可能机动。部署这样的横队就像安装一台复杂的机器，常常要花费半天工夫，占去会战的一半时间，几乎构成现在会战计划的全部内容。这种部署一旦完成，就很难再根据新出现的情况做出改变。从而出现的情况是：进攻者比防御者较晚进入战斗状态，因此可以根据防御者的阵地情况进行部署；而防御者却不能采取相应的对策。于是进攻者取得了总的优势，而防御者除了寻求地形障碍的保护之外，就没有什么其他的办法。当然对寻求保护来说，在其他任何地方都不会像在山地那样到处都可以找到有效的地形障碍，因此人们试图在某种程度上把部队与一处险要的地形结合在一起，从而使二者共做一事：部队防守山地，山地保护部队。这样一来，被动防御借助于山地大幅增强了力量，这种做法本身还没有什么害处，只是防御者失去了更多的活动自由，但防御者本来也不知道特意去利用这种自由。

当敌对双方较量时，暴露的侧面（其中一方的弱点）总是会招致对方的打击。如果防御者一动不动像钉子一样守在本身坚固和无法攻克的哨所中，那么进攻者就可以大胆地进行迂回，因为他对自己的侧面就不必再有任何顾虑。这种情况很快就会发生，所谓的迂回包抄不久就会被提到进攻者的日程上来。为了应对迂回，防御者的阵地越来越向两侧延展，于是正面相应地被削弱了，而这时进攻者突然采取相反的方法：不是对防御者展开的阵地进行迂回，而是集中兵力进攻一点，进而突破整个防线。现代战争中的山地防御大体上就处于这样的节点。

于是进攻又取得了完全的优势，这是借助于日益提高的机动性而取得的。防御也只能求助于这种机动性，但是山地就其本性来看是与机动性相反的，因此整个山地防御遭到了一次大败（如果我们可以这样说的话）。那些迷信山地防御的部队在革命战争中就曾多次遭受类似的大败。

但是为了不把好的连同坏的一概否定，为了不至于人云亦云地得出一些在实际生活中已千百次被活生生的现实否定了的论断，我们必须根据各种具体情况来分别研究山地防御的各种作用。

这里首先需要加以解决并有助于弄清其他一切问题的一个关键问题是：打算利用山地防御进行的抵抗是相对的还是绝对的，也就是说这种抵抗只是持续一段时间，还是坚持到取得一次决定性的胜利为止。对相对抵抗来说，山地是再合适不过了，它能极大地增强抵抗的力量；对绝对防御来说，情况则相反，山地通常完全是不合适的，只在少数特殊情况下才是合适的。

在山地，任何运动都更缓慢、更困难，因此耗费的时间也更多。如果运动是在危险的条件下进行的，那么人员的损失也会更多，而时间和人员的损耗量是衡量抵抗强度的标准，因此只要仅是进攻者在运动，防御者就一直拥有明确的优势，而一旦防御者也必须运动，他就会立刻失去这种优势。相对抵抗比起那种导致决定胜负的抵抗允许有大得多的被动性，而且允许这种被动性达到最大限度，也就是说一直持续到战斗结束为止，而在绝对抵抗中这是决不能允许的。这是事物的本性决定的，也就是说，从战术上看是合理的。由此可见，山地这一因素就像大密度的介质一样，给运动带来困难，会削弱一切积极活动，是完全适合相对抵抗的。

我们已经说过，一个小哨所在山地凭借地形可以获得非常强大的力量。虽然我们对这一战术结论并不需要做进一步的证明，但是我们还是要做一点补充，那就是在这里必须区分这个哨所小部队是相对地小还是绝对地小。如果一支随便什么规模的部队把它的一部分单独地部署在阵地上，那么这部分部队就可能受到全部敌军，也就是说受到一支优势之敌的进攻。与这种优势兵力相比，防御者的这支部队的确是比较小的。在这种情况下，防御者部署该部队的目的通常就不能是绝对抵抗，而只能是相对抵抗。这支小部队与它自己一方的全部兵力以及与敌方的全部兵力相比，兵力越小，部署它的目的就越只能是相对抵抗。

但是即使是一支绝对的小部队（当面之敌不比自己多，因此可以设想进行绝对抵抗和追求真正胜利的小部队），其在山地的处境也比一支大部队要优越得多，从险要地形中获得的好处也要大得多。我们以后还要再说明。

因此我们的结论是，一个小哨所在山地具有很大的力量。不言而喻，在**相对抵抗**起决定作用的一切场合，这种小哨所会带来决定性的好处。但是如果一支大部队在山地进行绝对抵抗，是不是能同样带来**决定性**的好处呢？现在我们就来研究这个问题。

我们先进一步提出这样一个问题：由若干个这样的哨所组成的正面防线，其力量是否像人们迄今所想象的那样等同于各哨所力量之和呢？肯定没有，因为以这样的结论，人们会犯以下两个错误：

首先，人们经常会把难以通行的地方与无法通行的地方混为一谈。在辎重队、炮兵和骑兵无法**行军**的地方，步兵大多还是可以通过的，炮兵大概也是能通过的，因为战斗中的运动虽然非常紧张，但是距离短，故不能以行军的标准来衡量。由此可见，认为哨所之间能有可靠联系的想法无疑是一种幻想，因为这些哨所的翼侧是不安全的。

其次，人们会认为，一排正面十分坚固的小哨所，其翼侧同样坚固，因为一处深谷、一道悬崖等对一个小哨所来说是非常好的依托点。但这些险要地形为什么能发挥这样的效果呢？不是因为它们能让敌人无法迂回，而是因为它们能使敌人在迂回中受到与直接进攻哨所差不多的时间和兵力损耗。由于这种哨所的正面是坚不可摧的，敌人就会（而且只得）不顾地形的困难，对哨所进行迂回，而要实施这样的迂回，大概需要半天时间，而且还不可避免地会有人员伤亡。如果这样的哨所此时要依靠援军，或者打算只进行一段时间的抵抗，或者自己的力量足以与敌人的力量相抗衡，那么哨所两翼的依托就起到了应有的作用。因此我们可以说，这一哨所不仅正面是坚固的，而且两翼也是坚固的。但是如果人们说的是一排哨所，那么情况就不是这样了，因为它们是正面展开的山地阵地，上面所说的三个条件就都不存在了。敌人可以优势很大的兵力攻其一点，而防御者从后方可得到的援军数量极为有限,而且还要进行绝对的抵抗。在这些情况下,这些哨所两翼的依托就起不到什么作用了。

进攻者把他的打击指向这一弱点。他以集中的,也就是优势很大的兵力进攻正面的一点,**这时进攻者激起的抵抗就这一点说来是非常激烈的,但就整个防线来说是微不足道的**。进攻者克服了这一抵抗之后,就突破了整个防线,就达到了他的目的。

从以上可以得出结论:**相对抵抗一般来说在山地比在平原地能发挥更大的力量**;如果这种抵抗是由小哨所进行的,那么它的相对力量是最大的,但是这种相对力量并不是随兵力的增加而增加的。

现在我们来谈谈一般的大规模战斗的本来目的,也就是谈谈赢得**积极的胜利**这一问题,赢得这种胜利也应该是山地防御的目的。如果用整个部队或者主力进行山地防御,那么**山地防御**自然变为**山地防御会战**。这时,会战(也就是运用全部兵力去消灭敌军)就成了战斗的形式,赢得胜利就成为战斗的目的。在会战中出现的山地防御是从属于会战的,它不再是目的,而变成了手段。那么在这种情况下,山地地形对赢得胜利这一目的有什么影响呢?

防御会战的特点是在正面进行消极的反应,在后方加速进行积极的反应[1],但山地地形对这两种反应来说却是一个致命因素。这是由下面两个情况造成的:第一,山地没有供部队从后向前各方向快速行军的道路,甚至战术袭击也会由于地形起伏而受到削弱;第二,视线受到限制,不利于观察地形和敌方的运动情况。因此,山地地形给进攻者提供的好处与在正面给防御者提供的好处是一样的,这就会妨碍抵抗中更好的另一半[2]出现。另外,还有第三个情况,就是防御者的退路有被切断的危险。尽管山地地形有利于防御者在正面受到压力时退却,尽管山地能让欲迂回防御者的敌人损失大量时间,但这些毕竟只是防御者在相对抵抗时才能得到的好处,而在决定性会战即坚持抵抗到底的情况下,防御者是得不到这些好处的。尽管在这种情况下,敌人两翼的纵队占领那些威胁甚或封锁防

---

[1]作者所说的"消极的反应"指防御者抵御敌人的进攻,"积极的反应"指防御者为转入反攻而积极做准备。——译者注

[2]指反攻。——译者注

御者退路的地点，其所需的时间也会更多些，但一旦敌人占领这些地点，防御者就没什么补救的办法了。防御者从后面发起的任何攻势都无法再把敌人从威胁防御者退路的这些地点赶走；防御者即使投入全部力量在绝望中发起进攻，也无力突破敌人的封锁。如果有人说这里有矛盾，认为进攻者在山地拥有的那些有利条件也必然对突围者有利，那就是没有看到这两种情况的差别。进攻者派去封锁通路的部队没有**绝对**防御的任务，他们抵抗数小时很可能就够了，因此其处境与哨所小部队是一样的。而他们的对手此时已不再拥有各种战斗手段，而是陷入混乱，缺乏弹药等等。总之，防御者的胜利希望很小，这种失败的危险使防御者最担心出现这种情况，而这种担心反过来在整个会战中都会有影响，会削弱每位战斗人员的士气。此时，防御者对翼侧会产生一种病态的敏感，进攻者派到防御者后方树木茂密的山坡上的每一小股部队，都会成为进攻者取得胜利的新的杠杆。

假如防御者在山地防御中将整个部队集中部署在广阔的台地上，那么上述不利条件的绝大部分就会消失，而有利条件会保留下来。人们也许想象防御者在这种情况下，正面坚固，翼侧很难接近，而阵地内部和后方又有最充分的运动自由，这样一处阵地可算是最坚固的阵地之一了。不过这几乎只是一个幻想，因为尽管大多数山地沿其山脊行进比翻越其山坡更容易，但是山地的大多数台地对集中部署的大部队来说不是太小，就是名不副实。它们更多是地质学意义上的台地，而非几何学意义上的台地。

此外，正像我们已经指出的那样，对小部队来说，山地防御阵地的那些不利因素会减少，原因是小部队占据的空间较小、所需的退路较少等等。单独的一座山不是山区，没有山区的那些不利条件。部队越小，就越可以将它的部署局限在一些单个的山脊和山上，而没有必要把它束缚在密林覆盖的陡峭山谷的罗网里，这个罗网是上述一切不利因素的根源。

★ 第十六章 ★

山地防御（续一）

现在我们转而看一下前一章所谈的战术上的结论在战略上的运用。

我们要分别谈以下几个方面的问题：

一、**山地作为战场**。对这第一点，同时也是最重要的一点，还必须分别谈谈：

1.山地作为主力会战的战场。

我们在前一章已经指出，**山地地形在决定性的会战中**对防御者来说是多么不利，从而对进攻者来说又是多么有利。这种看法与通常的看法恰恰相反。当然人们要知道，持通常看法的人把很多事情都搞乱了，他们很少把极不相同的事情区别开来，看到从属的小部队在山地具有非常强大的抵抗力，便认为一切山地防御都是非常有力的。当有人认为防御中的主要行动（防御会战）在山地不是这样强有力时，他们就会感到惊讶。而另一方面，他们总是把防御者在山地会战中的失败归咎于哨所线防御，而未认识到这是相关事物的本性使然。我们不怕提出与一般人截然不同的看法，而且还要指出，我们非常满意地看到有一位著作家抱有与我们相同的观点。这位著作家对我们来说在很多方面都是值得尊敬的，这就是卡尔大公。他是在论述1796年和1797年战局的著作[1]中提到这种见解的。他是一位

---

[1] 指卡尔大公撰写的《由1796年德意志战局论战略原则》（*Grundsätze der Strategie, erläutert durch die Darstellung des Feldzuges von 1796 in Deutschland*）（三卷，1814年维也纳出版）。——译者注

优秀的历史著作家、评论家，更是一位优秀的统帅。

如果一个兵力较少的防御者，费尽千辛万苦集中了他所有的部队，欲在一次决定性的会战中让进攻者感受到自己的爱国之情、战斗激情和沉着机智，并且受到人们焦急和殷切的关注，却把部队部署在迷障重重的山地，使自己的一切行动都受到特殊地形的束缚，处于一种可能受到优势之敌千百次袭击的险境之中，那么我们不能不说这种处境是十分令人遗憾的。这时他只能向着一个方面发挥他的才智，那就是尽量利用各种地形障碍，从而使他近乎采取有害的哨所线防御，而这本是他应该竭力避免的。因此在进行一场决定性会战的情况下，我们远不认为山地是防御者的一处避难所，而是更愿意建议统帅们尽量避开山地。

当然，有时人们的确不可能完全避开山地。这样山地会战必然与平原会战有明显不同的特点：阵地要宽得多，在大多数情况下是平原上的2～3倍，部队的抵抗要被动得多，还击会无力得多。这是山地地形带来的无法避免的影响。但是尽管如此，防御者还是不应把这种会战中的防御转变为山地防御。这种会战中的防御的主要特点只应是在山地集中部署部队。在这种情况下，所有的部队置于一位统帅的指挥下，进行**一场**战斗，并保持充足的预备队，以便让会战决出的结果更多一些，而不是单纯的抵御，不只是在敌人面前举起盾牌。这一条件是必不可少的，但是人们很难做到这一点。这种防御很容易变成单纯的山地防御，以至经常出现而不足为奇。但这是极为危险的，以至理论要不厌其烦地反复对此发出警告。

关于主力在山地进行决定性会战的问题就谈这些。

2.山地作为从属型战斗的战场。

与上面所谈的情况相反，山地对从属和次要的战斗是极为有利的，因为在这种战斗中不会进行绝对抵抗，也不会带来任何有决定意义的结果。我们只要把进行这种抵抗的目的列举出来，就可以更清楚地理解这个问题了：

（1）单纯赢得时间。这一目的是极为常见的，每当我们为了解敌情而设置防御线时，就有这个目的。此外，凡是等待援军的场合，也都有这个目的。

（2）抵御敌方的单纯佯动或小的次要行动。如果一个地区有山地保护，山地又有部队防守，那么无论这种防御多么薄弱，总是足以阻止敌人的袭扰和其他为掠夺该地区而进行的小规模行动。假如没有山地，如此薄弱的防线是无济于事的。

（3）展示自己[1]。在人们对山地的作用有正确的认识之前，还有很长的时间。在这期间，总会有对手害怕山地，在山地面前驻足，不敢行动。因此，在这种情况下也可以使用主力进行山地防御。在投入兵力和运动不多的战争中，常常会出现这种情况。但是这样做永远有个条件，那就是既不打算在这一山地阵地中接受主力会战，也不能被迫进行这样的会战。

（4）一般来说，山地适于用来部署那些不准备进行主要战斗的部队，因为各部队在山地中的战斗力比较强，只是整个部队在山地中的战斗力比较弱。此外，部队在山地不大容易受到袭击，不大容易被迫进行决定性的战斗。

（5）最后，山地是真正适合民众武装活动的地方。但是民众武装必须总是得到小股正规军的支援。如果附近有大部队，反而可能对民众武装产生不利的影响，因此支援民众武装通常不能成为派大部队进入山地的理由。

关于山地作为从属战斗的战场问题就谈这些。

二、占据山地对其他地区的影响。如前所述，兵力不大的哨所守军在山地很容易确保较大地区的安全，而在便于通行的地区则无法守住较大地区，会不断遇到危险，这是因为如果对手占领了山地，那么另一方在山地的每一次前行都比在平原慢得多，也就是说无法跟上对手。因此，对同样大小的一处山地和其他地区来说，谁占有山地会重要得多。一个开阔地区，被谁所占有可能每天都有变化，我方战斗力强的部队只要推进，就可以迫使敌军把我们需要的地区让给我们，而在山地就不是这样。在山地，敌人的兵力即使少得多，也有可能进行出色的抵抗，因此如果我们需要山区中的一个地段，就总是要为此采取专门计划的行动，而这往往要耗费很多兵力和时间。因此，即使山地不是主要军事行动的发生地，我们也不能像在便于通行的地区那样认为山地的得失是取决于主要军事行动的，不能把夺取和占有山地视为我们推进过程中自然会产生的结果。

由此可见，山地具有大得多的自主性，对山地的占有更为确切，较少会发

---

[1]指故意展示自己的力量，以震慑敌人。——译者注

生变化。如果再看到山地就其特性而言，可以使人们从山地边缘很好地俯视开阔地，而山地本身却始终像隐藏在漆黑的夜里一样，那么人们就可以理解，任何一片山地对没有占据它、却位于它附近的一方来说，永远可以被看作一个无法封堵的、产生不利影响的源泉和敌人隐蔽其力量的场所。如果山地不仅为对手所占有，而且还是在其领土上，那么这种情况就更为明显。小股鲁莽的游击队员如果受到追击，可以进入山地躲避，然后平安无事地从另一地点突然冲出；规模很大的几路部队可以在山地中隐蔽前行。我们的军队如果不想陷入受到山地影响的地区，不想卷入一场失衡的战斗，不想受到敌人的进攻和突击而无法还击，就不得不始终与山地保持相当的距离。

每一处山地对一定距离内的较低地区就是以上述方式产生影响的。至于这种影响是很快发生作用，例如在一次会战中（1796年莱茵河畔的马尔什会战[1]），还是过一段时间才对交通线发生作用，这要取决于它们的空间位置关系；至于这种影响能否被在山谷或平原发生的决定性的行动一起克服和消除，则取决于双方兵力的对比情况。

1805年和1809年，拿破仑没怎么考虑蒂罗尔就向维也纳前进了；但是莫罗在1796年不得不离开士瓦本，主要是因为他未控制地势较高的地区，从而不得不投入很多兵力监视该地区。在双方势均力敌而形成拉锯的战局中，我们应该摆脱敌人占领的山地对我们的持续不利影响，因此应该设法占领并守住这一山地中涉及我们进攻主要路线方向上的部分地区。在这种情况下，山地通常成为敌我双方小规模战斗的主要战场，但是人们应该避免高估山地对附近地区的影响，不应在任何情况下都把这种山地看作解决全部问题的关键，不应把占领山地看作主要的事情。当一切取决于胜利时，胜利是主要的事情。而赢得胜利后，胜利者就可以根据主要需求来安排其余的一切了。

三、山地作为战略屏障的影响。在这里，我们必须分别谈谈山地作为屏障的两个影响。

---

[1] 1796年7月9日，莫罗率领的法军和卡尔大公率领的奥军在南德意志黑林山脉附近的马尔什（Malsch，今德国巴登-符腾堡州一小镇）进行会战。当时一部分法军从山上对低处的奥军左翼进行迂回，奥军被迫后撤。——译者注

一是对决定性会战的影响。人们可以把山脉看成一条河流，是一道带有一定通路的屏障。这一屏障把前进中的敌军隔开，把他们限制在几条小路上，使我们能够用集中部署在山后的大部队袭击敌军的某个部分。这样，这一屏障就给了我们取得战斗胜利的机会。进攻者在穿过山地前进时，即使他想排除其他所有顾虑，也无法保持一路纵队，因为他要避免陷入在只有一条退路的情况下进行决定性会战的极大危险。因此，这种山地防御是以敌军分兵前进这个十分重要的情况为前提的。但是由于山地和山地出口的概念是很不确切的，因此在采用这种山地防御手段时，一切取决于地形本身的情况，只能认为这种手段是有可能被采用的一种手段，而且还应该记住，采用这种手段时还有两个不利之处：第一，敌人在受到进攻时，可以很快在山地中找到保护；第二，敌人占有较高的地势，这对防御者来说虽不是决定性的不利因素，但毕竟是不利的。

除了1796年针对阿尔温齐[1]的会战以外，我们还未曾见过在这种情况下进行的会战。但是拿破仑在1800年翻越阿尔卑斯山脉[2]的行动[3]清楚地表明，这种情况是有可能出现的。当时梅拉斯[4]本应而且能够在拿破仑的各路部队集中起来之前就以全部力量进攻他的。

二是当山地穿过敌交通线时对该交通线的影响。在山地，撇开设置在通路上的工事和民众武装的影响不提，仅是糟糕的山路在恶劣的季节就能使一支部队陷于绝望，它们把部队弄得筋疲力尽，往往迫使其退却。如果再有小股部队频繁袭扰，甚至出现人民战争，那么敌军就不得不派出大量部队，最后不得不在山中部署固定的哨所守军，从而陷入进攻战中所能有的最不利的境地。

四、山地对部队给养的影响。这个问题很简单，本身很容易理解。当进攻者

---

[1] 阿尔温齐（Joseph Freiherr von Berberek Alvinzi，1735—1810），男爵，奥地利元帅。曾于1796年11月和1797年1月两次率奥军试图为曼托瓦解围，均被拿破仑击败。——译者注

[2] 阿尔卑斯山脉（die Alpen），欧洲最大的山脉，长1100余公里，宽100～250公里。——译者注

[3] 1799年，北意大利的大部分领土重新被奥地利军队占领，法军仅占领热那亚一地，并被奥军包围。次年5月，拿破仑率法军经瑞士分三路翻越阿尔卑斯山脉，从背后袭击奥军。奥地利的梅拉斯将军没有在法军开出山之前各个击破敌人，使法军得以集中后在马伦戈附近大败奥军。——译者注

[4] 梅拉斯（Michael von Melas，1729—1806），男爵，希腊裔奥地利元帅。曾参加七年战争，多次在意大利与法军作战。1800年6月14日在马伦戈会战中被拿破仑击败。——译者注

不得不停留在山地中，或者至少把山地留在自己背后时，山地在给养方面造成的困难对防御者来说有极大的好处。

由于上述对山地防御的考察也折射出山地进攻的一些情况，因此它们实际上是对整个山地战的考察。我们不能因为无法变山地为平原，变平原为山地，以及不能因为战区的选定是由很多其他因素决定的，似乎没有多大的选择余地，便认为这些考察不正确或不切实际。如果是较大范围内的行动，我们就会发现，选择战区的余地并不那么小。如果涉及的是主力的部署和效果，而且是在决定性会战的时刻，那么部队向前或向后多走数日行程，就可以离开山地，进入平原，果断地在平原上集中主力就可以使附近的山地不起作用。

现在我们还想把上面分别论述的各点归纳成一个明确的看法。

我们断言并认为已经证明：无论是在战术上，还是在战略上，山地一般来说对防御不利。我们在这里所说的防御是指**决定性的**，其成功与否涉及国土的得失。山地阻挡了防御者的视线，妨碍其向各方向的运动；山地迫使防御者陷于被动，不得不分兵把守每一条通路，这样一来，这种防御总是或多或少地变成哨所线战争，因此人们应该尽量使主力避开山地，把主力部署在山地的侧面，或部署在山前或山后。

另外，我们认为，对完成从属目的和扮演次要角色的部队来说，山地是一种加强力量的因素。当我们说，山地对弱者（那些无法再寻求绝对决战的部队）来说是真正的避难地，这与我们上面的论点并不矛盾。次要角色可以从山地得到好处，这再次说明不应把主力用于山地。

但是所有这些考察都很难改变人们的印象。不仅没有战争经验的人，而且那些运用过拙劣战法的人，在具体情况下还是会强烈地感到山地就像是一种高密度、强黏性的介质，会给进攻者的一切运动带来困难，以至他们很难不认为我们的见解是最为奇怪的谬论。但是在做过全面考察后，人们就会以18世纪独特的军事艺术史实取代上述印象。例如，他们决不会相信，奥地利在保卫它的各邦时，针对意大利方向并不比针对莱茵河方向容易。相反，法国军队在一位精力充沛、无所顾忌的统帅指挥下作战20年之久，其统帅对这一战法带来的胜利总是记忆犹新，以后还会长期在山地战和其他战斗中，由于熟练的判断力而有出众的表现[1]。

这样说来，好像开阔地比山地更能保护一个国家：西班牙如果没有它的比利牛斯山脉[2]会更强大，伦巴第地区[3]如果没有阿尔卑斯山脉会更难接近，而平原国家（例如北德意志[4]）比山地国家（例如匈牙利）更难征服。针对这些错误推论，我们最后想做一点说明。

我们并未断言，没有比利牛斯山脉的西班牙会比有比利牛斯山脉的西班牙强大，而是认为，如果一支西班牙军队感到自己足够强大，能够进行决定性的会战，那么较好的做法是集中部署在埃布罗河[5]后边，而非分兵把守比利牛斯山脉的15个隘口，但是比利牛斯山脉还远未因此就失去它对战争的影响。我们的这种看法对意大利军队也同样是适合的。假如意大利军队是分散部署在高高的阿尔卑斯山脉，就不会有决战的选择权，而被任何一个果敢的对手击败。假如它部署在都灵平原上，就会像任何其他军队一样有获胜的机会。但是人们不会因此就认为对进攻者来说，通过像阿尔卑斯山脉这样巨大的山体，并把它留在身后是一件轻而易举的事。此外，在平原进行主力会战并不排斥以次要部队在山地进行短暂的防御，在阿尔卑斯山脉和比利牛斯山脉这样的大型山地进行这种防御是很值得建议的。最后，我们远不认为征服一个平原国家比征服一个多山国家容易，[6]除非通过一次胜利就可以完全解除敌人的武装。征服者在对多山国家取得这一胜利后就进入防御状态，这时山地正如过去对原来的防御者不利一样，对征服者也必然同样不利和更为不利。如果战争持续下去，此前防御者的外来援军纷纷抵达，民

---

[1] 作者可能是想说明在山地进行防御并不比在其他地区防御容易，即如果奥地利抵抗法国的进攻，在针对意大利的方向上（山地地形）进行防御，并不比在针对莱茵河的方向上（平原地形）进行防御容易。而法军在拿破仑的统率下，有多年战争的经验和胜利带来的信心，将来仍会在各种战斗中有出色的表现。——译者注

[2] 比利牛斯山脉（Pyrénées），位于法国与西班牙交界处，长430公里。——译者注

[3] 伦巴第地区（die Lombardei），历史上指意大利整个西北部地区，包括皮埃蒙特、热那亚和今天瑞士的提契诺州，远大于今天的意大利伦巴第大区。——译者注

[4] 北德意志（Norddeutschland），指北德平原上讲低地德语的地区，主要包括今德国沿北海和波罗的海的一些联邦州。——译者注

[5] 埃布罗河（der Ebro），西班牙东北部的主要河流，长约925公里。——译者注

[6] 原文如此，疑误。从上下文的逻辑来看似应为"我们远不认为征服一个多山国家比征服一个平原国家容易"。——译者注

众都拿起了武器，那么山地将增强所有这些抵抗的力量。

人们在考察这一问题时，就像透过折光镜看物体一样，当拿着物体向一定方向移动时，物体的影像会越来越清晰，但不能随意地移动下去，而是只能到焦点，一旦超过焦点，就适得其反了。

如果山地中的防御比较弱，那么这可能促使进攻者优先考虑把山地作为他的行进方向。但是这种情况很少发生，因为给养和行路的困难，不确定对手是否恰恰准备在山地接受主力会战，以及对手是否会把主力部署在山地，这一切在很大程度上抵消了进攻者可能有的前述好处。

★ 第十七章 ★

山地防御（续二）

我们在第十五章论述了山地战斗的特性，在第十六章论述了山地战斗在战略上的可能运用。在这些论述中曾屡次遇到真正的山地防御这一概念，但没有停下来论述这种防御举措的形态和部署。我们在此想比较详细地考察一下这些问题。

山脉往往呈条状或带状延伸于地表，使河水在它左右两侧分流而下，从而成为整个水系的分水岭。整个山脉的这种形态在其各部分反复出现，各支脉或山脊从主脉分出，之后又成为较小水系的分水岭。基于这一情况，人们十分自然地想象山地防御的主要形态是一个长度大于宽度、像一道大屏障似的障碍。尽管地质学家对于山脉的形成及其构成的规律至今尚无任何定论，但无论如何，水流总是最直接和最确切地展示出山脉的体系（无论是水流通过冲刷过程参与影响山脉的形成，还是水流是山脉的产物），因此人们在考虑山地防御时，以水流做引导也是很自然的。人们不仅可以把水流看作用于了解总体起伏情况（地表总的断面情况）的天然水平仪，而且还可以把那些由水流形成的谷地看作最容易通往山顶的道路，因为无论如何，水流的冲刷是在致力于将高低不平的山坡变成一些平缓而有规律的弯路。这样一来，人们对山地防御的设想大概是这样的：如果山脉大体是与防御正面平行的，就可以将山脉看作一道大的障碍，类似一道墙，仅有谷地可供出入。这时真正的防御应在这道墙的脊部，即在山上台地的边缘进行，并且横穿各主要谷地。假如山地的主脉更多是垂直于防御正面,那么就应在主脉的一个主要支脉上进行防御,具体是在与主要谷地平行向上、一直延伸到主脉的山脊(这里可以看作防线的终点)上进行防御。

我们在这里谈及按地质结构进行的公式化的山地防御,是因为这种公式化在军事理论界确实风靡一时,并且在所谓地形学中把河水冲刷过程的规律与战法混为一谈。

但是在这种见解中有如此多的错误假设和不准确的概念替换,使这种见解在现实中没剩下什么有用的东西,无法作为制定系统理论的根据。

实际上,山脉的主山脊都难以通行,不适合宿营,因此不能在上面部署大部队;次要山脊往往也是这样,经常不是太短,就是太不规则;而台地并不是所有山脊上都有,即使有,也大多狭窄,不适合宿营。如果我们更仔细地观察一下,就会发现,甚至那种主山脊延续较长、两面大体上是斜坡或者至少是阶梯状山坡的山脉也是很少见的。主山脊蜿蜒曲折,分支众多,大的支脉呈曲线伸入原野,往往恰恰在其终点又高高耸起,形成高出主山脊的高地;山前余脉与这些高地相连,形成与山脉体系不相称的大的深谷。此外,在多条山脉交汇处,或者在多条山脉外延的起点,根本不存在狭长的条状或带状山脉,而是被放射状分布的水流和山脉替代。

由此可见,任何一个人如果像上面所说的那样来观察山地,就能更清楚地认识到,在山地按地质结构系统地部署部队的想法是行不通的,就会认识到坚持以这种想法作为部署部队的基本思想是多么不切实际。但是关于山地的进一步运用还有一个重要的问题值得注意。

如果我们再仔细看一下山地战的战术现象,那么就会看到其中有两个要素:一是对陡坡的防御,二是对狭窄谷地的防御。谷地防御经常**甚至在大多数情况下**能发挥较大的抵抗效果,但这种防御不便与在主山脊上部署力量结合进行,因为这经常要求占领谷地**本身**,而且往往是要占领谷地出山的部分,而非占领谷地在山中的起点,因为谷地出山的部分更深。此外,即使在山脊本身根本无法部署部队,这种谷地防御仍为山地防御提供了一个手段;山体越高,越难以通行,谷地防御所起的作用通常也就越大。

从所有这些考察中可以得出结论：人们应该完全抛弃那种必须沿一条与某一地质线相重合、多少有些规律的线进行防御的想法，而只应把山地看作高低不平和有某些障碍的地面，对这种地面的各个部分，只要情况许可，应尽量尝试加以利用；即使某一地区的地质线对防御者清楚了解山体的形态是不可缺少的，但它们在防御举措中并没有多大的用处。

无论是在奥地利王位继承战争中，还是在七年战争中，或是在革命战争中，我们均未发现部队部署在整个山系，并按山系的主要轮廓组织防御的情况。我们从未见到部队部署在主山脊上，而总是部署在山坡上：有时高些，有时低些，有时在主山脊的这一面，有时在另一面；有时与主山脊平行，有时与它垂直，有时与它斜交；有时顺着水流，有时逆着水流；在一些较高的山地，例如在阿尔卑斯山脉，部队甚至常常是沿着一道谷地部署；在一些较低的山地，例如在苏台德山脉，则会看到一种极为特别的情况，即部队常常部署在自己一方的半山腰，也就是说面对着主山脊部署（例如1762年弗里德里希大帝为保护对施韦德尼茨的围攻而设置的阵地就是这样，他的营垒正面就是面对欧累峰[1]）。

七年战争中著名的施莫特塞芬阵地和兰德斯胡特阵地就是设置在一般的山谷里的，福拉尔贝格[2]境内的费尔德基希[3]阵地的情况也是这样。在1799年和1800年战局中，法国人和奥地利人的一些主要哨所始终是部署在山谷里的，这些哨所不仅横跨山谷以对其进行封锁，而且还沿整个狭长的山谷分布，同时各山脊要么根本无人占领，要么只部署少量哨所。

较高的阿尔卑斯山脉的山脊既不便通行，又不宜歇宿，以至不可能用大量部队去占领。如果人们为控制山地而一定要派部队去那里，那么只有把部队部署在山谷里。初看起来，这样做似乎是荒谬的，因为根据一般的理论观点，人们会说，山谷处于山脊的控制之下。不过实际情况并没那么糟糕，在山脊上只有很少

---

[1] 欧累峰（Hohe Eule），波兰西南部苏台德山脉中的欧伦山脉（Eulengebirge）的最高峰，海拔1015米。——译者注

[2] 福拉尔贝格（Vorarlberg），今奥地利最西面的联邦州，与德国、瑞士、列支敦士登接壤。面积2600余平方公里。——译者注

[3] 费尔德基希（Feldkirch），今奥地利西部福拉尔贝格州一城市，靠近瑞士边境。在第二次反法联盟战争（1799—1802）期间，奥军曾在此构筑阵地，与法军作战。——译者注

的小路和小径可供通行，除了少数例外情况，只有步兵可以通行，因为所有的车道都分布在山谷里，因此敌人只能用步兵登上山脊的个别点。但是在这样的山地里，双方军队相隔的距离太大，远远超出步枪的有效火力范围，因此实际上把部队部署在山谷里并不像表面看上去那样危险。当然这种山谷防御也有另一种大的危险，即有可能被切断退路。虽然敌人只能用步兵缓慢而非常费力地从几个点下到山谷，也就是说他无法进行袭击，但是由于从山脊通往山谷的小径的出口处没有部队防守，因此敌人可以陆续将优势兵力调下山，然后展开，进而突破防御者单薄的、从这一刻起非常无力的防线。在该防线上，部队除了一道不深的山间河流的多石河床以外，找不到其他任何保护。在这种情况下，山谷防御线上的很多部队就无法撤出，因为防御者在找到撤出山区的出口以前，在山谷只能分批后退。正是由于这个原因，奥地利人在瑞士几乎每次都有1/3或1/2的部队被俘。

现在还要谈一谈进行这种防御[1]时，通常可以分兵到何种程度。

任何一个这样的防御部署，都是以主力在最主要的山间通道上占领阵地为中心的，这个阵地大致位于整个防线的中央。其他部队从这一阵地向左右派出，去占领最重要的入口，于是整个防御部署就由大致位于一条线上的3个、4个、5个、6个乃至更多的哨所组成。这一防线能够或不得不延展的长度要视具体情况而定。两三日的行程，即6～8普里就非常合适，当然也有延长到20普里和30普里的。

在相距1小时或2～3小时行程的各个哨所之间很可能还有一些人们后来才注意到的次要的通道。这里可能有一些适于部署两三个步兵营的哨位，非常适于联系各主要哨所，这些地方也要派兵占领。当然人们不难设想，兵力还可以进一步划分下去，一直划分到单个步兵连和骑兵连，而且这种情况在过去也是屡见不鲜的。总之，兵力的划分是没有通用限度的。另外，各哨所的兵力大小应视整个部队兵力的大小而定，因此对各主要哨所可能或应该保持多少兵力的问题，就没有什么可谈的了。我们只想提出以下几项根据经验和事物的本性所得出的原则，作为兵力部署的依据：

---

[1]作者在这里应该是泛泛地指山地防御。——译者注

1. 山越高，越难通行，兵力划分的程度就可以越大，**而且也必须大**，因为一个地区的安全越是较少能通过机动战斗来保障，就越必须依靠直接的保护。对阿尔卑斯山脉的防御与对孚日山脉或者里森山脉[1]的防御相比，兵力划分的程度就必须大得多，因此更接近于哨所线防御。

2. 凡是进行山地防御的地方，兵力上均是这样划分的：主要哨所大多只有一个列阵的步兵，在第二列阵中有数个骑兵连；只有部署在中央的主力才在第二列阵中有数个步兵营。

3. 在正面延展很大的情况下，人们已经觉得处处兵力薄弱，因此只在极少数情况下才留有战略预备队，以增援受到进攻的点，因此受到进攻的哨所的援军，大多是从防线上未受到进攻的哨所中抽调的。

4. 即使兵力划分的程度尚小，各哨所的兵力尚多，这些哨所进行的主要抵抗也总是局部的防御。某一哨所一旦被敌人完全占领，就不能再指望增援部队帮上什么忙了。

根据上面的论述，从山地防御中可以期待得到什么，在哪些情况下可以运用这一手段，防线的延展和兵力的划分能够和允许达到什么程度，理论只能把这一切留给统帅去解决。理论只要告诉统帅这个手段的特点到底是什么，它在两军交战时应该起到什么作用，就够了。

一位在展开过大的山地阵地中被彻底打败的统帅，应该送交军事法庭接受审判。

---

[1] 里森山脉（das Riesengebirge），即克尔科诺谢山脉，是苏台德山脉最高的部分，位于今波兰和捷克边境地带。——译者注

★ 第十八章 ★

江河防御

从防御的角度来看，大的江河和山地一样，同属战略屏障。但是江河与山地有两点不同，第一点表现在对它们的相对防御上，第二点表现在对它们的绝对防御上。

和山地一样，江河能增强相对抵抗的力量，但是江河的表现如同坚硬却易碎的材料制成的工具，特点是要么经得住任何打击，毫不弯曲，要么失去作用，防御完全瓦解。如果江河很大，而且其他条件对防御者有利，那么进攻者要想渡河是绝对不可能的。而任何一条江河的防御，如果有一点被突破，那么整个江河防御就告一段落，不像在山地还能进行后续的抵抗，除非江河本身流过山地。

从战斗的角度来看，江河的另一特点是，相比山地，在某些情况下，它可以使那些为进行决定性会战而采取的部署非常有利，在一般情况下也比在山地有利。

江河和山地又有共同的地方，两者都是危险的、诱人的东西，常常误导人们采取错误的举措，陷于危险的境地。我们在深入考察江河防御时将提醒人们注意这些结论。

尽管战史上有效江河防御的例子相当少，证明江河并不是多么有力的屏障（当时人们认为，一个绝对的防御体系应利用地形提供的所有加强手段），但是江河总体上对战斗和国土防御的有利作用还是不容否认的。

为系统地了解事物的全貌，我们先把考察江河防御时的不同着眼点列举出来。

首先，我们必须把江河防御的战略作用与未加防御的江河对国土防御的影响加以区别。

其次，江河防御本身可能有三种不同的意义：

1. 以主力进行的绝对抵抗；
2. 纯粹的假抵抗；
3. 以次要部分（例如前哨、掩护部队、次要部队等）进行的相对抵抗。

最后，我们必须就江河防御的形态把它区分为三个主要的程度或类型：

1. 直接防御，即阻止敌人渡河；
2. 比较间接的防御，即只把江河及其谷地作为进行更有利会战的手段；
3. 完全直接的防御[1]，即在江河的敌方领土一边固守一处坚不可摧的阵地。

我们就按这三个程度对江河防御进行考察。我们准备先分别了解这三个程度与第一种，也即最重要的江河防御的关系，然后再谈谈它们与其他两种江河防御的关系。现在我们首先研究直接防御，即阻止敌人渡河的防御。

只有大的江河，即水量大的江河，才能谈得上用于这种防御。

空间、时间和兵力的组合必须被视为这种防御理论的要素。这种组合使江河防御变得相当复杂，以至很难得出一个固定的论点。经过更仔细的思考以后，任何人都会得出以下结论。

根据敌人架桥所需的时间，可以确定防御江河的各部队相隔的距离；用防线的整个长度除以这个距离，就得出所需部队的数量；用整个部队的人数除以这个数量，就得出各支部队的兵力。如果把各支防御部队的兵力与敌人在架桥期间能够利用其他手段渡河的兵力比较一下，就可以判断出是否能够进行一次成功的抵抗，因为只有当防御者在敌人架好桥梁以前有可能以**较大的优势兵力**，也就是以

---

[1] 原文如此，疑误。似应为"完全间接的防御"，因为作者曾在本篇第十章中把这种方法称为"间接"的方法（"……使防御者有可能以间接的方法，即在对岸敌占区进入一处阵地来防守江河"）；从递进的逻辑关系来看也应为"完全间接的防御"，因为作者在上面第1点中已经指出过"直接防御"。——译者注

多出敌军1倍左右的兵力进攻已渡河的敌军时，才能认为敌军不可能强渡。现举例说明如下：

如果敌人架桥需要24小时，在这段时间内能够用其他手段渡河的部队不超过2万人，而防御者能够在约12小时内以2万人出现在任何地点，那么敌人就不可能强渡，因为进攻者将其2万人大致渡过一半时，防御者就能够赶到。由于防御者在12小时内（已经算上通报情况和传达命令所需时间）可以行军4普里，故如果防御24普里的河段，每隔8普里需要2万人，共需要6万人。假如防御者有这样的兵力，即使敌人试图同时在两处地点渡河，防御者也足以向任何一地调去2万人；假如敌人只在一处渡河，防御者甚至可以调去4万人。

在这里有三个决定性的因素：1. 江河的宽度。2. 渡河手段。这两个因素不仅决定架桥所需的时间，而且也决定架桥期间能够渡河的部队数量。3. 防御者的兵力。对敌军本身的兵力，这时尚可不加考虑。根据这个理论，我们可以说，这样一个点可以使敌人，甚至使任何优势之敌都不可能强行渡河。

这就是直接的江河防御的简单理论（直接的江河防御就是欲阻止敌人完成架桥和渡河本身），但这里尚未考虑渡河一方可能采取的佯动的效果。我们现在就来考察一下这种防御的详情和必要的举措。

首先，如果抛开地理上的一切具体情况不谈，那么需要指出的只是，防御者根据前述理论所确定的各个部队应该紧靠江河各自集中部署。部队之所以要紧靠江河，是因为任何远离江河的部署都会加大路程，既无必要，也无好处。由于江河的水量可以保障部队不至于受到敌军大的威胁，因此没必要像设置国土防御线那样，把部队留作预备队。其次，江河沿岸的道路通常比从后面到江河任何一点的横向路更便于通行。最后，比起纯粹的哨所链，通过这样的部署无疑能对江河进行更好的观察，主要是因为指挥官都在江河附近。这样部署的各部队必须各自集中，否则的话，整个计算就不同了。凡是知道集中部队要消耗多少时间的人都会明白，防御的最大效果恰恰就是来自这种集中的部署。利用各个哨所让敌人甚至连漕渡也无法进行，这初看上去当然非常吸引人，但是除了在少数例外的、特别便于渡河的地点以外，采取这种举措是极为不利的。在大多数情况下，敌人自对岸以优势火力就可以击退这种哨所守军，即使不考虑这一点，这样做通常也是白白浪费力量，也就是说，这种哨所除了让敌人另选渡河点以外，达不到任何其他目的。因此，如果防御者没有强大到可以把河流当作要塞沟壕来对待和防守的程度（在这种情况下也就不需要任何规则了），那么这种真正的岸边防御就必然导致偏离目标。除了这些一般部署的原则以外，人们还应该考虑到：第一，江河的具体特点；第二，清除渡河工具；第三，沿岸要塞的影响。

如果将江河视为一条防线，那么其左右两端都要有依托点（例如大海或中立区），或者有其他条件，使敌人无法从防线两端以外渡河。由于这样的依托点和条件只有在江河防线很长的情况下才可能出现，从中可以看到，江河防御总是不得不在很长的距离内展开，因此在现实中，人们不可能把大量部队部署在相对短的河段上，而我们必须总是依据现实情况部署部队。我们所说的**相对短的河段**，是指河段的长度比部队在没有江河的情况下一般展开的长度稍大。我们认为，这样的情况并不存在，而且任何直接的江河防御总是一种哨所线防御（至少就其延展程度来说是这样），因此根本不适合以集中部署时自然会采用的那些方法对付迂回。因此，直接的江河防御（不管它在其他情况下有多么好的结局），只要可能受到敌人的迂回，就总是一种极为危险的行动。

就整条江河来说，不言而喻，不是所有地点都同样程度上适于渡河。对于选择渡河地点，我们虽然可以总体上提出更详细的要求，但并不能明确做出规定，因为即使是当地一些极细的特点也往往比书本着重强调的东西更具决定性。而且做这种规定也是完全没有什么用处的，因为只要观察一下江河，从当地民众那里了解些情况，就几乎可以直观地知道哪里适于渡河了，没必要去回想书本上的东西。

为了更详细地说明渡河要求，我们可以指出，通往江河的道路、流入江河的支流、江河沿岸的大城镇，特别是江河中的洲岛等对渡河都很有利。与此相反，书本上往往认为作用很大的河岸的制高点、渡河点附近的弯曲河道等却很少有什么作用。原因在于这两点的作用是以绝对的河岸防御这一狭隘概念为基础的，而对于大的江河，人们基本上不可能进行绝对的河岸防御。

凡是使江河上某些地点更便于渡河的情况，无论它是什么样的情况，都会对江河防御者的部署产生影响，并少许改变一般的几何法则。但是过于偏离这种法则和过分依靠某些地点给渡河一方造成的困难，是不可取的。因为敌人恰恰会选择那些天然条件不利于渡河的地点渡河，如果他确信在那里与我们遭遇的可能性最小的话。

以尽可能多的兵力占领江河中的洲岛，这是在任何情况下都值得推荐的举措，因为敌人对洲岛的认真进攻会最确切地暴露出他的渡河点。

由于靠近江河部署的各部队必须根据情况需要向上游和下游方向行进，因此在缺少一条与江河平行的大路的情况下，就近整修与江河平行的小路或在短距离内修筑全新的小路都属于重要的防御准备工作。

我们要讲的第二点是清除渡河工具。在江河本身清除渡河工具就已经很不容易，至少需要较长的时间，而要在流入敌方江河的支流上清除渡河工具，困难大多更是无法克服的，因为这些支流通常已经被敌人控制。在这种情况下，利用要塞封锁这些支流的河口很重要。

敌人携带的渡河工具，即浮桥舟，在大江河上渡河时很少够用。因此，很多都取决于能否从江河本身、各支流和岸边的城镇中找到渡河工具，以及在江河附近是否有林地，以用于建造船只和木筏。在这些方面，有时情况对敌人非常不利，以致几乎不可能渡河。

最后，防御者位于江河两岸或者敌岸的要塞，不仅是阻止敌人从要塞左右附近的各个地点渡河的盾牌，而且是封锁各支流和迅速收纳渡河工具的手段。

关于水量丰沛的江河的直接防御，我们就谈这些。如果再有陡峭的深谷或者沼泽较多的河岸，那么它们虽然会增加渡河的困难和提高防御的效果，但是无法替代水量丰沛的江河，因为它们不能构成绝对断绝的地形，而绝对断绝的地形是直接防御的**必要**条件。

如果要问这种江河的直接防御在战局的战略计划中能够扮演什么样的角色，那么人们必须承认这种防御绝不可能导致决定性的胜利，这一方面是因为它的意图仅仅是阻止敌人渡河，击退最先渡河的较多敌军；另一方面是因为江河妨碍防御者通过一次有力的出击将已取得的好处扩大为决定性的胜利。

不过这种江河防御常常能够赢得很多时间，而这对防御者来说通常是很重要的。进攻者为了筹集渡河工具，往往要花费很多时间，如果进攻者几次尝试渡河都未成功，那么防御者就能赢得更多的时间。如果敌人因为不能渡河而完全改变了前进方向，那么防御者也许还会得到其他一些好处。最后，在进攻者不是认真推进的一切场合，江河就会使他停止运动，这时江河就成了保卫国土的永久屏障。

因此，当江河水量大和条件有利时，对江河的直接防御可以被看作是大部队对大部队的一个非常好的防御手段，能够产生现在人们很少重视的那种结果（之所以很少重视，是因为人们只注意了那些由于力量不足而失败的江河防御）。如果在上述前提条件下（这在莱茵河和多瑙河这样的江河上还是容易找到的），人们能够用6万人在24普里长的地段上对拥有显著优势兵力的敌人进行一次有效的防御，那么当然可以说这是一个值得重视的结果。

我们在上面提到了针对**显著优势**兵力的防御，现在我们再来谈谈这个问题。根据我们已经提出的理论，只要企图渡河的兵力不小于进行江河防御的兵力，那么一切就都取决于渡河工具，而不取决于企图渡河的兵力。这种说法看上去很奇怪，但却是事实。当然人们不应该忘记，大多数江河防御，或更实际地说，一切江河防御，都没有绝对的支撑点，即都可能受到敌人的迂回，而如果敌人有兵力优势，就很方便进行这种迂回。

这种江河的直接防御，即使被敌人突破了，也不同于一次失利的会战，很少能导致防御者彻底大败，因为他投入战斗的只是一部分部队，而对手只能通过一道桥梁慢慢过河，会受到阻碍，虽然战胜了防御部队，却无法立即扩大战果。如果人们看到这些，就更不会轻视这种防御手段了。

对现实生活中的一切事情来说，问题都在于处理得是否恰到好处。人们在进行江河防御时，对各种情况判断得正确与否，其结果将不大相同。一个看似无关紧要的情况会使事情发生重大变化，一个在这里极为明智和有效的举措在那里却可能变成有害的举动。正确地判断各种情况，不认为江河只是简单的江河而已，这在江河防御中也许比在其他场合更难做到，因此我们必须特别提防因错误理解和运用江河防御而带来的危险。但是做了这样的分析以后，我们也不能不直率地指出，有些人的叫嚷是根本不值得重视的，他们根据模糊的感觉和含混的看法，把一切都寄希望于进攻和运动，把轻骑兵在头顶上挥舞马刀向前狂奔看作战争的全部景象。

指挥官即使能够长时间地保持这种看法和感觉,也是不足以解决问题的(关于这一点,我们只要回忆一下显赫一时的独裁官韦德尔[1]在1759年齐利晓会战[2]中的表现就够了)。而最糟糕的是这种看法和感觉很少能够持久,当牵涉面很广的重大而复杂的情况纷纷向指挥官袭来时,这种看法和感觉就会在最后一瞬间在他身上消失得一干二净。

因此我们认为,当防御者满足于阻止敌渡河这一不大的目的时,如果部队人数多,而且条件有利,那么进行直接的江河防御能够取得好的结果,但对较小的部队来说,就不是这样。如果说6万人在一定长度的河段上能够阻止10万和10万人以上的敌军渡河,那么1万人在同样长的河段上将无力阻挡1万人渡河。如果5000人不怕与如此优势之敌在同一河岸上相遇,那么1万人同样会无力阻挡这5000人渡河。这是很清楚的,因为渡河工具没有发生变化。

直到现在我们还很少谈到佯渡,因为在江河的直接防御中很少考虑如何对付佯渡。一方面是因为这种防御的主要问题不在于把部队集中在一点,而在于各部队各自防守一个河段;另一方面是因为即使具备了上述渡河的前提条件,进行佯渡也是非常困难的。如果进攻者的渡河工具本来就很少,也就是说,现有的工具还不足以保障渡河的需要,那么进攻者就不可能,而且也不会愿意把很大一部分渡河工具用于佯渡。无论如何,进攻者在真正渡河点上可以漕渡的兵力会由于佯渡而减少,这样防御者就能够重新赢得因敌情不明而可能耽误的时间。

这种江河的直接防御一般来说仅适用于在欧洲主要江河的中下游进行。

第二种江河防御(比较间接的江河防御)适用于较小的江河,在有深谷时,甚至适用于很小的江河。这种防御要求防御者在距江河较远的地方部署部队,部

---

[1] 韦德尔(Carl Heinrich von Wedel,1712—1782),普鲁士中将,普鲁士首任国防大臣。——译者注

[2] 又称凯伊会战。在1759年战局中,弗里德里希二世采取守势。为阻止奥地利和俄国军队会合,弗里德里希二世提拔年轻的中将韦德尔接替多纳任东战区司令官,并赋予他罗马独裁官式的权力,以便指挥资历较深的将军作战。1759年7月23日,韦德尔率2.74万名普军在齐利晓(Züllichau,即今波兰城市苏莱胡夫[Sulechów])附近的凯伊村与5万余名俄军遭遇。韦德尔由于地形侦察不足、骑兵与步兵的部署过近、炮兵数量少,以及事先没有准备进行防御会战而失利,损失6800人,被迫退却。——译者注

队到江河的距离应使防御者在敌军同时在多个地点渡河时，能够分别迎击敌军，或者当敌在某一点渡过河，受限于一座桥梁和一条道路时，能够在江河附近迎击他。进攻者背后紧紧卡在一条大的江河或深谷旁，并被限制在唯一一条退却用的小路上，是一种极为不利的会战处境。防御者在所有中等江河和深谷的防御中均应利用进攻者的这种不利处境。

在进行直接的江河防御时，我们认为最有利的部署是把一个军团分为几支大部队紧靠江河部署，其前提是敌人不可能突然大批渡河，否则防御者的部队就有被分割和各个击破的危险。如果防御者进行江河防御的条件并不够有利，如果敌人已经拥有绰绰有余的漕渡工具，如果江河中有很多岛屿甚至浅滩，如果江河不够宽，如果防御者兵力过小等，那么防御者就不能进行直接的江河防御。在这种情况下，防御者的部队为相互间更好地联系，就必须向后离开江河一段距离。此时防御者唯一可以采取的办法是，在敌渡河时尽快向这一渡河点集中兵力，在敌人还未占领更多的地域和渡口时向其发起进攻。防御者此时应通过前哨链对河流或河谷进行监视，并做些抵抗，而军团大部队则分为多支部队部署在距江河一定距离（通常是数小时行程）的适当地点。

进攻者在这里面临的主要问题是通过江河与其谷地形成的狭窄水道。也就是说这里不仅取决于水量，而且取决于狭窄水道的整个情况，而通常一处深陡的谷地比一段较宽的江河所起的作用大得多。一支大部队通过一条较长的狭窄水道时所遇到的困难，在现实中比纯粹考虑到的要大得多。通过这条水道需要很长时间，而且通过时，敌人有可能控制周围的高地，这一危险会令人非常不安。通过后的首批部队如果前行得太远，就会过早与敌遭遇，有被优势之敌击败的危险；而如果首批部队停在渡河点附近，就要在极为不利的处境下作战。因此进攻者只有在兵力上占很大优势和在指挥上有很大把握时，才能通过这样一处地形到对岸去与敌人较量，否则就是一个冒险的行动。

当然，这样一条防线不可能延展到对一条大江河的直接防御那样长，因为防御者欲集中全部兵力作战，而且即使进攻者渡河很困难，但毕竟无法与渡一条大的江河相比，因此在这种情况下，进攻者进行迂回会更容易。不过这一迂回会使进攻者偏离其自然的行进方向（因为我们自然会假设河谷大体上垂直于进攻者原来自然的方向），而且变窄的退却线所产生的不利影响不是一下子，而是逐渐消失的，以至进攻者即使没有恰好在危急关头遭遇防御者，而且通过迂回赢得了更多一些的活动余地，也不如防御者有利。

我们在谈江河时，不仅谈它们的水量，而且几乎更多地注意到了其深陡的谷地，因此必须事先说明，不能把这里所说的谷地理解为山谷，否则有关山地的论述在这里也要适用了。众所周知，有很多平原地区，在那里甚至极小的河流也有陡峭的深谷。此外，布有沼泽的河岸和其他妨碍接近河流的障碍也属于这种情况。

因此在这些条件下，把一支用于防御的大部队部署在较大江河或者较深河谷的后面是一种非常有利的态势。这种样式的江河防御可算是最好的战略举措之一。

这种防御样式的弱点，即防御者容易犯错误的地方是部队展开过大。在这种情况下，防御者会很自然地将兵力从一个渡河点一直部署到另一个渡河点，却忽略了本应切断的真正的点；而如果防御者不能集中整个部队作战，就收不到这种防御的效果，结果是：即使部队不是抵御到底，但一场失利的战斗、一次必要的退却，以及一些混乱和损失就会使部队近乎彻底大败。

防御者在上述条件下不应把防线拉得过长，并且无论如何要在敌人渡河的当晚把自己的兵力集结起来，对这两点我们说得很多了，因此无须再讨论那些取决于很多当地条件的时间、兵力和空间之间的关系了。

在这些情况下发生的会战必然有其特点，即来自防御者方面的行动肯定非常激烈。进攻者以几个佯渡地点可以使防御者一时弄不清情况，通常让防御者到了最紧急的时刻才出现在真正的渡河地点。防御者在态势方面固有的有利之处在于当面之敌处境不利。如果敌军的其他部队从其他渡河点过来，包围防御者，那么防御者就无法像在防御会战中那样，从后面对这部分敌军通过有力的突击进行打击，否则就会失去其有利的态势。因此，防御者必须在这部分敌军没有威胁到他的时候，先解决正面的问题，就是说，他必须尽量迅速而有力地进攻当面之敌，通过让正面之敌大败来解决全部问题。

但是，**这种**江河防御的目的从来不能是抵御一支优势过大的大部队（而这在大江河的直接防御中必要时还是可以设想的），因为防御者实际上通常要对付的已经是敌这支大部队中的绝大部分，即使这是在对防御者有利的情况下进行的，人们还是容易看出，此时已经必须考虑兵力对比了。

　　大部队在中等江河和深谷进行的防御就是这样。在河谷边缘进行较多的抵抗会造成阵地分散的不利情况，对大部队来说，不能采用这种方法，因为他们需要的是一个确切的胜利。而如果防御者仅仅是为加强一道次要的防线，这道防线只需进行短时间的抵抗并有望得到援军，那么防御者当然就可以在河谷边缘，甚至在河岸进行直接防御。尽管防御者在这里不能期望得到山地阵地那样类似的有利条件，但是抵抗的时间毕竟总是会比在一般地形上长。只有一种情况会使这种兵力运用变得非常危险，甚至是不可能，即如果河道非常蜿蜒曲折（深谷中的河流往往是这样）。人们只要看一看德意志境内的摩泽尔河[1]的河道就能明白这一点。在这种情况下，前出到河流转弯处的部队在退却时几乎不可避免地会被消灭。

　　大的江河同样可以给大部队提供在中等江河上适用的防御手段，而且条件有利得多，这是不言而喻的。当防御者要争取彻底的胜利时，总是要运用这个手段（例如阿斯旁会战[2]）。

　　至于部队为了使江河或深谷成为阻止敌人接近的战术障碍，即**在战术上加强正面**，而**紧靠**江河或深谷部署，则完全是另一种情况。对这个问题的进一步考察是战术范围的事情，不过我们要指出，从结果来看，这说到底完全是自欺欺人。如果陡谷很深，那么阵地正面就因此而变得绝对不会被攻破。这样一来，进攻者从这种阵地侧面通过并不比从任何其他阵地侧面通过而有更多的麻烦，因此防御者这样部署实际上几乎是在给进攻者让路，这显然本不是这样部署的意图。只有当地形对进攻者的交通线十分不利，他一旦离开自己的道路就会招致极为不利的后果时，防御者这样部署部队才可能是有利的。

----

[1]摩泽尔河（die Mosel），莱茵河的一条支流，流经法国、卢森堡和德国，长544公里。——译者注

[2]1809年，拿破仑率法军攻入奥地利，在雷根斯堡附近击败卡尔大公后，于5月13日攻克维也纳。卡尔大公在维也纳附近与拿破仑相隔多瑙河对峙。21日中午，法军渡过多瑙河的部队达4万人，在阿斯旁（Aspern，今维也纳城区的一部分，位于多瑙河左岸）与埃斯灵（Essling，今维也纳城区的一部分，距离阿斯旁半小时行程）之间占领阵地。卡尔大公见时机已到，率奥军向法军发起进攻，经激烈战斗，大败法军。次日，法军在损失2万余人后，被迫退回多瑙河畔的洛鲍滩涂（die Lobau，多瑙河流经维也纳形成的滩涂地，面积22平方公里）。——译者注

采用第二种防御时，进攻者的佯渡会给防御者带来更大的危险，因为进攻者更容易实施佯渡，而防御者的任务却是要把全部部队集结在真正的渡河点。不过在这种情况下，防御者在时间方面并不十分紧迫，因为在进攻者把全部兵力集中起来和占领几个渡河点以前，对防御者有利的条件一直是存在的。此外，进攻者在这种情况下进行佯攻的效果也没有对哨所线防御进行佯攻的效果那么好，因为防御者在哨所线防御中必须保持所有地点都不被攻破，因此在如何使用预备队的问题上更为困难，需要判明哪个地点会首先被敌人攻破，而在这里只要弄清敌主力在哪里就可以了。

关于在大小江河上进行的上述两种防御，我们总体上还必须指出：如果这两种防御是在退却时的紧急和混乱中部署的，没有准备，没有清除渡河工具，没有对当地地形的确切了解，那么当然就得不到上面所设想的结果了。由于防御者在大多数情况下根本不可能指望具备上述有利条件，因此为进行江河防御而把兵力分散在延展的阵地上是极为愚蠢的做法。

总之，正如在战争中凡是在意识不明确和意志不坚定的情况下所做的一切都会失败一样，如果由于没有勇气在一场面对面的野战中与对手进行会战而选择了江河防御，指望利用宽河深谷挡住对手，那么**江河防御**肯定也不会取得好结果。在这种情况下，统帅和部队谈不上对自己的处境有真正的信心，往往是忧心忡忡的，而且担忧的事情通常很快就会变成现实。一场面对面的野战不会像决斗那样以双方情况完全相同为前提。一个防御者如果在野战中不善于利用防御的特点、迅速的行军、熟悉的地形以及自如的运动争取到好处，那么他就无可救药了。江河和河谷对这样的防御者是最无能为力的了。

第三种防御是通过在敌岸占领一个坚固的阵地进行的。这种防御之所以能够产生效果，是因为河流穿过敌人的交通线，从而使敌人的交通线有依赖一座或数座桥梁的危险。显而易见，这里指的只能是水量大的江河，因为只有大江河才能造成这种情况。相反，一条谷深水少的江河一般都有很多渡口，根本不会产生上述危险。

这种阵地必须非常坚固，几乎无法被攻破，否则就会迎合敌人的希望，并使防御者失去有利的条件。如果阵地坚固到敌人不敢进攻的程度，那么在某些情况下，敌人甚至会被束缚在防御者所在的河岸上。假如他渡河，就会失去其交通线，当然他渡过河后也会威胁到防御者的交通线。这时，如同双方相互从侧面通过的所有场合，一切都取决于谁的交通线在数量、位置和其他方面得到的保障更多；谁在这种情况下在其他方面会失去得更多，也就是谁会被对手轻易战胜；最后，取决于谁在自己的军队中保有更多的制胜力量，以便在最紧急的情况下可以依靠这一力量。江河在此的作用无非是加大双方在交通线方面所面临的危险，因为双方的交通线都被限制在桥梁上。通常情况下，防御者的渡河点和各种仓库由于受到要塞的保护，比进攻者的更安全。如果这一点能够确定，那么防御者当然是可以设想进行这种防御的。在其他条件不适于进行直接的江河防御时，也可以用这种防御来代替直接防御。这样，虽然江河没有受到部队的防守，部队也没有受到江河的保护，但是两者结合在一起守卫了国土，而这正是防御者要达到的目的。

但是必须承认，这种没有决定性打击的防御就像正负电荷仅简单接触时产生的电压一样，只适于阻挡力量较小的冲击。如果对方统帅是一个谨小慎微、犹豫不决、任何东西都不会促使他猛烈前进的人，那么即使他拥有极大的兵力优势，防御者还是可以采取这种防御。同样，如果双方此前已形成均势，彼此试图争夺的仅仅是小的利益，防御者也可以采取这种防御。但是如果防御者要对付的是一个莽撞者带领的优势兵力，那么采取这种防御就有走向灭亡的危险。

另外，这种防御方法看起来是既大胆又科学，可以称得上高雅的防御方法。但是高雅的一般容易流于华而不实，而在战争中不像在社交中可以允许华而不实的作风存在，因此采用这种高雅方法的实例是很少见的。不过，从这第三种防御发展出一种辅助前两种防御的特别手段，即通过控制桥梁和桥头堡，总是以渡口威胁敌人。

这三种江河防御中的任何一种防御，除了可以旨在以主力进行绝对抵抗外，还可以旨在进行**假抵抗**。

防御者固然可以采取很多其他举措，而且说到底可以以任何一处与行军宿营地有所不同的阵地来造成这种不想真正进行的抵抗假象，不过对一条大江河的假防御确实能起到欺骗作用，因为人们为此多少要采取复杂的举措，其效果通常较其他所有场合更大和更持久。对进攻者来说,在防御者眼皮底下渡河总是一个重要的步骤,往往要考虑很久,或者要推迟到更为有利的时间进行。

因此防御者在进行这种假防御时,要求主力大体上像真防御那样分布和部署在河边。但是由于假防御这种意图本身说明当时的情况不利于进行真防御,因此如果部队真的进行了哪怕只是适度的抵抗,也会由于不得不多少拉长的防线和分散的部署而很容易面临损失惨重的危险。从本来的意义上讲,这是一种不彻底的举措。可见在进行假防御时,一切行动的目的必须是使部队确实能在遥远后方(往往相距数日行程)的某一地点集中,因此在进行假防御时,其抵抗只能以不妨碍这一集中为限度。

为了清楚地说明我们的看法,同时指出这种假防御可能具有的重要性,我们想提一下1813年战局末期的情况。当时,拿破仑率领约4万~5万人退过了莱茵河。联军按照自己前进的方向可以在曼海姆至奈梅亨[1]的区域内轻而易举地渡河,因此拿破仑要以上述兵力防守这一河段实际上是不可能的。他只能考虑大致在法国的马斯河[2]沿岸进行首次认真的抵抗,因为他在那里可以得到一定的增援。假如拿破仑立刻退到马斯河,联军就会紧追到那里;假如拿破仑让部队渡过莱茵河后入营休整,那么很快也会出现同样的情况,因为联军即使谨慎到极为胆小的程度,也会派遣一些哥萨克骑兵[3]和其他轻装部队渡河,而当他们看到渡河如此顺利,一定还会派其他部队接着渡河,因此法军有必要准备在莱茵河进行认真的防御。由于可以预见,一旦联军真的渡河,法军这个防御不会产生什么结果,因此人们可将这次防御视为一次纯粹的佯动。在进行这一佯动时,法军根本不会冒任何危险,因为他们的集结点在摩泽尔河上游。只是麦克唐纳犯了错误:

---

[1] 奈梅亨(Nymwegen),今荷兰海尔德兰省一城市,位于瓦尔河左岸,靠近德、荷边境。——译者注
[2] 马斯河(die Maas),莱茵河第二大支流,发源于法国东部的朗格勒高原,流经法、比、荷,长约874公里。——译者注
[3] 哥萨克骑兵(Kosaken),"哥萨克"的突厥语意为"自由自在的人",原是生活在乌克兰和俄罗斯南部草原的游牧部落,以骁勇善战和精湛骑术著称。历史上,俄国沙皇通过发给俸禄、分封土地等手段笼络其上层人物,使哥萨克骑兵成为俄国用于扩张的重要力量。现多分布在顿河、捷列克河和库班河流域等地。——译者注

众所周知，他率2万人在奈梅亨附近，一直等到一月月中真的被温岑格罗德[1]军（该军抵达较迟）逐走，从而妨碍了他在布里昂会战以前与拿破仑会合。法军在莱茵河畔的这一假防御使联军的前进运动停了下来，并使其下决心把渡河推迟到援军抵达后进行，也就是说推迟了六周之久。对拿破仑来说，这六周时间想必是极为宝贵的。假如没有法军这次在莱茵河畔的假防御，联军就会挟莱比锡大会战胜利的余威直驱巴黎，而法国人根本不可能在首都的这一边进行一场会战。

采取第二种江河防御，即利用中等江河进行防御时，也可以进行这样的欺骗，只是效果一般说来要差得多，因为这里仅是试图渡河，所做的准备工作远没有真正渡河时的复杂，所以这种戏法很快会被戳穿。

采取第三种江河防御时，估计假防御的效果还要更差些，不会超过临时进入某一阵地后进行防御的效果。

最后，前两种江河防御非常适于在为某一次要目的而部署的前哨线或其他防线（哨所线）上采用，也非常适用于仅仅为进行监视而部署的次要部队。这两种江河防御相比没有江河的场合可以给上述防线和部队带来更多的力量和把握。在所有这些场合都只是进行相对的抵抗，而河流这种地形自然会显著地加强相对抵抗的力量。在这里人们不仅应该想到抵抗在战斗本身中可以持续相对很长的时间，而且应该想到敌人在针对这一抵抗的每次行动之前都会有很多顾虑。在没有紧迫动机的情况下，这些顾虑往往会使其99%的行动不能付诸实施。

---

[1] 温岑格罗德（Ferdinand Freiherr von Wintzingerode，1770—1818），男爵，俄国骑兵将军。——译者注

★ 第十九章 ★

江河防御（续）

我们现在还要谈谈本身并未设防的江河在国土防御中所起的作用。

每一条大的江河连同其主流的和支流的河谷，构成一个很大的地形障碍，因此总的来说对防御有利，其特有的影响可以从几个主要方面来进一步说明。

首先，我们必须分清这条大的江河与国境（总的战略正面）是平行的，还是倾斜的或垂直的。如果是平行的，我们还必须分清江河是在我军（作为防御者）的前面，还是在进攻者的前面，并弄清在这两种情况下，我军与江河之间的距离。

如果在一支进行防御的大部队后面不远处（但不少于平常的一日行程）有一条大河，而且在这条河畔有足够数量的安全的渡河点，那么防御者的处境无疑比在没有这条大河时有利得多。这是因为，虽然防御者要顾及各渡河点而在行动上失去了一些自由，但是由于战略后方（主要是交通线）安全了，因此获得的好处更多。不言而喻，我们这里设想的是在本国境内进行的防御，因为在敌国，即使敌军主力在我们前面，但我们作为防御者总还是或多或少地担心在自己背后的江河的另一岸出现敌人。这时，由于江河对道路通行有限制作用，它对防御者处境的影响更多是有害的，而不是有利的。江河在防御部队背后越远，对部队的好处就越少，到了一定距离，它的影响就完全是零。

如果进攻的部队不得不渡过江河前进，那么江河对它的运动只会起到不利的影响，因为江河把部队的交通线限制在个别渡河点上了。1760年，海因里希亲王[1]在布雷斯劳附近的奥得河[2]右岸迎击俄军时，显然是以他背后一日行程远的奥得河为依托的。相反，俄军在切尔尼舍夫[3]的指挥下渡过奥得河后，处境却非常不利，因为他只有一座桥梁，面临失去退路的危险。

如果一条江河或多或少地垂直穿过战区，那么由此带来的好处就又在防御者一边。首先，由于有江河做依托，以及可以利用下沉的横贯河谷，防御者通常可以占据很多有利的阵地来加强正面（例如易北河在七年战争中对普鲁士人所起的作用）；其次，进攻者要么不得不对江河两岸中的一岸不管不问，要么不得不分兵，而分兵对防御者是有利的，因为防御者将比进攻者占据更多的安全的渡河点。人们只要纵览一下七年战争就会看到，尽管普鲁士在整个七年战争中对奥得河和易北河本身并未进行过真正的防御，而且这两条河的走向与敌人的正面在大多数情况下更多是相倾斜或垂直的，很少是平行的，但是这两条河对弗里德里希大帝防守他的战区（西里西亚、萨克森和勃兰登堡边区）是非常有利的，并顺理成章地对奥地利人和俄国人占领这些地区构成了很大障碍。

一般来说，江河只有与战区垂直，并且可以作为运输通道时，才对进攻者有利，原因是进攻者的交通线较长，在运输各种必需品方面困难更大，因此水运可以极大减少运输困难的做法想必主要是给他带来好处。在这种情况下，虽然防御者也有其有利的一面，即自本国边境起可以利用要塞封锁江河，但是江河流入本国边境前的河段给进攻者带来的好处却不会因此而消失。不过，有些从军事上其他角度来看宽度不算小的江河，却并不能通航；有的江河不是四季都可通航；船只在有些江河上逆流航行时非常缓慢，往往十分困难；有些大江河曲折很多，往

---

[1] 海因里希亲王（Prinz Friedrich Heinrich Ludwig von Preussen，1726—1802），普鲁士亲王，将军，国王弗里德里希二世最小的弟弟。14岁时即成为轻步兵团上校团长，曾参加奥地利王位继承战争和三次西里西亚战争。——译者注

[2] 奥得河（die Oder），欧洲中部的主要河流之一，源于捷克，流经波兰的西里西亚地区和今德波边境，流入波罗的海，长898公里。——译者注

[3] 切尔尼舍夫（Sachar Grigorjewitsch Tschernyschew，1722—1784），伯爵，俄国元帅。七年战争期间指挥2万俄奥联军攻打普鲁士国王弗里德里希二世，并进占柏林。彼得三世继位后，于1762年5月命切尔尼舍夫与弗里德里希二世结盟。后任俄国防大臣（1763—1774）。——译者注

往使路程增加一倍以上；现在两个国家之间的主要交通线大多是公路。最后，大部分必需品现在通常是在最近的省份筹集，而不是像商人那样习惯于从远方运来。如果人们考虑到上述这一切，就会清楚地看出，水运对部队给养所起的作用根本不像书本习惯上所描绘的那样大，因此它对战事进程的影响很小并不确定。

★ 第二十章 ★

一、沼泽地防御

像北德意志的布尔坦沼泽地[1]那样的大片沼泽地是很少见的,因此不值得对这样的沼泽地进行论述。但是我们不应该忘记,洼地和泥泞的小河河岸却是常见的,而且它们往往会构成很大的、可以用来进行防御的地段,事实上人们也是常常这样利用这些地段的。

沼泽地防御的举措虽然与江河防御的举措相当一致,但是毕竟还有几个特点应该特别注意。沼泽地的第一个和最主要的特点是,除了堤道以外,步兵在沼泽地中根本无路可走,通过它比渡过任何一条江河都困难得多。这是因为:首先,筑一道堤坝不像架一座桥梁那样快;其次,没有临时的通过沼泽地的手段,无法把保护筑堤的部队先运到沼泽对面去。在江河上,可以用部分船只把前卫部队先运到对岸,再开始架桥,但在沼泽地没有相应的辅助手段。即使只是步兵要通过沼泽地,其最简便的方法也是要铺设木板,但是如果沼泽地有一定的宽度,那么铺设木板这一工作所需的时间比第一批船只渡河的时间要多得多。如果沼泽地中

---

[1] 布尔坦沼泽地(das Bourtanger Moor),位于德国和荷兰边境地带,埃姆斯河以西,曾是西欧最大的沼泽地,现面积约200平方公里。——译者注

间还有一条没有桥梁就过不了的河,那么把首批部队运过去的任务就更困难,因为在只有木板的情况下,单个人也许可以通过,但架桥所必需的沉重器材无法运过去。在某些情况下,这一困难是无法克服的。

沼泽地的第二个特点是,人们通过后不能像毁坏渡口那样彻底地破坏沼泽地上的通路。人们可以断开桥梁,或者将其破坏到根本无法再利用的程度,但对堤坝充其量只能将其挖开,而这起不到什么作用。如果沼泽地中间有一条小河,固然可以拆掉小河上的桥梁,但整个通路并不会因此而像大河的桥梁被破坏后受到那样大的影响。因此,要想使沼泽地对自己有利,就必须用相当多的兵力占领现有的所有堤坝,并且进行认真的防守。

于是在沼泽地防御中,人们一方面不得不进行局部的防御;另一方面,由于堤坝以外的其他地点难以通行,又减轻了这种防御的难度。上述两个特点使沼泽地防御必然比江河防御更局限在一个地点,从而更为被动。

由此产生的一个后果是:人们在沼泽地防御中投入的兵力相对要比直接的江河防御多一些。换句话说,人们无法设置较长的防线,特别是在耕作发达的欧洲。在这里,即使是在对防御最有利的情况下,通道的数目通常也还是很多的。

因此从这个角度看,沼泽地不如大江河有利。认识到这一点很重要,因为所有局部防御都有一些极为棘手和危险的事情。但是如果人们考虑到,这种沼泽地和洼地通常都很宽,欧洲最大的江河也无法与之相比,因此防守通路的哨所绝对没有被对面火力消灭的危险,而哨所本身的火力效果却由于这样一条非常狭长的堤坝提高了很多,而且通过这样一条1/4普里或1/2普里长的隘路比通过一座桥梁要耽搁更多的时间,那么人们就不能不承认,在其通路并不太多的情况下,这种洼地和沼泽地是世界上可能有的最坚固的防线之一。

正如我们在论述江河防御时曾谈到的那样,人们应利用难以通过的地形进行间接防御,于己有利地开始一次主力会战,这一方法同样适用于沼泽地。

但是由于通过沼泽地需要很多时间,而且困难很大,采取在敌岸占领阵地的第三种江河防御的方法在这里就过于冒险了。

有些沼泽地、草地、带树丛的泥沼地,除堤坝以外还有其他能通行的地方,在这些地带进行防御是极为危险的,因为敌人只要发现一个能通行的地点,就可以突破防线,而若防御者进行真正的抵抗,常常会给己方带来重大的损失。

二、泛滥地防御

现在我们还要谈一谈泛滥地。无论作为防御手段，还是作为自然现象，泛滥地无疑都与大的沼泽地最接近。

当然，这种泛滥地是很少见的。荷兰[1]也许是欧洲唯一值得我们研究的有这种现象的国家。而正是这个国家由于奇特的1672年[2]和1787年战局[3]，以及它与德、法两国密切相关的位置，使我们有必要对这一现象进行一些考察。

荷兰的泛滥地与普通泥泞的和通行困难的洼地有以下不同特点：

1. 土地本身是干燥的，或是干燥的草地，或是耕地。

2. 很多深浅和宽窄不一的小的灌溉和排水渠在这片土地上纵横交错，使这些泛滥地一片一片地平行排列。

3. 这里到处都有用于排灌和航行、周围筑有大堤的较大运河，这些运河没有桥梁是无法通过的。

4. 整个泛滥地的地面显著地低于海平面，因此也低于运河的水面。

由此可见，借助于挖开堤坝和开关水闸就可以淹没土地，这时只有较高堤坝上的一些道路还是干燥的，其他道路或者完全淹没在水中，或者至少被水浸泡得松软到无法利用的程度。如果泛滥地水深只有3~4普尺，那么必要时在短距离内还可以涉水，但是当上述第2点所说的那些小排灌渠也淹没在水中，无法被看见，那么它们就会妨碍涉水。只有当这些沟渠都朝着一个方向，人们可以在它们之间行进而不必跨越它们时，泛滥地才不会成为通行的绝对障碍。不难理解，这种情况常常只能出现在很短的距离内，也就是说只能用于十分特殊的战术需要。

根据上述特点可以得出以下几点结论：

---

[1] 荷兰（Holland），尼德兰的一个省，因其经济和政治地位重要，所以自16世纪也将尼德兰称为荷兰。——译者注

[2] 17世纪后半期，荷兰成为海外贸易强国，竭力抵制法国的扩张政策，法、荷矛盾十分尖锐。1672年5月，法国国王路易十四率领法军攻入荷兰，六周内占领半数省份。7月，荷兰总督和陆海军司令奥兰治·威廉三世下令打开阿姆斯特丹水闸，形成洪泛区，使法军的行动受阻。——译者注

[3] 1780—1784年，荷兰因海战失败，丧失大批海外殖民地。奥兰治家族的反对派起而反对威廉五世。1786年，议会决定废止奥兰治家族的总督世袭权利。1787年9月12日，普鲁士国王威廉二世派布伦瑞克公爵率军队攻入荷兰，10月初占领阿姆斯特丹，奥兰治·威廉五世复位。——译者注

1. 进攻者只能沿有限的几条通道行进，这些通道都在相当狭窄的堤坝上，而且左右两侧通常有水渠，使其成为一条很长的让进攻者面临危险的隘路。

2. 这种堤坝上的任何防御设施可以很容易地加强到难以逾越的程度。

3. 由于防御者如此地受限制（涉及各个点时也是如此），只能进行最被动的防御，从而不得不把自己的全部希望寄托在被动抵抗上。

4. 这里的防御并不是像一道保卫国土的屏障那样的一条单独的防线，而是到处可以利用同样的通行障碍保护自己的翼侧，也可以不断地设置新的防御阵地。第一道防线的某一段失守后，可以这种方式用新的一段来替代。可以说，这里的各种防御部署组合就像是棋盘上的情况，是无穷无尽的。

5. 但是一个国家只有在耕作发达和人口稠密的前提下才可能出现这样的整个状况，因此通道和封锁通道的阵地的数量自然比其他战略部署中的要多得多，从中又可以得出结论：这种防线不应过长。

荷兰最主要的防线自须德海[1]畔的纳尔登[2]起，绝大部分经费赫特河[3]彼岸，直到瓦尔河[4]畔的霍林赫姆[5]，也就是说实际上是沿着比斯博什[6]，长约8普里。1672年和1787年，荷兰人曾用25,000～3万人防守这条防线。如果守军确实能够进行不屈不挠的抵抗，那么肯定会收到很大的效果，至少对防线后面的荷兰省来说是这样。

1672年，这条防线确实抵挡过两位著名统帅（起初是孔戴，后来是弗朗索瓦·卢森堡）指挥的有显著优势的军队。他们本可以率领4万～5万人进攻这条防线，但是他们按兵不动，想等待冬季，结果当年的冬季并不十分寒冷。与此相反，1787年荷兰人在这第一道防线上的抵抗丝毫没起作用，甚至在须德海与哈勒

---

[1] 须德海（der Zuidersee），即艾瑟尔湖，位于荷兰西北部。原为深入内陆约100公里的海湾，1932年修筑拦海大坝后成为内湖。——译者注

[2] 纳尔登（Naarden），今荷兰北荷兰省小镇霍伊泽梅伦（Gooise Meren）的一部分，邻近的霍伊原原为须德海的一部分。——译者注

[3] 费赫特河（die Vecht），又称乌得勒支费赫特河，荷兰西部一条河流，流入古伊湖，长40公里。——译者注

[4] 瓦尔河（die Waal），荷兰境内莱茵河下游的一条支流，流经奈梅亨等城市。——译者注

[5] 霍林赫姆（Gorinchem），今荷兰南荷兰省东南部一城市，位于瓦尔河下游北岸。——译者注

[6] 比斯博什（Biesbosch），今荷兰一自然保护区，面积90平方公里，其中97%位于北布拉班特省，3%位于南荷兰省。——译者注

姆湖[1]之间短得多的防线上进行的更强一些的抵抗也在一天内就被粉碎了。这是由于布伦瑞克公爵采取了巧妙的、适合当地情况的战术，尽管真正向这条防线推进的普鲁士军队的兵力并不比防御者的兵力多多少，甚至根本不多。

两次防御结果不同的原因在于最高指挥的不同。1672年，荷兰人在没有备战的情况下受到路易十四世的袭击。众所周知，荷兰步兵平时的战斗精神不是很强，当时绝大多数要塞装备很差，守军很少，而且都是雇佣兵，要塞指挥官不是一些毫无忠诚可言的外国人，就是一些指挥能力差的本国人。因此荷兰军队原来从勃兰登堡手里占领的莱茵河沿岸要塞，以及他们自己在这一防线以东所有的要塞（除格罗宁根[2]以外），大都未经真正防御即很快落入法国人之手。当时，15万法军的主要行动就是占领大量要塞。

但是1672年8月，德·维特兄弟[3]被谋杀，奥兰治公爵[4]执政[5]，在防御举措方面有了统一的指挥，还有时间完成上述防线的建设，各种举措相互配合得非常好，以至蒂雷纳[6]和路易十四世率领两支部队离开后，指挥驻荷兰法军的孔戴和弗朗索瓦·卢森堡都不敢对这条防线上的哨所采取行动。

1787年的情况就完全不同了。成为进攻者真正敌人和进行主要抵抗的，不是七省联合组成的共和国，而只是荷兰一省。这次进攻者谈不上攻占所有的要塞

---

[1] 哈勒姆湖（Haarlemer Meer），原荷兰西部的一个湖泊，位于哈勒姆、莱顿与阿姆斯特丹之间。1840—1853年湖水被排干后成为耕地。——译者注

[2] 格罗宁根（Groningen），今荷兰北部格罗宁根省省会。——译者注

[3] 即科内利斯·德·维特（Cornelis de Witt, 1623—1672）和约翰·德·维特（Johan de Witt, 1625—1672），荷兰贵族党的领袖，1660年荷兰总督威廉二世去世后，二人掌握政权，后于1672年政变时被杀。——译者注

[4] 即威廉三世（Wilhem Ⅲ.von Oranien-Nassau, 1650—1702），奥兰治-拿骚公爵，荷兰总督威廉二世之子。1672年7月被选为荷兰总督和陆海军司令。1689—1702年任英格兰、苏格兰和爱尔兰国王。——译者注

[5] 16世纪，尼德兰爆发资产阶级革命，反对西班牙的统治。1578年1月23日，尼德兰北方七省（荷兰、泽兰、乌得勒支、弗里斯兰、海尔德兰、上艾瑟尔、德伦特、格罗宁根）成立乌得勒支同盟，1581年成立联省共和国，因荷兰省最大，经济最发达，而且是政治中心，故又称荷兰共和国。共和国最高权力机构为三级会议，常设行政机构为国务会议。三级会议由各省教士、贵族和资产阶级代表组成。国务会议首脑为总督，由奥兰治家族世袭。1650年，总督威廉二世去世，政权为最高国务秘书约翰·德·维特掌握。1672年，法国路易十四世进攻荷兰，约翰·德·维特因准备割地求和而被推翻，奥兰治·威廉三世成为总督。约翰·德·维特之兄因涉嫌谋杀威廉三世被囚，约翰·德·维特企图放其出狱，后二人皆被杀死。——译者注

[6] 蒂雷纳（Henri de la Tour d'Auvergne Turenne, 1611—1675），子爵，法国元帅。以谨慎用兵和重视部队后勤补给著称。1672年曾率法军进攻荷兰。——译者注

（这在1672年是主要的事情），荷兰的防御也一开始就仅限于前述防线。进攻者也不是15万人，而只有2.5万人，担任指挥的不是相邻大国的有权势的国王，而是遥远的、在某些方面受到约束的国君[1]派遣的一位统帅[2]。虽然包括荷兰省在内的荷兰全体国民分裂成两派，但是共和派在荷兰省占绝对优势，而且当时民众的情绪确实十分激昂。在这种情况下，1787年的抵抗至少应该取得和1672年抵抗同样的结果。但是防御者在1787年有一个重要的不利情况，那就是没有统一的指挥，这和1672年相比是一个很大的不同。1672年时，指挥全权交给了英明而坚强的威廉·冯·奥兰治公爵[3]，1787年时却交给了一个所谓的防务委员会。这个委员会虽然由四位坚强的人物组成，却没有能力使全部行动一致，未能赢得民众信任，因此整个委员会的工作显得不完善和软弱无力。

我们用这么多时间谈这个问题，为的是进一步明确这一防御举措的概念，同时指出，由于整个指挥在统一性和连贯性上的不同，其产生的效果也有极大的差别。

尽管这种防线的组织和抵抗方法属于战术问题，但是我们不能不就1787年战局来说明一下这种抵抗方法，因为它已经比较接近于战略。我们认为，尽管各个哨所的防御就其属性来说必然是被动的，但是当对手像1787年那样不占显著优势时，防御者从防线的某一点进行还击并非不可能，而且并不一定没有好的结果。尽管这种出击只能在堤坝上进行，不会有很大的运动自由和特别大的冲击力，但是进攻者毕竟不能占领所有其未在上面推进的堤坝和道路，因此熟悉国土情况并占据坚固阵地的防御者还是有办法用这种方式对推进中的进攻纵队进行真正的翼侧进攻，或者切断它们与储备物资之间的通道。如果人们考虑到进攻者本身的处境极为被动，具体是他比其他一切场合更依赖于交通线，那么就会很好地理解，防御者的任何一次出击即使成功的可能性很小，但作为一种伴动就已经能产生大的效果。如果荷兰军队实施一次这样的伴动（例如自乌得勒支[4]出击），那么我们非常怀疑，小心谨慎的布伦瑞克公爵是否还敢接近阿姆斯特丹[5]。

---

[1] 指当时的普鲁士国王威廉二世。——译者注
[2] 指布伦瑞克公爵。——译者注
[3] 即威廉三世（Wilhem Ⅲ.von Oranien-Nassau，1650—1702）。——译者注
[4] 乌得勒支（Utrecht），今荷兰中部乌得勒支省省会。——译者注
[5] 阿姆斯特丹（Amsterdam），今荷兰首都和重要港口。——译者注

★ 第二十一章 ★
林地防御

  首先，我们必须把茂密的、难以通行的野生林与大面积的人造林区别开。人造林一方面非常稀疏，另一方面又有无数道路纵横其间。

  防御时，人们应该在人造林的前面建立防线，或者尽可能避开它。防御者比进攻者更需要开阔的视野，这一方面是因为防御者通常是较弱的一方；另一方面，防御位置的天然有利条件使他可以晚于进攻者展开自己的计划。如果防御者在一片林地的后面建立防线，那就会让自己像盲人一样与健全人作战。如果他在林地中间设防，那么双方就都成了盲人，但这种双方利害相同的情况是违背防御者本来的要求的。

  因此，防御者除了在这种林地的前面设防，从而借助林地来隐蔽自己后方的一切，并保护和方便退却外，林地给防御者的战斗带不来任何其他好处。

  这里谈的只是平原上的林地，因为一个地方如果具有明显的山地特点，那么在那里对战术和战略举措起很大影响的就是山地的特点了，而关于山地特点的影响，我们在前面已经谈过了。

  但是难以通行的林地（只能从一定的道路上才能通过的林地），无疑会提供类似间接防御的优越性，使防御者像借助山地那样，利用林地开始一场有利的会战。这时防御者的部队可以在林地后面保持一定程度的集中部署，等到敌人从林中隘路出来时立即向其发起袭击。从效果来看，这种林地更接近于山地，而不是江河，因为林地中的道路虽然很长，通行非常困难，但从退却的角度来看，林地却是利多弊少的。

即使林地再难通行，对林地的直接防御也仍然是一种冒险行为，甚至对最轻装的前哨部队来说也是如此。因为丛林仅仅是想象中的障碍，任何林地的通行难度都不会大到让小部队无法从上百个地点通过，这些小部队对一条防线来说，就像渗透堤坝的头几滴水，很快就可以让整个堤坝溃决。

任何类型的大片林地对民众武装的影响都是极为重要的：大片林地无疑是民众武装活动的正确场所。因此，如果战略防御计划能够让敌人的交通线通过大片林地，那么就等于给防御这部机器加装了一个有力的杠杆。

★ 第二十二章 ★

哨所线

凡是用一系列彼此联系的哨所来直接保护某一地区的防御部署都可以被称为哨所线。我们之所以说"直接",是因为一支大部队的多支部队并列部署时,即使不构成一道哨所线,也有可能保护广大地区免受敌入侵,而这种保护不是直接的,是通过一系列部署和运动的效果实现的。

一条计划直接保护一大片地区的防线必定很长,这么长的防线显然只有很小的抵抗能力。即使在这条防线上部署最多的兵力,如果对方的兵力与防御的兵力差不多,那么这条防线的抵抗力也还是很小的。因此,部署哨所线的意图只能是抵御较弱的进攻,包括战斗意志力较弱或进攻兵力较少的进攻。

中国的长城就是在这个意义上修筑的,它是为抵御鞑靼人的袭扰而修筑的屏障。与亚洲和土耳其接壤的欧洲各国的所有防线和边防设施都具有这样的意义。在这种场合下运用哨所线,既是合理的,也是符合目的的。当然通过这种哨所线并不能阻止每一次袭扰,但是它毕竟能增加袭扰的难度,从而减少袭扰的次数。在亚洲各民族几乎经常处于战争状态的情况下,哨所线的这种作用是非常重要的。

在近代战争中欧洲各国之间也曾出现过的防线(例如法军在莱茵地区和在尼德兰的防线),其作用与哨所线的上述作用最为接近。建立这些防线的目的,说到底只是抵御敌人为征收战争税和以敌养己而发起的进攻。这些防线只应用于抵御敌人的小规模行动，因此只宜使用次要的力量。但是，当敌军以主力前来进攻这一防线时，防御者当然也就不得不以主力防守这一防线，而由此体现出的防御举措并不是最好的。由于有这种不利，以及在一场短暂的战争中防止敌袭扰是非常次要的目的，而为此设置这种防线很浪费兵力，因此这种防线在今天被视为一种有害的举措。战争的威力越大，这一手段就越没用，就越危险。

最后，所有保护一支军队的舍营地，有一定抵抗能力，延展很大的前哨线，也可被视为真正的哨所线。

前哨线的这种抵抗针对的主要是袭扰，以及其他小规模的、对个别舍营地的行动。如果地形有利，这种抵抗在这方面可以发挥足够的威力。而针对推进中的敌军主力，前哨线就只能进行相对的抵抗，即旨在赢得时间的抵抗。而且这样赢得的时间在大多数情况下也不会很多，因此不能将赢得时间视为设置前哨哨所线的目的。敌军本身的集结和推进绝不可能保密到防御者通过前哨报告才得知的程度。如果防御者处于这样的境地，也就太可怜了。

即使在这种场合，哨所线也只能用于抵御较弱力量的进攻。在这方面，哨所线像在其他两种情况下一样，并没有任何自相矛盾之处。

但是本应用于保卫国土的主力部队面对敌军主力分散成一长列哨所，也就是分散成一道哨所线，看上去是如此不合理，以至于我们有必要详细地探讨伴随和引发这种部署出现的情况。

任何山地阵地，即使占据它的意图是集中兵力进行会战，都可以而且必须有比平原阵地更宽的正面。之所以说山地阵地的正面可以更宽，是因为地形条件使抵抗能力大幅提高了；之所以说这种阵地的正面必须更宽，是因为防御者需要有一个更宽的供退却时使用的基地（如同我们在山地防御一章中已经说过的那样）。但是如果无望很快进行会战，如果敌人很可能与我们长时间对峙，只要不出现对他有利的时机，他就不采取行动（这是大多数战争中常见的状态），那么防御者自然可以不局限于占据最必需的地区，而是在确保部队安全的前提下向左右尽可能地多控制一些地区，从而得到一些好处（对这一点，我们还要做进一步的说明）。在便于通行的开阔地区，人们通过**运动**可以比在山地更有效地达到这一目的，因此在开阔地区很少有必要通过扩大阵地正面和分兵来达到这个目的。同时，这样做也危险得多，因为分散后的每个部分只有较小的抵抗能力。

但是在山地要想占据任何一个地区，更多是要依靠局部防御；在山地，防御者不可能很快地赶到受威胁的地点；在山地，如果敌人先于防御者抵达某地，那么防御者即使有一些兵力优势，也很难再把敌人赶走。在这种情况下，人们在山地总是愿意采用这种尽管不是真正的哨所线，但多个哨所形成一列，毕竟近乎哨所线的部署。当然这种分散成很多哨所的部署距哨所线还有一大步，但是统帅往往在不知不觉中跨过这一步，因为他们是一步一步被牵着走的：起初他们分兵的目的是保护和占据某个地区，后来是为部队本身的安全。每个哨所的指挥官都希望占领其哨所左右两侧的接近地，以便对自己有利。这样一来，整个部队就在不知不觉中逐渐分散了兵力。

因此，如果出现一场以主力进行的哨所线战争的话，不能将其视为为阻止敌军每一次进攻而有意选择的作战形式，而是应将其视为防御者由于追求另一个与此完全不同的目标而陷入的一种状态，这一目标就是针对一个无意采取大行动的敌人，守住和保护某一地区。陷入这种状态总是一种错误，而诱使统帅陆续设立一个个哨所的理由，与一支主力部队应达到的目的相比是无足轻重的。不过我们的上述观点至少说明，统帅有可能犯盲目设置哨所线的错误。人们往往**忽视**这是统帅的错误（错估对手和自己处境）造成的，而认为这只是错误百出的**防御方法**造成的。但是每当采用这种方法取得有利的结果，或者至少没有遭受损失时，人们又默认这种方法是有效的。尽管海因里希亲王在七年战争的几次战局里部署了占用兵力最多和最令人费解的正面极宽的哨所阵地，以至这几次战局比任何其他战局更称得上是哨所线战局，但是由于国王[1]称这几次战局是**无懈可击**的，于是人们也就这样称赞它们。人们当然完全可以为亲王的这些阵地辩解，说亲王是了解其对手的，知道不必担心对手会采取决定性的行动，况且他如此部署的目的始终是占据尽可能大的一片地区，因此只要情况许可，他就会最大限度地去这样做。而假如亲王在这样一张由哨所阵地组成的蜘蛛网中遭到一次失败，受到重大

---

[1] 指弗里德里希二世。——译者注

的损失，那么人们又会说：这并不是因为亲王遵循了错误百出的战法，而是因为他的具体举措和运用场合不当。

我们以上述方式努力说明在战区的主力部队中为何会出现所谓的哨所线战法，以及这种战法如何才能是理智和有利的，也就是说不再是荒谬的。同时，我们还想指出，统帅或他们的参谋部有时确实可能忽略了哨所线战法的本来意义，把它的相对价值看成是普遍存在的了，相信它真的适于阻止敌人的任何进攻。这就不是举措不当，而是把举措完全理解错了。我们承认，1793年和1794年，奥普联军在孚日山脉防御中看来就做过这种不折不扣的蠢事[1]。

---

[1] 1793年10月10日，上莱茵地区的奥普联军由奥地利的武姆泽指挥，在孚日山脉中的魏森堡一带击退法军，之后自莱茵河左岸的德鲁森海姆至魏森堡，构筑了37个哨所，形成长达50公里的哨所线，以保护其越冬营地。12月底，法军反攻，在这条哨所线上突破一点后，导致整个哨所线瓦解，联军被迫放弃刚攻占不久的地区，退守莱茵河右岸。——译者注

★ 第二十三章 ★

国土的锁钥

在军事艺术中，没有一个理论概念在评析时能起到我们这里要研究的这个概念那样的重要作用。这个概念是人们记述会战和战局时最爱炫耀的东西，是做出一切论断时最常用的根据，是评析者用来夸耀自己博学的徒具科学形式的、不完整的论据之一。但是这个概念既没有确定，也从未有人清楚地说明过。

我们想尽力把这个概念阐述清楚，并且看一看它对实际行动究竟有什么价值。

我们之所以在这里才研究这个概念，是因为对与它首先有关的山地防御和江河防御，以及坚固阵地和设防阵地等概念，我们必须先于它阐述清楚。

在这个古老的军事比喻词[1]后面隐藏着的概念是不明确的和混乱的，它有时指国土上最不设防的地区，有时又指国土上最坚固的地区。

如果有一个地区，**不占领它，人们就不敢进入敌国**，那么该地区当然有理由被称为国土的锁钥。不过这一简单但内容不很丰富的概念没有让理论家们感到满足，于是他们把它的含义扩大了，把国土的锁钥这一概念想象为**决定是否能占有整个国土的地点**。

如果俄国人想要进入克里米亚半岛，那么他们首先必须控制彼列科普[2]及其

---

[1]指人们经常将"国土的关键地区"比喻成"锁钥"。——译者注
[2]彼列科普（Perekop），位于彼列科普地峡上的一个城市。俄土战争（1736—1739）期间，俄国元帅拉齐为控制克里米亚半岛曾占领该城。——译者注

防线，这并不是为了取得入口（因为拉齐[1]在1737年和1738年曾两度绕过这些防线[2]），而是为了更有把握地占据克里米亚半岛。这是很简单的一个例子，但是人们在这里通过锁钥这个概念也说明不了多少问题。然而如果人们可以说：谁占有了朗格勒[3]地区，谁就占有或者控制了直到巴黎的法国国土，也就是说，是否占领直到巴黎的法国国土完全取决于是否占有朗格勒地区，那么这显然完全是重要得多的另一件事了。按照前一种思维方式，如果不占领我们称为锁钥的地点，就无法设想占领一个国家，这是只要有普通常识就可以理解的。而按照第二种思维方式，如果我们占有了一个地点，但并未由此而占领了整个国家，那么我们事先就不应去占领这个欲称之为锁钥的地点，这显然是不可思议的。普通常识已不足以理解这种看法，而是需要秘密科学的魔法了。在大约50年前，这种难以理解的神秘教义确实在一些书本里出现过，到18世纪末发展到了顶点。虽然拿破仑引领下的战争史以压倒性的力量明确而坚定地扫除了对这种看法的迷信，但是我们看到，这种难以理解的神秘教义仍然在一些书本中顽固地存在着。

如果抛开我们所理解的关键点的概念，那么很明显，任何国家总有一些**特别重要**的点，有很多道路汇合到那里，在那里便于调集给养，从那里便于向各个方向运动，简单地说，占领这些点就可以满足一些需要，得到一些好处。如果统帅们想用一个词来表示这样一个点的重要性，从而把它称作国土的锁钥，那么似乎只有书呆子才会对此加以反对，我们认为用这个词比喻这样的点是很合适的，是很令人满意的。然而，如果有人想把这朵纯粹的语言修辞上的小花变成一粒种子，欲让它发展成像一棵大树那样有众多枝干的系统的理论，那么理智健全的人就不得不追溯一下这种表述的真正价值了。

统帅们在谈论他们的军事行动时，在他们的记述中使用"国土的锁钥"这一概念是实用的，但其含义自然是很不确切的。如果人们要把这一概念发展成为一

---

[1] 拉齐（Peter von Lacy，1678—1751），伯爵，爱尔兰裔俄国元帅。早年在爱尔兰军队任职，后在法国、奥地利、意大利和俄国军中任职。一生参加过31个战局、18场会战和18次围攻战。是七年战争期间奥地利元帅拉齐（Franz von Lacy，1725—1801）之父。——译者注
[2] 1737年7月，俄军统帅拉齐率一支约4万人的部队由亚速海和顿河攻入克里米亚半岛；1738年7月，拉齐渡过锡瓦什湖后，沿阿拉巴特沙嘴进入克里米亚半岛。——译者注
[3] 朗格勒（Langres），今法国上马恩省南部一小城，位于朗格勒高原上。该高原是法国多条重要河流的发源地，如塞纳河、马恩河、奥布河等。——译者注

种系统理论，想必会过渡到一个更明确的，但同时也更片面的概念。人们从所有与这个概念有关的内容中选择了"较高地带"这一内容。

如果人们沿着一条穿过山脊的道路抵达了最高点，然后开始下行，那真是要谢天谢地。对单个行人尚且如此，对一支大部队来说更是如此。这时，一切困难似乎都已经被克服，在大多数情况下也的确是这样。下行是件容易的事，这时人们会觉得比任何企图阻挡自己的人都占优势，可以一览无余地看到前面的整个地区，可以先用目视控制整个地区。因此一条通过山岭的道路的最高点经常被看作具有决定性意义的地点，在大多数情况下也的确是这样，但并非在所有情况下都是如此。因此统帅们在记述历史时常常把这样的地点称为关键点，当然他们又是从少许变化了的意义上，而且大多是从狭隘的角度这样称呼的。有一种错误的理论就是主要以这种看法为基础的（劳埃德[1]也许可以说是这种理论的创始人），它把下行至欲进入国家的多条道路的多个起始高点看作这个国家的关键点，看作**控制**这个国家的点。这种看法很自然地与一个与它相近的概念（**系统的山地防御**）融为一体，使问题变得更加玄虚，因为又掺进一些山地防御中起很重要作用的战术要素，很快就离开**山地道路的最高点**这个概念，而干脆把整个山系的最高点（**分水点**）看作国家的"锁钥"。

由于在那个时期，即18世纪的下半叶，恰好正流行着一种比较明确的看法，认为地球表面是冲刷形成的，于是这一地质学理论体系中的自然科学就向战史伸出了援手，使现实真理的每个堤坝都溃决了，当时的各种论断都飘浮在与地质学类比的虚幻理论体系中。因此，人们在18世纪末听到（或者更确切地说是读到）的，除了莱茵河和多瑙河的源头有多么重要以外，就没有别的东西了。当然，这种胡闹大多只是出现在书本里，而书本上的知识能够进入现实世界的永远只是小部分，而且理论越荒谬，进入现实世界的就越少，但是我们谈到的这种理论对德意志并非没有产生过有害于行动的影响，因此我们并不是无的放矢。为了证实这一点，我们提请注意两个事件。一是1793年和1794年普鲁士军队在孚日山脉的两

---

[1] 劳埃德（Henry Humphrey Evans Lloyd，1720？—1783），英国军事理论家。七年战争期间曾先后在法国、奥地利、普鲁士军队任职，七年战争结束后到俄军任职，晋升将军。著有《七年战争史》《军事回忆录》等。——译者注

次重要战局。这两次战局都受了格拉韦特和马森巴赫[1]书本的影响，因此学究气很重[2]。二是1814年战局，当时一支20万人的大部队盲目地遵循这种理论，通过瑞士开赴朗格勒[3]。

一个地区的较高点即使是所有河流的发源地，大多也不过是一个高的点而已。在18世纪末和19世纪初，人们所写的有关这种高地对战事影响的所有内容，由于夸大和错误地使用了这个本身正确的概念，从而完全成为荒诞无稽的东西。一座山即使是莱茵河、多瑙河以及德意志所有六大河流共同的发源地，除了在它上面设置一个三角标记外，不会有更多的军事价值。要在这座山上设置烽火信号已经是不大适宜，部署一支骑哨部队就更不合适了，而要部署一支大部队，则更是件根本行不通的事。

因此，在所谓的**关键地区**（不同支脉的共同的**发端地**和河流的最高**发源地**）寻找一个国家的关键阵地，纯粹是纸上的空谈，与大自然本身是相违背的。大自然并未像迄今所谓的地形学所说的那样，让山脊和谷地自上而下便于通行，而是随意地向四外散布山峰和沟壑，而且极高的群山环绕极低水位湖泊的情况并不少见。人们只要看一看战史就会知道，某一地区地质学上的最高点在军事上所起的作用通常是很小的，而其他地形条件和部队的其他要求比它重要得多，以至人们构筑的阵地防线往往在最高点的侧面通过而没有必要去依托这个最高点。

我们之所以用这么长的篇幅来谈这个错误的观点，是因为有一个十分妄自

---

[1] 马森巴赫（Christian von Massenbach，1758—1827），男爵，普鲁士上校，军事著作家。——译者注
[2] 克劳塞维茨在《大难中的普鲁士》（*Preussen in seiner grossen Katastrophe*）一书中曾写道："马森巴赫非常重视地形知识，也就是说非常重视战术−战略和地质学的结合。1793—1794年战局就是由这些糟糕的材料构成的。"克劳塞维茨在该书另一处写道："格拉韦特是地形学大家，很早就从事地形学的研究，因此他特别推崇在18世纪中叶盛行的新作战方法（这种作战方法特别强调军队对地形的依赖关系）就不足为奇了。军队防御山地，山地保护军队。特别是在普鲁士军队中，当时形成了一种运用地形的高人一头的见解，把一个科学原则运用到这个战法中，从而使这种战法博得了很高的声誉。很多有地位的人都受到这个见解的影响。从此，地区和空间这一要素在作战中占有了极重要的地位，以至人们往往只谈阵地、道路、翼侧、背面和交通线等，而从不提军队的数量了。"——编者注
[3] 1814年，反法联盟欲在战场上以较小代价向拿破仑施压，迫其做出政治让步，因此联军尽量避免会战，欲通过翼侧行动达到目的。在这一方针指导下，联军分三路向法国进军。其中，施瓦岑贝格率领的主力取道上莱茵地区，经瑞士向朗格勒和特鲁瓦推进。——译者注

尊大的理论体系是与之相关联的，现在我们离开这一错误观点，再回到我们的观点。

我们认为，如果一定要在战略范围内找到一个与关键阵地这个名词相符合的独立概念，那么它只能是不加以占领就不敢进入敌国的地区。但是如果人们想用这个名词来称呼任何一个便于进入敌国的入口，或者这个国家中的任何一个便于接近的中心点，那么它就失去了原来的含义，也就失去了原来的价值，等于是在描述某种程度上到处都能找到的东西。这样，它就成了一个只是让人高兴的华丽辞藻。

我们所说的关键阵地当然是很少的。多数情况下，打开一个国家门户最好的钥匙就是消灭敌军；只有具备特别有利的条件时，地形的概念才可能比军队的概念更重要。我们认为，这种特别有利的条件包括下列两种情况：第一，部署在这个地点的部队借助地形能够进行强有力的战术抵抗；第二，这种阵地可以在敌人有效威胁我方交通线以前，有效地威胁敌交通线。

★ 第二十四章 ★

翼侧行动

我们也许不用特别说明：在这里谈的是战略翼侧，也就是战区的侧面。至于会战中从侧面发起的进攻（战术上的翼侧行动），则与这里谈的问题毫无关系。甚至当战略上的翼侧行动在它的最后阶段与战术上的翼侧行动合二为一时，我们还是可以把二者明显地区分开，因为它们其中的一个从来就不是另一个的必然结果。

这种翼侧行动以及与之有关的翼侧阵地也是人们在理论上用以炫耀的东西，但是在战争中很少起到作用。这并不是因为这种手段本身不能产生效果或者是被空想出来的，而是因为敌对双方通常都竭力防止受到这种威胁。无法预防对方翼侧行动的情况是很少的。然而就在这无法预防对方翼侧行动的很少的情况下，这个手段往往能表现出巨大的效果。由于这种手段能够产生这种效果，以及它在战争中常让人产生**顾虑**，因此在理论上对这种手段有一个明确的看法是很重要的。尽管战略范围的翼侧行动不仅可以用于防御，而且同样可以用于进攻，但是它毕竟与防御更接近，因此它是一种防御手段。

在深入探讨这个问题以前，我们必须提出一个简单的原则，然后在考察时从不忽略它，这就是：受命在敌背后和侧面行动的部队不能在敌人的前面对其采取行动；无论是在战略上还是在战术上，如果认为**开赴敌后**本身就已经有什么价值，那就是一种完全错误的观点。开赴敌后这种行动本身还什么都不是，只有当它与其他情况联系在一起时，才能根据这些情况的不同成为有利的或不利的行动。现在我们就主要来探讨一下这些情况。

首先，我们必须把针对战略翼侧的行动区别为两种，一种是仅仅对**交通线**采取的行动，另一种是对**退却线**采取的行动（也可能同时对交通线采取行动）。

当道恩1758年派出袭扰部队去拦截前往围攻奥尔米茨的普鲁士运输队时，显然是无意阻止国王[1]向西里西亚退却，而是希望由此促使国王向那里退却，而且他会乐于为国王让路[2]。

在1812年战局中，俄军主力在9、10两个月派出的所有袭扰部队只有中断敌交通线的意图，并没有阻止敌退却的意图，而契恰戈夫[3]指挥摩尔达维亚军团向别列津纳河[4]推进，以及维特根施坦将军奉命向道加瓦河[5]畔的法军发起进攻，则显然都是为了阻止敌退却。

我们举出这些例子只是为了把有关观点说清楚。

对交通线采取行动就是袭击敌运输队、小股的后续部队、信使、个别来往的人员以及小型仓库等，也就是以敌军维持战斗力和生活所必需的一切作为袭击的目标。这些行动应以这种方式削弱敌军，从而迫使敌军退却。

对敌人退却线采取行动的目的在于切断敌军的退路，因此只有当对手确实决定退却时，这种行动才能够达到目的。当然这种行动如果使敌人感到面临危险，也能促使敌退却。因此，对敌退却线进行佯动也可以获得对敌交通线采取行动那样的效果。不过正如我们已经说过的那样，所有这些行动不能单靠迂回和兵力部署的几何形状产生效果。只有具备了相关的条件，这些行动才能产生效果。

---

［1］指弗里德里希二世。——译者注

［2］1758年，普鲁士国王弗里德里希二世围攻奥尔米茨要塞时，奥地利统帅道恩于6月30日派出部队袭扰普军交通线，截获普军的大批辎重。道恩这一行动的目的并不是切断弗里德里希二世的退路，而是欲迫使他放弃围攻并退回西里西亚。——译者注

［3］契恰戈夫（Pavel Vasilievich Chichagov, 1767—1849），俄国海军上将。在1812年俄法战争中任俄军摩尔达维亚军团司令。——译者注

［4］别列津纳河（die Berezina），第聂伯河的一条支流，长613公里。——译者注

［5］道加瓦河（die Düna），也称西德维纳河，流经今俄罗斯、白俄罗斯和拉脱维亚，在里加湾注入波罗的海，长1020公里。——译者注

为了更清楚地了解这些条件，我们把这两种翼侧行动完全分开来研究。首先研究对交通线的行动。

在这里首先提出两个主要条件。要对敌交通线采取行动，必须具备这两个条件中的一个。

第一个主要条件是：对敌交通线的行动不需要很大的兵力，抽出这些兵力对自己的正面几乎没有什么影响。

第二个主要条件是：敌人已经处于其进攻路程的末端，已经没有能力再利用对我军的新的胜利，或者说，如果我军退避，敌军已经没有能力进行追击。

我们暂且把后一个主要条件放一放（这一条件绝不像初看上去那样少见），先研究与第一个主要条件有关的一些条件。

这些条件是：第一，敌交通线有一定的长度，无法再仅由几支精良的哨所守军保护它；第二，从位置上看，敌交通线暴露在我军的威胁之下。

敌交通线暴露的情况可能有两种，一种是他的交通线的走向不是垂直于其部署的正面，另一种是他的交通线在我们的领土上通过。如果这两种情况结合在一起，那么其暴露的程度就更大。对这两种情况，人们都需要做进一步的分析。有人会认为，如果进攻者要保护的是一条40或50普里长的交通线，那么在这条交通线末端的部队与交通线的位置是斜向还是垂直，就不是什么重要的问题了，因为部队展开的宽度对这条交通线说来几乎只是一个点，但实际情况并非如此。在进攻者的交通线垂直于其部队的情况下，防御者即使兵力占显著优势，其从大部队派出的袭扰部队也难切断进攻者的交通线。只要人们想到进攻者难以对某一地区进行绝对的保护，那么人们就不会相信能出现这种防御者难以切断进攻者交通线的情况，而会认为对进攻者来说，要在其背后（其后面的地区）抵御优势之敌所能够派出的全部小股部队，一定是很困难的。当然如果人们在战争中能像面对白纸黑字那样洞察一切就好了！那样的话，进攻者负责保护交通线的部队在某种程度上就会像盲人一样，不知道袭扰部队将在哪些地点出现，而袭扰部队却能看见一切。但是如果人们考虑到战争中的一切情报既不可靠又不完整，而且敌对双方都是不断地在暗中摸索，那么就会知道，绕过敌军两翼到敌人背后去的袭扰部队就像一个人在黑暗的房间里与很多人打架一样，时间久了就一定会走向毁灭。因此，当敌军的阵地垂直于其交通线时，对这一阵地进行迂回的部队（在敌军附近而与自己的大部队完全分开的部队）时间久了也一定会走向毁灭。这样，防御者不仅有损失很多兵力的危险，而且大部队本身也很快会失去锋芒。进行迂回的小股部队中只要有一个遭到不幸，其余的就会丧失勇气和信心，于是人们看到的不是勇敢的袭击和大胆的戏弄敌人，而只是不断逃窜的场面。

由于对手有上述困难，因此，如果部队的部署正面垂直于其交通线，部队就能够保护距自己最近的一段交通线。根据部队兵力的大小，这段距离可达2～3日行程。这段交通线也是最容易受到威胁的，因为它距敌军也最近。

相反，如果部队的部署明显地与其交通线相倾斜，那么距部队最近的这一段交通线就无法得到安全保障。即使对手施加最小的压力，进行一次威胁最小的进攻尝试，也会立即击中它的要害。

如果部队的部署正面无法垂直于交通线，那么此时是什么因素决定部署正面的设置呢？是对手的正面。但是人们同样可以设想，对手的正面又是根据我军的正面决定的。于是这里出现了一种相互作用，我们必须探寻这种相互作用的起点。

我们设想进攻者的交通线为ab，防御者的交通线为cd，并设想ab对cd的位置使两线之间形成一个较大的角度，那么很明显，防御者若在两线的交点e处部署部队，那么进攻者从b出发，凭纯粹的几何关系就能迫使防御者采取面向自己的正面，从而使防御者暴露其交通线。

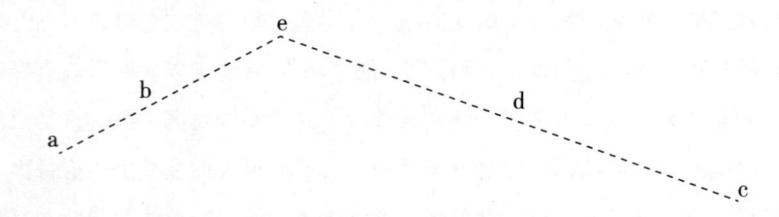

而如果防御者在交点的这一边（例如大致在d点）部署部队，情况就会相反。

这时，进攻者就不得不将正面朝向防御者，前提是进攻者的行动线[1]受到地理条件的更多限制，无法随意改变其位置（例如改成ad方向）。由此可见，防御者在这一系列的相互作用中占了有利的先机，因为他只需在两线交点的这边进入阵地。不过我们再次考察这个几何要素，远非由于过分重视它，而只是为了把问题完全弄清楚。我们更确信，当地的尤其是那些具体的情况对防御者的部署起着更大的决定性作用，因此要笼统地说明双方中的哪一方会更多地暴露其交通线，是根本办不到的。

如果双方交通线的方向是相同的，那么斜对其交通线部署的一方当然会迫使另一方也这样，但在几何要素上是得不到任何更多好处的，因为双方得到的利弊是相同的。

因此我们在接下来的考察中只以单方面暴露交通线的情况作为根据。

一条交通线的第二个不利因素是，如果它在敌国国土上通过。在这种情况下，如果敌国的民众已经拿起武器，就不得不认为敌人已经沿我们整个交通线部署了部队，如此一来，交通线暴露到什么程度也就很清楚了。敌方的这些民众力量本身虽然很薄弱，既不集中，也没有强大的实力，但是我们要考虑到，在我方漫长的交通线上，敌方这些民众力量一个挨一个，与他们接触是不会有什么好结果的。这一点是无须进一步分析的。此外，即使敌国的民众**没有拿起武器**，而且这个国家没有后备军和其他军事组织等有利条件，甚至民众非常缺乏尚武精神，但仅是他们与敌国政府的臣属关系，就会对另一方的交通线非常不利。敌军一支小的袭扰部队很容易与民众取得联系，他们熟悉当地的地形和人，能获得各种情报，并得到地方当局的支持。这些有利条件对小股部队的小规模行动是有决定性价值的，而且这些支持无须特别费力就可以传递到任何一支这样的小部队。同时，在一定的距离内总会有要塞、江河、山地或其他庇护地，只要我们没有正式占领这些地方并在那里部署守军，这些地方就永远是属于对手的。

---

［1］行动线（Operationslinie）是英国军事理论家劳埃德于18世纪下半叶提出的概念，常指部队的补给线、交通线，或泛指部队离开行动基地后的运动路线。如果部队的补给或运动依赖唯一一条道路，则沿这条道路形成一条行动线。在有多条道路可选择的情况下，行动线也可是一条泛指的线。行动线有单双、内外、离心、向心之分。——译者注

在这种情况下，尤其是其他有利于防御者的条件同时存在时，进攻者的交通线即使垂直于其部署正面，防御者还是有可能对其交通线采取行动，因为防御者的袭扰部队无须每次行动后总是返回大部队，而是只要躲入本国就能得到足够的保护。

由此可知，一支部队的交通线在面临下列三种主要情况时可能被敌方相对小的兵力切断：

1. 交通线较长；
2. 交通线斜对部队正面；
3. 交通线通过敌国国土。

最后，要想使敌交通线中断后产生效果，还需要有第四个条件，就是要使敌交通线中断一段时间。关于这一点的理由，请参阅第五篇第十五章里叙述过的有关内容。

但是，这四个条件仅仅是概括了这个问题的主要方面，与这四个条件相关的还有很多当地的和具体的条件，而这些条件往往比几个主要条件本身更重要，所起的作用也更大。为了使人们能够注意这些具体条件中最主要的，我们仅列举道路的状况，道路经过地区的特点，可以用作道路保护手段的江河、山脉和沼泽地，季节和气候，个别运输队的重要性（例如运送攻城辎重的运输队），轻装部队的数量，等等。

因此，一位统帅能否有效地威胁其对手的交通线，取决于所有上述这些条件。把所有这些条件对双方的影响做一个比较，就可以知道双方交通线状况的优劣。双方统帅中哪一位能在交通线方面胜过对方，就取决于这种状况对比的结果。

在这里论述起来极为烦琐的问题，在具体情况下往往一眼就可以决定。当然，要做到这样还需要有娴熟的判断力。有些进行评论的著作家认为，无须说明什么具体理由，仅用迂回和翼侧行动这些词汇就能说明一些问题。为了知道如何反驳他们这种常见的愚蠢看法，我们必须考虑到以上阐述的所有问题。

现在我们来谈谈战略翼侧行动所需要的**第二个主要条件**。如果敌军停止继续推进不是由于我军抵抗，而是由于任何一个其他原因（不管是什么原因），那么我军也就不必再担心派出较多部队会削弱自己的力量，因为即使敌军真的想通过进攻来对我们派出较多部队进行惩罚,我们只要避开它就可以了。1812年俄军主力在莫斯科附近的情况就是这样。不过要形成这种情况,并不一定要有1812年战局中那样大的空间和兵力。在前两次西里西亚战争中,弗里德里希大帝在波希米亚或摩拉维亚的边境每次都遇到这种情况[1]。在统帅们及其部队遇到的复杂情况中,有各种各样的原因会使他们不能继续前进,其中特别是政治方面的原因。

由于我方在这种情况下用于翼侧行动的兵力可以大些,因此有关翼侧行动的其他条件就不需要特别有利,甚至我方交通线与敌方交通线的状况对比也不一定要对我方有利,因为在这种情况下,敌人从我们的继续退却中得不到特别的好处,不易对我们进行报复,而是更多地要考虑对其自己的退却进行直接的保护。

因此,当人们不想通过会战(因为人们认为会战过于冒险),而是想通过一种手段取得虽不如一次胜利那样成功和辉煌但危险较小的效果时,这种情况是非常合适的。

在这种情况下,即使由于进入一个翼侧阵地而暴露了自己的交通线,也不会有大的危险,而且进入一个翼侧阵地每次都可以迫使对手斜对其交通线进行部署,因此上述列举切断敌交通线四个条件中的这个条件是不难具备的。其他有利情况越是共同起作用,翼侧行动这一手段就越能取得成功;而其他有利情况越少,就越要依靠高超的指挥技巧和迅速准确的行动。

这里是实施战略机动的真正场所。七年战争期间在西里西亚和萨克森,以及在1760年和1762年战局中多次出现过这种战略机动。这种战略机动之所以在原始威力偏弱的战争中频繁出现,当然并非都是由于某一统帅已经处于其进攻路程末端,而是由于他缺乏果敢、勇气和进取精神,以及怕担责任,这些是阻止他前进的真正阻力。关于这一点,我们只需回忆一下道恩元帅的例子。

如果我们把上述考察归纳为一个总的结论,那就是:翼侧行动在以下情况是最有效的:

---

[1]1744年8月15日,弗里德里希二世率普鲁士军队攻入波希米亚,9月16日攻克布拉格,随后继续南进,但这里土地贫瘠,居民为天主教徒,反对信仰新教的普军,匈牙利轻骑兵又不断袭扰,普军被迫退却。1741年秋,普鲁士军队攻入摩拉维亚,于12月26日占领奥尔米茨,1742年初继续深入,其轻骑兵甚至抵达维也纳附近,但由于给养困难,不断受到匈牙利轻骑兵的袭击,萨克森军队又有叛离迹象,只得退出摩拉维亚。——译者注

1. 在防御中；

2. 在战局临近结束时；

3. 特别是在向国土腹地退却时；

4. 与民众武装相结合时。

关于针对交通线实施这一翼侧行动，我们只简单地说几句。

这些行动应由精干的小部队来实施。它们可以分成若干小队，进行大胆的机动，进攻敌小规模的守备部队、运输队以及来往的小部队。它们可以鼓舞国民军的士气，并与之会合后进行个别的行动。这些小部队主要是数量要多，而战斗力不一定要有多强。组织这些小部队时应注意做到几支小部队集中后，有可能进行较大规模的行动，同时要求各小队指挥官不能自负和专断，否则他们将成为行动的障碍。

现在我们还要谈一谈针对退却线的行动。

在这个问题上，我们必须特别注意在本章一开始提出的那个原则：应在敌背后行动的部队不能用于敌前；对在敌背后或侧面采取的行动本身不能视为力量的倍增，而只能视为力量的使用方式有可能增加；取得成功的可能性增加了，但出现危险的可能性也增加了。

任何一种武力抵抗只要不是直接的和简单的，就都有一种以自身安全为代价追求效果的趋势。从侧面采取的行动就是如此，无论是集中兵力采取的，还是分兵从几面包围敌人。

但是如果切断敌军退路不是单纯的佯动，而是认真的行动，那么只有进行决定性会战或者至少创造决定性会战所必需的一切条件，才是真正解决问题的办法。正是在这种解决问题的办法中包含着更大的成果和更大的危险这两个因素。因此，一位统帅必须有种种有利条件做根据，才有理由采取这种行动。

在研究这种抵抗时，我们必须把前面提到的两种方式区别开。第一种是统帅意图用整个部队从背后进攻对手，这种进攻要么是从为此而占据的侧面阵地发起，要么是通过正式迂回敌人发起；第二种是统帅把自己的兵力分为两个部分，采取包围的部署，以一部分威胁敌军的背后，以另一部分威胁敌军正面。

在上述两种情况下，效果的提高是相同的。要么是确实切断敌退路，从而俘房或击溃敌大部分兵力；要么是迫使敌军为防止出现这种危险而大幅后退。

但是在这两种情况下，增加的危险是不同的。

如果我们用全部兵力迂回敌人，那么此时的危险在于自己的背后暴露了，因此，这时一切都取决于双方退却线的对比情况，就像在类似情况下，对敌交通线采取行动时，一切取决于双方交通线的对比情况一样。

如果防御者是在自己国内，那么他无论是在退却线上还是在交通线上所受到的限制当然都比进攻者小，因此更有能力进行战略迂回。不过，这一总的情况对比还不足以作为能够有效采取行动的依据，只有具体场合的总的对比才起决定作用。

我们还能补充的只有：宽阔的地区自然比狭小的地区能提供更多有利条件；独立国家比依赖外援的弱国有更多的有利条件，因为后者的部队首先不得不盯住与援军会合的地点不放；最后，在战局临近结束，进攻者的冲击力已经衰竭的时候，情况对防御者最为有利。所有这些大体上又与对比交通线的情况时一样。

1812年，当拿破仑的进攻力量衰竭时，俄国人在莫斯科通往卡卢加的道路上进入的翼侧阵地就非常有利[1]。而假如俄国人不够明智，未在最后时刻改变其计划，而是在战局开始时进入德里萨营垒，那么他们就会陷入十分糟糕的境地。

另一种抵抗方式（借助于分兵进行迂回和切断敌退路）带来的危险是：防御者的部队分开，而对手由于占有内线之利，兵力集中在一起，有能力以优势兵力对我各部队发起进攻。因此，防御者只有在以下三种情况才能让部队不得不处于这种无法消除的不利境地：

1. 兵力最初就是分开的，如果不愿耗费大量时间来改变这种状态，就只得采用这种行动方式；

2. 在物质上和精神上拥有大的优势，可以采用有决定作用的抵抗方式；

3. 对手已经到了其进攻路程的终点，缺乏冲击力。

1757年，弗里德里希大帝呈向心状攻入波希米亚。虽然他的意图不是把正面

---

[1] 1812年10月18日，拿破仑开始从莫斯科撤退。最初准备取道南方的富饶地区，以便就地取得给养，因此向卡卢加方向退却。当时俄军主力部署在莫斯科通往卡卢加的大路以东（其阵地正面与法军退却方向平行，故称翼侧阵地）。24日，法军在小雅罗斯拉维茨被俄军击退，拿破仑只得仍沿进入俄国时的旧路退却。——译者注

进攻与背面战略进攻结合起来（至少这不是他当时的主要目的，对此我们将在其他地方做更多的说明），但是无论如何有一点是清楚的，即他在攻入波希米亚之前不能在西里西亚或者萨克森集中兵力，因为这样就无法做到出敌不意，从而失去出敌不意带来的所有好处。

联军在进行1813年战局第二阶段的部署时[1]，由于在兵力方面占有很大的优势，已经可以考虑以主力进攻拿破仑的右翼（他在易北河畔的部队），从而把战区从奥得河移到易北河。至于说联军在德累斯顿附近打得如此糟糕，并不能归咎于这一总的部署，而是应归咎于更具体的战略和战术部署。当时联军在德累斯顿附近集中了22万人，对付拿破仑的13万人，这个兵力对比应该是非常理想的，至少莱比锡会战的兵力对比（285∶157）只比它稍好。当然，拿破仑采用了独特的一条线的防御方式，过于平均地分配了兵力（在西里西亚以7万人对联军9万人，在勃兰登堡边区以7万人对联军11万人），不过如果他不完全放弃西里西亚，要在易北河地区集中一支能与联军主力决战的部队，无论如何是非常困难的，而且联军还可以让弗雷德[2]指挥的部队推进到美因河[3]，以此尝试一下能否切断拿破仑通向美因茨[4]的道路。

1812年，俄国人终于可以让他们的摩尔达维亚军团开赴沃伦尼亚[5]和立陶宛[6]，以便此后在法军主力的背后推进[7]，因为莫斯科肯定会成为法军进攻的顶点，这是无疑的。在这个战局中，俄军对莫斯科以东的领土丝毫不必担心，因

---

[1] 1813年战局分为两个阶段。第一阶段自4月战局开始至6月4日签订临时停战协定，包括吕岑会战和包岑会战，战史上称为春季战局；第二阶段自8月14日起至1813年年底，包括德累斯顿会战、莱比锡会战等，战史上称为秋季战局。这里指联军的秋季战局计划。——译者注
[2] 弗雷德（Karl Philipp von Wrede，1767—1838），侯爵，巴伐利亚元帅。1813年曾率巴伐利亚军队参加反法联盟对拿破仑的战争。——译者注
[3] 美因河（der Main），莱茵河右岸一条支流，在美因茨流入莱茵河，长524公里。——译者注
[4] 美因茨（Mainz），今德国莱茵兰-普法尔茨州首府，位于莱茵河左岸，美因河流入莱茵河河口附近。——译者注
[5] 沃伦尼亚（Wolhynien），历史地区名，包括今乌克兰西北部约6.5万平方公里的地区。——译者注
[6] 立陶宛（Litauen），今北欧一国家，面临波罗的海。历史上曾为侯国、王国。——译者注
[7] 1812年7月，俄国与土耳其签订和约后，俄国海军上将契恰戈夫率领摩尔达维亚军团（3.5万人），奉命开赴乌克兰西北部的沃伦尼亚地区，与托尔马索夫指挥的部队会合。这支部队在9月击退拿破仑的右翼（奥地利施瓦岑贝格元帅指挥的军团），之后向博里索夫方向推进，于11月占领明斯克，从而威胁拿破仑的退路。——译者注

此俄军主力没有理由认为自己太弱。

　　源于富尔[1]将军的最初的防御计划就曾包括相同形式的兵力部署。根据这个计划，巴克莱[2]指挥的部队应进驻德里萨营垒，巴格拉季翁指挥的部队则应在法军主力的背后推进。但是在战局初期和后期的情况是多么不同啊！在战局初期，法国人是俄国人的三倍，而在战局后期，俄国人明显比法国人多；在战局初期，拿破仑的主力是一支足以打到莫斯科，也就是足以超出德里萨80普里的突击力量，而在战局后期，它却无力再超出莫斯科一日行程；在战局初期，法军到涅曼河畔的退却线不超过30普里，而在战局后期却长达112普里。同样是防御者针对敌军退却的行动，在战局后期表现得如此成功，而如果是在战局初期，就会是最鲁莽的愚蠢行为。

　　由于对敌退却线的行动（如果它不仅仅是佯动的话）就是从敌后面发起正式的进攻，因此对此还可以再谈一些问题，但是放在《进攻》一篇里更合适。我们就到此为止，说明这种抵抗应在哪些条件下进行就可以了。

　　但是当人们谈到对退却线的行动时，通常考虑更多的是通过佯动而不是真的行动来促使敌人退却。如果每个有效的佯动都必须以真正行动的完全可行性为基础（初看上去这似乎是理所当然的），那么佯动的所有条件与真正行动的条件就毫无差别了，不过事实并非如此。我们在《佯动》一章里将看到，佯动是与其他一些条件结合在一起的。关于这一点，请参阅那一章[3]。

---

[1]富尔（Karl Ludwig August Friedrich von Phull，1757—1826），男爵，普鲁士将军。最初在普鲁士军队任职，曾任弗里德里希·威廉三世的参谋长。在普军1806年耶拿会战大败后到俄军任职，曾受俄皇亚历山大一世委托，拟制针对1812年拿破仑进攻的"以退为进"战略计划。——译者注

[2]巴克莱（Michael Andreas Barclay de Tolly，1761—1818），侯爵，俄国元帅。1810—1813年任俄国陆军大臣。参加过1788—1789年对土、1790年对瑞典、1794年对波兰以及1806年对法战争。1812年俄法战争中任第1军团司令，代俄军总司令。1813年率俄军参加莱比锡大会战。1814年率俄军进占巴黎。——译者注

[3]原文如此，疑误。本书并没有《佯动》一章。——译者注

★ 第二十五章 ★
向本国腹地退却

我们把主动向本国腹地的退却看作一种特殊的间接抵抗方式。采用这种抵抗方式时,防御者更多是使敌人通过他自己的劳顿走向毁灭,而非通过手中的剑。因此,防御者在向本国腹地退却时,或者根本不准备进行主力会战,或者把主力会战推迟到敌军已经大幅削弱以后再进行。

所有在进攻中前进的部队都会受到这种前进的削弱。对这一点,我们将在第七篇中进行更详细的考察,但在这里我们必须先推定这一结论。我们之所以能够先推定这一结论,是因为战史上每一个前进路程较长的战局都清楚地表明了这一点。

如果防御者没有战败,而是率领未受挫折的新锐部队在进攻者面前主动退却,并且通过不断的、适当的抵抗使进攻者每前进一步都付出血的代价,使进攻者的前进成为一种断续的推进,而不是单纯的追击,那么进攻者所受到的这种前进中的削弱就会增大。

从另一方面看,如果防御者是在一次会战失败后退却的,那么他受到的损失要比事先主动退却大得多。因为即使他在会战失败后退却时有能力每天都对追击者进行抵抗(就是我们期待他在主动退却时能进行的那种抵抗),也至少要受到主动退却时同样大的损失,还要再加上在会战中受到的损失。但是这种假设与实际情况是多么不符啊！即使是世界上最好的军队，如果它在会战失败后被迫退向本国腹地，也会在退却时受到**非常大**的损失。如果敌人像我们谈到的那些情况中所假设的那样占有显著的优势，并且像在现代战争中几乎总是经常出现的那样进行猛烈的追击，那么防御者的退却就极有可能演变为真正的溃逃，其结果通常是全军覆灭。

所谓均匀的、每天进行的抵抗，就是退却者每次只抵抗到战斗的均势勉强得以维持。在这种均势中，退却者及时放弃双方正在争夺的地方，并确保自己不会大败。这样的战斗可以使进攻者的人员损失至少与防御者的人员损失相等，因为防御者在退却中虽然无法避免人员不时被俘的损失，但另一方在交火中的损失会更大，因为他不得不经常针对防御者的有利地形作战。防御者在退却中固然要完全损失自己的重伤员，但进攻者同样也要暂时丢下他的重伤员，因为他们通常要在医院里住上几个月。

因此，敌对双方在这种不断摩擦中的损失程度大体上是相同的。

而在追击一支败军时，情况就完全不同了。在这种情况下，退却者由于在会战中受到了损失，秩序被打乱，勇气受到挫折，对能否成功退却产生忧虑，因此很难进行上述抵抗，在某些情况下甚至根本不可能进行这样的抵抗。至于追击者，他在前一种情况下十分谨慎，前进时甚至像盲人一样小心翼翼地摸索着周围的一切，而在后一种情况下，则以胜利者的坚定步伐、幸运者的大胆以及神化英雄般的自信冲锋陷阵，而且他越是不顾一切地勇往直前，就越是可以加速事物向既定的方向发展，因为这里正是各种精神因素充分发挥作用的领域，在这里精神力量不受物质世界中有限的数字和尺度的束缚，会不断地增加和扩大。

从这里可以看出，当双方军队以这种或那种方式抵达可被视为进攻者征程的终点时，双方的对比情况将会是多么不同。

上面所说的只是双方试图摧毁对方时的结果。此外还要加上进攻者在其他方面受到的削弱（关于这一点，正如已经说过的那样，请参阅第七篇）。而另一方面，退却者在大多数情况下能得到后来赶到的援兵，这些援兵可能是通过外援得到的，也可能是经过自己的不断努力补充的。

最后，在给养手段方面，退却者和前进者之间的差别也很大，前者往往绰绰有余，而后者的给养手段却少得难以维持生存。

退却者可以在他要去的所有地方储备物资，而追击者的一切却不得不从后方运来。只要追击者在前进，即使交通线很短，这种运输也是很困难的，因此他从一开始就会面临缺乏物资的问题。

退却者首先使用当地能提供的一切，而且大多把它们消耗殆尽，只留下一无所有的村庄和城市，被收割和践踏一空的田野，被汲空了的水井，以及混浊的小溪。

前进的部队往往从第一天起就要为获得最急需的物资而奔波。这时根本不可能指望得到敌人的储备物资，即使有时得到某处的储备物资，也纯粹出于偶然，或者是由对手不可原谅的过失造成的。

毫无疑问，在幅员辽阔和交战双方兵力不太悬殊的情况下，防御者采用这种主动退却的方法可以形成对自己有利的兵力对比，使自己比在边境附近决战更有把握获得胜利。这样不仅获胜的可能性会因兵力对比的变化而增大，而且胜利的成果也会因态势的变化而增大。对进攻者来说，在边境附近的一次会战中失败与在敌国腹地的一次会战中失败是多么不同啊！而且进攻者在抵达进攻路程的终点时还往往会出现这样的情况：即使他在会战中取得了胜利，也仍可能促使他退却，因为他在这时既没有足够的进攻力量来完善和利用胜利，也无法补充损失的兵力。

因此，防御者是在进攻者开始进攻时与他决战，还是在其进攻结束时与他决战，有着巨大的差别。

除了上述几大优点以外，这种防御方式有两个缺点：第一是随着敌人的推进，国土会受到损失；第二是主力退却会在士气上给人们带来不利的影响。

保持国土不受损失绝不能作为整个防御的目的，缔结一个有利的和约才是目的。防御者的一切努力都是为了尽可能有把握地缔结这个和约，为此不能过于看重眼前的牺牲。不过，即使损失的国土没有决定战争胜负，也要加以考虑，因为国土的损失毕竟是涉及防御者利益的一个内容。

这种国土的损失不会直接影响到防御者的部队，而只是或多或少间接地产生影响，可退却本身却能直接增加防御者的部队的力量。因此，要衡量这两方面的利弊是困难的，因为这是两个不同的问题，没有相互接近的共同点。我们只能说：如果防御者必须放弃的是一个富饶和人口稠密的地区和一些大的商业城市，那么损失就会大些。如果在那里准备好的或准备好一半的战斗手段也随之丧失，那么就应该看作最大的损失。

第二个缺点是对士气的不利影响。统帅有时不得不无视这种影响，依旧实施自己的计划并顶住那些目光短浅和胆小怕事者所引发的压力，但是这种对士气的影响毕竟不会因此就是可以被轻视的幻觉。它不是一种只对某一点产生影响的力量，而是一种以闪电般的速度侵入本国人心的力量，会削弱本国民众及其军队的本应有效的行动。向本国腹地退却有时虽然也能很快为民众和军队所理解，甚至能够加强他们的信赖和期待，但这是非常少见的。通常民众和军队连退却是主动的还是被迫的都分辨不清；至于采取这个计划是由于明智地预见到今后肯定能得到好处，还是由于惧怕敌人的武力，就更分不清了。看到被放弃地区的命运，民众就会产生同情和愤懑情绪，军队就容易丧失对指挥官的信赖，甚至对自己也失去信心，而在退却过程中不断进行的后卫战斗会一再增加部队的这种忧虑。人们不能低估退却的**这些后果**。如果一个民族坦然应战，以便让进攻者不遇到这个民族的保护神，不付出惨重的代价，就无法越过这个民族的边境，那么仅就这样做本身来看当然更合理、更简单、更高尚，也更符合民族的气节。

这就是这种防御的优缺点，现在谈谈这种防御所需要的条件，以及有利于这种防御的一些因素。

有利于这种防御的主要的和根本的条件是国土辽阔，或者至少是退却线较长，因为仅是几天的行军当然不会显著地削弱敌人。1812年，拿破仑的中央部队在维捷布斯克附近时有25万人，在斯摩棱斯克附近时有18.2万人，在博罗季诺附近时才减至约13万人，也就是说开始时与俄国中央部队的兵力是相同的。博罗季诺距国境90普里，但是俄国人在莫斯科附近才开始确切地占有优势[1]。这个确切的优势明确地引起局势的骤变，以至法军在小雅罗斯拉韦茨会战[2]的胜利无法从根本上改变这种局势。

其他任何欧洲国家都没有俄国这样辽阔的国土，只有极少的国家可能有100普

---

[1] 莫斯科西距博罗季诺125公里。——译者注
[2] 1812年10月18日，拿破仑撤出莫斯科，向卡卢加方向行进。24日，法军主力约10万人与俄军主力逾10万人在小雅罗斯拉韦茨（Maloyaroslavets，今俄罗斯卡卢加州一城市，东北距莫斯科120公里，位于卢沙河畔）附近展开激战，导致该地八次易手。法军最后虽攻占该地，但无法扭转战略上的退却态势。——译者注

里长的退却线，但是像1812年法军出动如此大规模的兵力也是不多见的，像这次战局开始时双方兵力对比如此悬殊的情况就更少见了。当时法军兵力超过俄军一倍以上，而且还明显占有士气方面的优势。因此，俄军在这次战局中经过100普里才得到的结果，在其他情况下，也许经过50或者30普里就可以得到了。

有利于这种防御的因素是：

1. 一个农作物不多的地区；

2. 忠诚而尚武的民众；

3. 气候恶劣的季节。

这一切都会使敌军在维持方面更加困难，迫使其组织庞大的运输队，派出很多的部队，执行繁重的勤务，引起各种疾病，同时便于防御者进行翼侧行动。

最后，我们还要谈谈影响这种防御的部队的绝对人数问题。

无论双方的兵力对比如何，一支小部队的力量一般来说要比一支大部队的力量先衰竭，因此其进攻路程不可能像一支大部队的那样长，其战区范围也不可能像一支大部队的那样大，这是很自然的。因此部队的绝对人数和这支部队能够占领的地区之间，在某种程度上有一种固定的比例关系。这种比例关系不可能用数字表示，而且在其他情况的影响下总会发生变化，但我们只要说明在这些事物本质的最深处有这种关系就够了。率领50万人可以向莫斯科进军，而即使兵力对比对自己很有利，率领5万人也是不能向莫斯科进军的。

现在我们假设在这两种不同的情况下，部队的绝对人数与地区大小的比例是一样的，那么不容置疑的是，敌人的数量越多，它由于我们的退却而受到的削弱也就越大。

1. 部队的规模越大，其给养和住宿就越困难。因为即使部队占有的地区与部队本身的规模以同样的比例增大，部队也绝不可能完全在这个地区取得给养，而一切需要从后方运来的物资都会受到较大的损失；部队可以用来宿营的也绝不是整个地区，而只是这个地区的很小一部分，这部分地区不会随部队人数的增加而成比例地增加。

2. 部队的规模越大，推进的速度就越慢，走完进攻路程所需要的时间就越长，推进中每天损失的总数也就越大。

当3000人追击2000人时，在一般的地形条件下不会允许退却者以每程1、2或

3普里的距离轻松地退却,也不会允许他们不时停下来休息数天。要想追上、进攻他们并把他们逐走,只要数小时就可以了。但是如果双方军队的人数各增加100倍,那么情况就完全不同了。在前一种情况下用数小时就可以取得的效果,现在也许需要一整天,甚至两天。这时每一方都不可能集中在一个地点,因此部队的各种运动和行动都变得更为复杂,需要更多的时间。但是这时进攻者的处境更为不利,他在给养方面的困难比退却者大,不得不比退却者展开得更宽,因此总是面临在某一地点受到退却者优势兵力进攻的危险。俄国人在维捷布斯克附近就曾试图发起这样的进攻。

3. 部队的规模越大,每个人在日常战略和战术勤务中的体力消耗就越大。一支10万人的部队每天要出发和列队进入战场,一会儿停下,一会儿继续行军,一会儿战斗,一会儿要做饭或者领取食物,而且在收到各方面所需的情报以前,这10万人不能进入营垒宿营。这10万人为这些次要勤务花费的时间通常比5万人所需的时间多1倍,但是对两者来说,一昼夜都是只有24小时。部队由于人数不同,走完一日行程所需时间和劳顿是多么不同,我们在前一篇第九章[1]中已经谈过。当然,退却者和追击者都要忍受这些劳顿,但是后者要忍受的劳顿明显大得多,这是因为:

(1)追击者的人数较多(我们假设追击者兵力占优势)。

(2)防御者以不断放弃土地的代价换取了保持主动的权利,使敌人总是受他支配。防御者可以预先做好计划,而且在大多数情况下,这一计划不会被破坏,而追击者只能根据防御者的部署情况制订计划,只有通过事先侦察才能知道防御者的部署情况。

为使人们不至于认为我们的论述与第四篇第十二章相矛盾,我们必须提醒一句,这里所说的退却者此前是没有遭受过大败的,连一次会战都未败过。

退却者牵着敌人鼻子走的这个优先权对赢得时间和力量以及争取某些次要利益来说,与没有这个特权是有区别的,时间一长,这种区别就会变得重要。

(3)退却者一方面尽力使自己容易退却,如派人整修道路和桥梁,选择最舒适的宿营地点,等等。另一方面,他又竭力使追击者难以前进,如派人破坏桥

---

[1] 原文如此,疑误。应为本书第五篇第十一章和第十二章。——译者注

梁，使那些本来就不好的道路在自己通过后变得更加难以通行，还可以占据最好的宿营地和水源地，使敌人不能利用，等等。

最后，我们还必须指出，人民战争也是一种特别有利于这种防御的因素。这个问题我们还要在专门的一章里论述，在这里就不做进一步分析了。

至此，我们谈了向本国腹地主动退却的各种优点，谈到了它要求付出的代价和必须具备的一些条件。现在我们还想概略地谈谈它的实施。

我们要探讨的第一个问题是退却的方向。

退却应该退向本国腹地，也就是说，应该尽可能退向一个敌军两侧为我们国土的地点。这时敌人处于我们地区的威胁之下，而我们不至于有**被迫离开本国领土主要部分**的危险。如果我们选择的退却线距离国境太近，就有可能面临这种危险。假如1812年俄国人不是向东而是向南退却，就会面临这种危险。

这一条件是这种退却举措的目的所要求的。至于防御者退往国内的哪个地点最好，选择这个地点时应在多大程度上符合直接保护首都或另一个重要地点的意图，或符合诱敌离开通往该地方向的意图，则要取决于当时的情况。

假如俄军在1812年的退却是预先考虑好的，即完全是按计划进行的，那么他们当然应该从斯摩棱斯克朝卡卢加方向退却。这样的话，莫斯科很可能就免遭法军蹂躏，然而俄军是在退出莫斯科后才选择了这条路线。

法军在博罗季诺会战前约有13万人。假如俄军在从斯摩棱斯克通往卡卢加的半路上接受会战，那么法军在那里的兵力没有任何理由会比博罗季诺多。在这种情况下，法军又能够从这支部队中抽出多少兵力派往莫斯科呢？显然很少。而这么少的兵力，人们是不会把他们派到50普里（从斯摩棱斯克到莫斯科的距离）以外的像莫斯科这样的一座大城市去的。

拿破仑经过数次战斗后，到斯摩棱斯克附近时约有16万人。假设他当时认为，在进行主力会战**之前**可以冒险向莫斯科派遣一支部队，为此抽出4万人，而只留下12万人与俄军主力对峙，那么这12万人到会战时可能就只剩9万人左右，也就是说比在博罗季诺附近时少4万人。这样，俄军在博罗季诺就会拥有3万人的优势。如果以博罗季诺会战的实际过程作为衡量的标准，当然可以认为，俄军凭这个优势将成为胜利者。无论如何，这个计算的结果表明，对俄军来说，在这种情况下的兵力对比相对于后来在博罗季诺会战时的兵力对比要有利得多。但是俄军的退却并不是按照经过深思熟虑的计划进行的，他们之所以退得这么远，是因为每当他们想接受会战时，总感到自己的兵力尚不足。当时他们的一切给养和援兵对准的都是莫斯科到斯摩棱斯克的大路，在斯摩棱斯克时没人会想到放弃这条道路。此外，在俄国人眼中，即使在斯摩棱斯克与卡卢加之间取得一次胜利，也无法抵消因未保护莫斯科而让它有可能被占领所犯下的过错。

1813年[1]，假如拿破仑显著地偏向侧面，大体上在勃艮第运河[2]后面进行部署，在巴黎只留下数千人和人数众多的国民卫队[3]，那么他就会更有把握不让巴黎受到进攻。因为这样一来，联军在知道拿破仑率领10万人在欧塞尔[4]附近的情况下，就绝不会有勇气向巴黎派去一支5万～6万人的部队。反过来，假如联军处在拿破仑的位置，对手是**拿破仑**，那么恐怕谁也不会建议联军离开通往自己首都的道路。要是拿破仑拥有当时联军那样的优势，他会毫不迟疑地扑向首都。虽然情况相同，但是由于士气状态不同，结果就会如此不同。

我们还想指出，在向侧面进行这样的退却时，首都或者欲通过这一退却避免战祸的其他地点无论如何都要具备一定的抵抗能力，以免随便被一支部队占领和劫掠。关于这个问题，我们就谈到这里为止，因为以后在论述战争计划时还要谈及。

但是我们还要考察一下这种退却方向的另一个特点，即突然**转向**。俄国人在抵达莫斯科附近以前保持一个方向退却，之后他们就离开了这个会将其引到弗拉基米尔[5]的方向，改为先向梁赞[6]方面继续退却，然后转赴卡卢加方向。假如

---

［1］原文如此，疑误。应为1814年。——译者注
［2］勃艮第运河（Kanal de Bourgogne），法国东部的一条运河，连接塞纳河支流约讷河和罗讷河上游的索恩河，从而连接起大西洋和地中海之间的河流和运河。始建于1775年，1834年完工，长243公里。——译者注
［3］一种准军事组织。根据组织形式不同，可由志愿者、预备役或义务兵组成。历史上较为著名的有1789年法国革命期间成立的国民卫队和1903年成立的美国国民卫队。也有一些国家的国民卫队是军队的一部分，但仅用于对内行动。——译者注
［4］欧塞尔（Auxerre），今法国约讷省首府，位于约讷河西岸，西北距巴黎150公里。——译者注
［5］弗拉基米尔（Vladimir），今俄罗斯弗拉基米尔州首府，西距莫斯科190公里，位于克利亚济马河北岸。——译者注
［6］梁赞（Rjasan），今俄罗斯梁赞州首府，西北距莫斯科200公里，位于奥卡河畔。——译者注

俄军必须继续退却的话，那么他们当然有可能沿着这个将把他们引到基辅[1]的新方向继续退却，也就是说又接近敌国边境了。至于法国人，即使他们此时仍明显比俄国人占优势，但毕竟无法维持这条经莫斯科转个大弯的交通线，这本身是十分明显的，否则他们不仅要放弃莫斯科，而且极有可能还要放弃斯摩棱斯克，也就是说必须让出此前费力占领的一些地方，而只能满足于占有别列津纳河以西战区。

当然，这时俄军也有可能陷入不利的态势，有可能处于与本国的主要部分分开的境地，这与他们在战局一开始就退向基辅可能陷入的不利态势是相同的。但实际上俄军几乎不会陷入这种不利的境地，因为只有法军不是绕道莫斯科而是直接抵达基辅，俄军的处境才有可能不利。

退却线突然转向，在幅员辽阔的条件下是非常可取的，这显然会带来下列巨大好处：

1. 变换退却线方向使对手无法保持旧的交通线，而要建立新的交通线总是件困难的事情，而且对手只能逐步改变其方向，即很有可能不得不一再寻找新的交通线。

2. 双方以这种方式又接近了国境，进攻者不能再通过其位置来保护已占领的地区，而极有可能不得不放弃它们。俄国是一个幅员辽阔的国家，在那里两支军队完全可以进行这样的捉人游戏[2]。

如果其他条件有利，在较小面积的国土上变换退却方向也是有可能的，但只能根据具体情况的各种因素而定。

诱敌深入的方向一经确定，我们的主力当然就应该向这个方向退却，否则敌人就不会派其主力前往这个方向。即使敌主力前往这个方向，我们也无力把上述一切条件强加于敌，而只能面临两个问题：是应该把全部兵力集中在这个方向上退却，还是应该以大部分兵力避向侧面，也就是进行离心方向的退却。

对这个问题我们必须回答说，这种离心方向的退却是不可取的，理由如下：

1. 防御者这样退却时，兵力将更为分散，而本来防御者把兵力集中在一点恰

---

[1] 基辅（Kiew），今乌克兰首都，东北距卡卢加约600公里，位于第聂伯河畔。——译者注
[2] 流行于萨克森和勃兰登堡地区的一种儿童游戏，捉到对方后轻拍其肩膀示意其离场。——译者注

恰是进攻者最感棘手的事情。

2. 防御者这样退却时，对手占有内线之利，其兵力比防御者集中，因此有可能在某些地点上占优势。当然，如果防御者暂时采取不断退避的方法，进攻者的这种优势就不那么可怕，但是这种不断退避总是要以能威胁对手而自己不至于被赶走为前提的，而防御者在做离心方向退却时有可能被对手赶走。此外，主动向本国腹地退却的一个条件是主力能够逐渐取得可以进行决战的优势，而在兵力分散的情况下，就不大可能有把握做到这一点。

3. 对兵力较少的一方来说，本来就不宜对敌采取向心状的行动。

4. 这样的兵力部署会使敌人的部分弱点完全消失。

远距离进攻的主要弱点是交通线过长和战略翼侧暴露。如果防御者采取了离心方向的退却，迫使进攻者分出一部分兵力前往侧面构成正面，那么这部分兵力（本来只应用于对付与它对峙的防御者的部队）此时就附带着完成了其他任务——保护了进攻者的一部分交通线。

因此，仅就退却的战略效果来看，采取离心方向是不利的。但是如果防御者这样做是为了以后威胁敌人的退却线，那么我们就必须提醒读者回顾一下前一章的论述。

只有一个目的可以促使防御者进行离心方向的退却，这就是为保障某些地区的安全，否则这些地区就会被敌人占领。

根据进攻者兵力的集结地点和前进方向，以及双方各个地区、要塞等的位置关系，防御者在多数情况下可以相当准确地预见到进攻者在其前进路线的两侧将占领哪些地区。如果防御者把兵力部署在敌人多半不会占领的那些地区，那么可以说这是一种危险的兵力浪费。至于防御者在进攻者多半会占领的那些地区**部署一部分兵力是否能够阻止进攻者占领这些地区**，是比较难以预测的，这在很大程度上要依靠准确的判断。

俄国人在1812年退却时曾把托尔马索夫[1]指挥的3万人留在沃伦尼亚，准备用来对付可能入侵这个地区的奥军。这个地区面积大，地形上有些障碍，有可能

---

[1] 托尔马索夫（Alexander Petrovich Tormasov，1752—1819），伯爵，俄国骑兵将军。1812年任俄西线第3军团（预备军团）司令，1814—1818年任莫斯科城防司令。——译者注

进攻这个地区的敌军在兵力上并不占优势，所有这一切使俄军有理由期待在靠近边境的这个地区占上风，或至少可以在边境附近固守。这样固守会给以后带来非常重要的好处，对于这些好处我们在这里不想多谈。此外，即使当时俄国人想把这些部队及时调到主力那边去，实际上也几乎是做不到的。这一切有力地促使俄国人把这支部队留在了沃伦尼亚，让其独立作战。与此相反，如果根据富尔将军起草的战局计划，仅让巴克莱的部队（8万人）退向德里萨，而把巴格拉季翁的部队（4万人）留在法国人的右翼，以便之后从背后进攻他们，那么人们一眼便可看出，巴格拉季翁不可能在立陶宛南部固守。换句话说，这支部队不可能在法国人背后**多**得到一块**更近**的地区，而是会被压倒性优势的法军消灭。

防御者本身致力于尽量少把领土留给进攻者，这是很自然的，但这始终是一个非常次要的目的。我们能够限制敌人使用的战区越小，或者更确切地说，越狭窄，它的进攻就越困难，这也是显而易见的。但是这一切要有一个条件做基础，这就是防御者开始这样做时有获胜的可能性，而且不至于因派出部队去限制敌人而使自己的主力受到太大的削弱，因为防御者应优先在双方主力部队之间寻求最后决战，敌军主力处于困境是敌军决心退却的首要原因，也在很大程度上增大敌军在退却过程中物质和精神力量的损失。

因此，向本国腹地的退却通常应该由未被打败和未被分开的部队实施，而且应该径直在敌军主力的前面尽可能缓慢地实施，同时通过不断的抵抗迫使对手经常处于准备战斗的状态，迫使对手忙于采取大量的战术和战略上的预防举措而消耗其力量。

如果双方在这种状态下抵达了进攻一方进攻路程的终点，那么防御者只要有可能就应该在这条前进路线的斜前方进行部署，并利用自己掌握的一切手段对敌后方采取行动。

1812年的俄国战局展示了所有这些现象，并且像放大镜一样在很大程度上显示了这些现象的效果。虽然这次退却不是一次主动的退却，但还是可以从这个角度来考察。假如俄军以现在对这种退却结果的认知，在完全相同的条件下再进行一次这样的退却，那么他们对1812年绝大部分在无意中做的事，现在就会主动并有计划地去做了。然而如果认为在国土不如俄国辽阔的地方不可能出现这样的实例，那恐怕也是不正确的。

在任何场合，无论防御者在采取这种抵抗方式时遇到了什么情况，只要进攻者的战略进攻未经决战，而是仅因其部队在维持方面的困难即受到挫败，只要入侵者被迫退却（不管其退却时的损失是大还是小），这种抵抗方式的主要要求和主要效果就已经达到了。弗里德里希大帝1742年的摩拉维亚战局、1744年的波希米亚战局，法军1743年的奥地利和波希米亚战局，布伦瑞克公爵1792年的法国战局[1]，以及马塞纳1810—1811年的葡萄牙冬季战局都是这类情况，只是范围和规模小得多。此外，这种防御方式仅部分发挥作用的情况也常出现，也就是说，不是全部结果，但至少是部分结果应归功于我们这里所确定的原则。不过我们不详细谈这些作用了，因为谈的话就必须说明各种情况，就会离题太远。

在俄国和上述其他战局中，在进攻路程的终点都没有进行决定胜负的会战，局势就发生了骤变。即使是在不可能期待有这样效果的地方，这种抵抗方式也仍是一件十分重要的事，因为这种抵抗方式可以形成有可能获胜的兵力对比，而这个胜利像首次撞击一个物体一样，能促使敌人退却，并使这一退却带来的损失不断加大，就如同按照落体定律，一个重物越坠越快一样。

---

[1] 1792年7月28日，布伦瑞克公爵率普奥联军主力自科布伦茨沿摩泽尔河攻入法国，9月2日占领凡尔登要塞，20日抵达瓦尔米。军队此时已非常疲惫，地形又不利，法军则斗志激昂。经炮战后，联军只得退回科布伦茨。——译者注

★ 第二十六章 ★

民众武装

　　人民战争在文明的欧洲是19世纪的一个现象。对于这种战争，有人赞成，有人反对。反对的人有些是出于政治上的理由，因为他们把人民战争看作一种革命的手段，是一种宣称合法的无政府状态，这种状态对外部敌人固然危险，但对国内的社会秩序同样危险；有些则出于军事上的理由，认为人民战争取得的结果与投入的力量不相符。第一种看法与我们这里要谈的问题没有关系，因为我们仅仅把人民战争看作斗争手段，即只是从它与敌人的关系角度来考察。但是关于第二种看法，我们不能不指出，对人民战争，总的来说应该将其看作战争要素在我们这个时代突破了过去人为限制的结果，看作我们称之为战争的整个发酵过程的扩展和加强。如果我们从过去局限很大的军事制度出发看问题，那么就可以看到征召制度、利用征召制度和普遍兵役制使军队员额大幅增加，以及后备军的使用，都是同一类事物，现在国民军的征召或民众武装也是这类事物。既然前面几种新的手段都是打破限制后的一种自然和必然的结果，而且它们让先采用这些手段的人极大地增强了力量，以至其对手也不得不采用这些手段，那么就人民战争来说，情况也会是这样。一般来说，善于运用人民战争这一手段的国家会比那些轻视人民战争的国家占有相对的优势。既然如此，那么问题只能是这一对战争要素的新的增强手段对人类究竟是有益还是无益。这个问题，恐怕只有解答了战争本身对人类究竟有无益处的问题，才能得到彻底的解答。我们把这两个问题都留给哲学家们。也许人们认为，如果把人民战争所耗费的各种力量用在其他战斗手段上，可能会更有成效，但是人们不用多加研究就会确信，这些力量绝大部分是不可调用的，也不会随意让他人使用。这些力量中的一个重要部分即精神要素甚至只有通过人民战争才能体现出来。于是我们不再问一个全体人民手执武器进行的抵抗会让他们付出什么代价，而是要问这种抵抗能够产生什么影响，它必须具备哪些条件，以及如何运用人民战争。

一个如此分散的抵抗不适于对敌人进行时间上和空间上集中的大规模打击，这是从事物的本性中得出的结论。这种抵抗的效果像蒸发过程的物理特性一样，取决于面积的大小。面积越大，民众武装与敌军的接触越多，也就是敌军越分散，民众武装的作用就越大。民众武装就像暗中燃烧着的火焰，不断破坏着敌军的根基。由于民众武装需要一定时间才能取得成果，因此在这两个要素[1]如此相互碰撞和作用期间就会出现一种紧张状态。如果人民战争在个别地点被扼杀，在其他地点慢慢停止，那么这种紧张状态就会渐渐消失；如果这种遍地燃烧的熊熊烈火击倒了敌军，迫使它为避免自己全军覆灭而退出这个国家，那么这种紧张状态就会导致敌军进入一种危机。要想单靠人民战争造成这种危机，必须具备的先决条件是：要么被攻占的国家面积非常大（除俄国以外欧洲任何其他国家都没有这个条件），要么入侵军队的人数与被入侵国家的面积不成比例（这种情况实际上是不存在的）。因此，如果人们不想陷入空想，那么就必须将人民战争与正规军战争联系起来考虑，并通过一个总的计划将二者统一起来。

人民战争只有在下列条件下才有可能单独产生效果：

1. 战争在本国腹地进行；

2. 战争不是由唯一的一次失败决出胜负；

3. 战区占据很大一部分国土；

4. 民族的性格有利于采取这种举措；

5. 国土或者是多山脉，或者是多林地、沼泽，或者是有持续利用土地的特

---

[1]指民众武装和敌军。——译者注

点，总之地形非常复杂，不易通行。

人口的多少不起任何决定性的作用，因为在人民战争中最不缺少的就是人。民众的贫富也不直接起决定性的作用，或者至少不应该起决定性的作用，但是不容否认，贫穷的、习惯于吃苦耐劳的民众阶层往往也表现得更尚武和更有力量。

像德意志很多地区民众居住分散的特点非常有利于人民战争发挥作用。这种地区因这一特点而变得更零散，更隐蔽，道路尽管更多了，但路况更不好，部队住宿会遇到无穷的困难，尤其是人民战争总体上所具有的特点在这里会小规模地反复出现。这一特点就是：抵抗的因素到处都有，但是又处处让敌军捉摸不定。如果民众是集中在一些村庄里居住的，那么敌军就会占领那些反抗最激烈的村庄，或者也许会为惩罚民众而把这些村庄抢光、烧光，但是这种方法对威斯特法伦的农民大概是行不通的。

国民军和武装的小股民众不能也不应被用于对抗敌军的主力，甚至不能和不应被用于抗击较大规模的部队，他们不应去粉碎敌军的核心，而只应在表面和边缘去蚕食敌军。他们应该在进攻者没有派大部队前往的战区两侧地区起来反抗，以便让这些地区完全摆脱敌人的影响。这些在战区两侧聚集起来的民众武装应像乌云一般，当敌人前进时，即成群跟在他们后面移动。在敌人还根本没有出现的地方，民众不会缺少武装起来反抗敌人的勇气，相邻的大批民众会陆续追随这个榜样，燃起反抗之火。这样反抗的火焰就会以燎原之势蔓延，最后烧到进攻者的基地，烧到他的交通线，蚕食他的生命线。即使人们不把人民战争夸张地想象成是万能的，不认为人民战争是敌人单靠军队几乎无法对付的以及我方取之不尽和不可战胜的东西（就像人们几乎无法对付风或雨），总之即使人们的判断不是以那些吹嘘人民战争的言论为基础的，但是人们毕竟要承认，人们无法像驱逐一队士兵那样赶走眼前的武装农民。一队士兵像一群家畜那样相依在一起，通常是笔直地向前跑，而武装的农民无须什么巧妙的计划就会四向散开。这样一来，敌军的每一支小部队在山地、林地或者任何其他地形很复杂的地区行军就都非常危险，因为行进中随时可能发生战斗。一路正在行军的部队即使很久没有发现敌国民众，但那些很早被其先头部队逐走的农民还是有可能随时出现在这路部队的队尾。至于破坏道路和封锁隘路，正规军的前哨部队或袭扰部队所使用的手段与发动起来的农民所使用的手段相比，大致就像自动机器的笨拙动作与人的灵巧动作相比。敌人除了派出很多小部队护送其运输队，以及驻守兵站、隘口、桥梁等地以外，没有别的办法对付国民军的行动。国民军最初尝试行动的规模是有限的，敌人派出的小部队也是兵力不多的，因为他们害怕过于分散兵力。人民战争的火焰往往就是在与这些小部队的斗争中真正燃烧起来。在一些地方，民众武装依靠数量上的优势战胜了敌军的这些小部队，他们的勇气增加了，斗志更激昂了，这种斗争的强度也更大了，直到应该决定结局的顶点来临。

　　按我们对人民战争的理解，人民战争应像云雾一样，在任何地方都不要汇聚成一个反抗的核心，否则敌人就会用适当的力量打击这个核心，粉碎它并俘虏大量人员。然后民众的勇气就会低落下来，大家会认为大局已定，继续努力是徒劳的，于是便放下手中的武器。但是另一方面，这种云雾还是有必要在某些地点汇聚成较密的云团，形成将来从中能够放出强烈闪电的令人生畏的乌云。如前所述，这些地点主要是在敌人战区的两翼。在这里，民众武装应会合成更大的、更有组织的整体，并配以少量正规军，以至于他们已经拥有正规军的样子，有能力敢于参与较大的行动。从这些地点起，越向敌后，国民军行动的强度越应减少，因为他们在那里会面临最大的打击。那些更密集的民众武装的任务是袭击敌人留下的较大的守备部队。此外，他们还要使敌人产生恐惧和忧虑，增加整个民众武装给他人的士气高涨的印象。没有这些较密集的民众武装，民众武装的整体影响就会乏力，整个局势就不足以使敌人感到不安。

　　统帅要想这样根据自己的意愿塑造整个民众武装，最简便的方法是派一些正规军的小部队去支援国民军。如果没有正规军的一些部队去进行这种鼓舞人心的支援，那么民众大多会缺乏拿起武器的信心和动力。受命执行这种支援任务的小部队人数越多，对民众的吸引力就越大，民众斗争就会像倾泻而下的雪崩，规模会越来越大。不过支援民众武装的做法也要有其限度，因为一方面，为达到这个次要目的而把整个部队分开，在某种程度上并入国民军，从而形成一条长长的、处处薄弱的防线是有害的（可以肯定，在这种情况下，正规军和国民军都会被彻底打垮）；另一方面，经验也告诉我们，一个地区的正规军如果太多，通常会减弱人民战争的力量和效果，原因一是如果正规军太多，会把过多的敌军吸引到这个地区，二是民众此时会依赖自己的正规军，三是大量部队的存在会在宿营、运输、粮秣供应等方面过多增加民众的负担。

防止敌人对付人民战争过于有效的另一个手段（同时也是运用人民战争的一个主要原则），就是很少或者根本不把这一大的战略防御手段用于战术防御。一场国民军战斗的特点也是所有较差部队的战斗特点，就是进攻初期非常猛烈而有力，但是不够沉着，难以持久。此外，对一支民军武装来说，被战胜和被击退是无关紧要的，因为他们对此已有准备，但是他们不能承受伤亡和被俘者众多的打击，这样的大败会使人民战争的火焰很快熄灭。而这两个特点与战术防御的本质是完全相反的。防御战斗要求进行持续的、缓慢的、计划周全的行动和果敢的冒险。如果人们仅想尝试一下，随后很快放弃，那么这在防御中永远不会带来战果。因此，如果要用国民军承担某一地段的防御，就决不能让他们进行决定性的主要防御战斗，否则即使情况有利，他们也会全军覆灭。由此可见，民众武装只要有可能的话，可以而且应该防守山地的入口、沼泽地中的堤坝，以及江河的渡口。但是当这些地点被突破时，民众武装不应汇聚在一处狭小的最后的避难所（一处正规的防御阵地）而被敌人封锁，最好是分散开，以出敌不意的攻击继续进行防御——无论民众多么勇敢，民风多么尚武，无论他们对敌人的仇恨多么强烈，地形对他们多么有利，不可否认的是，人民战争在过于危险的气氛中是不能持久的。因此，如果人们想让人民战争的燃料在某个地方燃起熊熊烈火，就应在距离危险较远的地方进行，因为那里既通风又不会被一次大的打击扑灭。

上述考察更多是对实际情况的一种感受，而不是客观的分析，因为人民战争出现得还很少，而那些长时间目睹过这种战争的人对它的论述又太少。经过上述考察，我们还要说明一点，战略防御计划可以通过两个不同的途径将民众武装的共同作用纳入进来，要么把民众武装作为会战失败后的最后一个补救手段，要么将其作为决定性会战前的一个自然的辅助手段。后一种情况是以向本国腹地退却和间接还击方式为前提的，我们在本篇第八章和第二十四章已经谈过。因此我们在这里只简单地谈谈会战失败后征召国民军的问题。

任何一个国家都不应该认为其命运（也就是其整个存亡）取决于一次会战（即便它是最具决定性的会战）。一个国家战败后，通过征召自己新的力量和利用敌人在任何长时间进攻中都自然会受到的削弱，就有可能导致形势的转变，或者它还可能得到外援。一次会战的失败距亡国总还是有段时间的。就像溺水者抓稻草是本能一样，当民众看到自己被冲到深渊的边上，他们会试图穷尽一切办法自救，这是符合精神世界的自然规律的。

不管一个国家与敌人相比是多么弱小，也不应该省去这些最后的努力，否则人们就不得不说这个国家已经失去了灵魂。这些努力并不排除签订一个代价很大的和约的可能性，从而避免自己彻底灭亡，而这种意图本身不排除利用媾和采取新的防御举措。这些举措既不会增加媾和的难度，也不会使和约内容对自己更不利，而是会使媾和更容易，使和约内容对自己更有利。如果我们期待那些对我国继续存在感兴趣的国家帮助我们，那么就更有必要采取这些举措。因此，如果一个政府在主力会战失败后只想着让人民迅速上到和平之床去酣睡，并且被严重的失望情绪压倒，从而失去发动一切力量的勇气和愿望，那么无论如何它都是出于软弱而犯下了不能坚持到底的大错，并且表明这个政府是不配获得胜利的，而且也许正因为如此，这个政府根本就没有能力去赢得胜利。

因此，无论一个国家遭受的失败是多么确切，还是应该利用部队向本国腹地的退却来带动要塞和民众武装发挥作用。在这方面，如果主战区的两翼受到山地或其他非常险要的地带的限制，那么这就非常有利于发挥这种作用，因为这些山地和险要地带像棱堡一样突出出来，进攻者不得不经受防御者从这里发起的战略翼侧打击。

如果进攻者正在对多地进行围攻，如果他为建立自己的交通线而到处留下大规模的守备部队，甚或为使自己能够有更大的行动空间和维持相邻地区的秩序而派出了多支部队，如果有生的和无生的战斗手段的种种损失已经使进攻者受到削弱，那么防御者这时就应重新投入战斗，通过恰当的打击来撼动处于困境中的进攻者。

★ 第二十七章 ★
战区防御

　　我们以上已经探讨了那些**最重要的防御手段**，也许可以到此为止了。至于这些手段如何与整个防御计划结合，可以放到最后一篇[1]讨论战争计划时再谈。这是因为不仅每一个从属于战争计划的进攻和防御计划都要以战争计划为基础，并根据战争计划来确定其主要轮廓，而且在很多情况下，战争计划本身无非就是在最主要的战区实施进攻和防御的计划。尽管与任何地方比较起来，在战争中，部分更取决于整体，更渗透着整体的特点，更是因整体的特点而出现大的变化，但是我们还是不能从战争的整体开始研究，而是不得不先把各个问题当成彼此分开的部分来研究，以便更清楚地认识它们。如果不是先研究简单的再研究复杂的，我们就会被大量不确切的概念制服，特别是战争中各种各样的相互作用经常会使我们的概念混乱。因此我们想先向整体再接近一步，也就是说，我们想专门考察一下战区防御，寻找贯穿前述问题的主线。

　　根据我们的看法，防御无非是斗争的更有力的形式。保存自己的军队，消灭敌军，一句话，胜利是这一斗争的目标，当然它不是最终的目的。

　　保全本国和打垮敌国是战争的最终目的，用一句话来说就是：缔结自己想要的和约是最终目的，因为双方的这一冲突在和约中得以平衡并以一个共同的结果

---

[1] 指本书第三卷第八篇《战争计划》。——译者注

（该和约）而告终。

从战争的角度来看，敌国是什么呢？首先是它的军队，其次是它的国土。当然还有很多在具体情况下可能具有突出重要性的其他事物，其中主要是外部的和内部的政治关系，它们有时比其他一切事物更具决定作用。即使敌国的军队和国土并非国家本身，而且也没有包括国家可能与战争有关的一切方面，但是军队和国土永远是**主要的**，就其重要性来说往往**大幅超过**其他所有方面。军队应保卫本国的国土，占领敌国的国土，国土则使军队不断得到给养和补充。两者是相互依存和相辅相成的，它们都是重要的，但是在它们的相互关系中还是有区别的：如果军队被消灭了，也就是说被打垮了，不能继续抵抗了，国土自然也就丧失了，但是反过来，国土被占领了，军队不一定被消灭，因为可能是军队主动地让出部分国土的，以便之后更容易地夺回它们。的确，不仅军队被彻底打垮会决定国土的命运，军队每次受到**较大的削弱**也会导致国土损失。相反，每次国土的较大损失并不一定导致军队受到较大的削弱（当然，时间久了也会导致军队受到较大的削弱，但在决定战争胜负的这段时间内不会总是这样）。

由此可见，保存自己的军队和消灭敌军总是比占有国土更重要，也就是说，统帅应该首先努力做到的是保存自己的军队和消灭敌军；**只有用这一手段不能完全达到目的时**，占有国土才可以作为目的而居于首位。

假如敌人的全部兵力集中成**一支**部队，假如整个战争由**一场**战斗组成，那么能否占有国土就取决于这场战斗的结局；能否消灭敌军、征服敌国和保全本国就取决于这场战斗，某种程度上与这场战斗的结局是一回事。现在的问题是：是什么会首先促使防御者偏离这种最简单的作战形式而去分兵？回答是：他集中兵力有可能取得的胜利对他来说还不够。每个胜利都有它的影响范围。如果这一影响范围涵盖了整个敌国，即涵盖了全部敌军和敌国领土，也就是说，它们的所有部分都被我们压向敌人核心力量的同一运动卷走，那么这样的胜利就是我们所需要的一切，这时我们就没有充分的理由分兵。但是如果我们的胜利对敌军的某些部分和双方国土的某些部分不再有影响，那么我们就必须特别注意这些部分。由于我们不能像集结部队一样把国土集中到一个点上，因此我们为保卫这部分国土就不得不分兵。

只有在领土形状近似圆形的小国家里,才有可能和很有可能对部队进行这样的集中,以至于一切都取决于**这支部队**的胜利。在敌国有大片领土与我们接壤,或者甚至几个环绕我们的国家结成同盟反对我们的情况下,我们的军队实际上完全不可能进行这样的集中,因此在这种情况下就必然要分兵,从而也就出现不同的战区。

一次胜利的影响范围自然取决于这次胜利的**大小**,而胜利的大小取决于**被战胜部队的人数**,因此对敌人集中兵力最多的**那个部分进行打击**并成功时,其影响最广;我们用于这一打击的兵力越多,就越有把握取得这一成功。这一系列自然形成的概念使我们联想到力学上重心的特点和作用。通过这一画面,我们可以更清楚地确定这些概念。

正如物体的重心总是位于质量聚集最多的地方,针对物体重心的打击是最有效的,而最有力的打击又总是由力量的重心发出的,在战争中也是如此。作战的每一方(无论是一个单独的国家,还是多个国家的联盟)的军队都有一定程度的一致性,通过这种一致性,军队之间有了联系;而有联系的地方就有与重心类似的东西。因此在这些军队中有某些重点,这些重点的运动和方向决定着其他的点,这些重点就是军队最集中的地方。而正如在无生命的物质世界中针对各部分联系的重心的作用是有其尺度和界限的一样,在战争中也是如此。在物质世界和战争中,一次打击的力量很容易大于抵抗所能承受的力量,从而出现扑空和浪费力量的问题。

在**一**面旗帜下根据**一**位统帅的个人命令进入会战的部队,它们之间的联系与一支延展50或100普里,甚或基地完全朝着不同方向的**联军部队**之间的联系是多么不同啊!前者之间的联系可以说是最紧密的,最容易形成一致;后者之间的联系距一致性很远,往往只是在共同的政治意图中还有一致性,而且也只是不充分和不完美的,各部分之间的联系大多很松弛,往往是不存在的。

如果说最大限度地集中兵力一方面可以让我们的打击有力;那么另一方面,我们不得不担心任何的过分集中兵力确实是一种不利,因为过分集中兵力会造成兵力浪费,而兵力浪费又会使其他点上**兵力不足**。

因此，识别敌军中的这种重心[1]和判定它的影响范围是战略判断的一项主要活动。也就是说人们必须经常考虑双方军队中一个部分的进退对其余部分会产生什么影响。

我们绝不是认为在此发明了一个新的方法，我们只是以各个时期和统帅们沿用的方法为基础提出了一些观点。这些观点应更清楚地说明这些方法与事物本质之间的联系。

至于有关敌军重心的这一概念是如何在整个战争计划中起作用的，我们将在最后一篇里考察，因为这个问题本来就是属于战争计划的范畴。我们现在先借用一下这个概念，只是为避免我们在列举一系列观点时出现遗漏。我们从上述考察中看到，分兵究竟是什么决定的。实际上，这里存在着两个相互对立的利益：一个是**占有国土**，它要求分兵；另一个是**打击敌军的重心**，它又要求在一定程度上集中兵力。

这样就出现了战区或各部队的行动区域。它们对国土和上面的部队进行区域划定，以至该区域内主力发起的每次决战都直接地涉及整体，并使整体随主力运动的方向而动。我们之所以说"**直接地**"，是因为一个战区的胜负自然也会对相邻战区有或多或少的影响。

我们在这里与在其他地方一样，在我们的定义中只触及某些概念的中心点，我们不想也无法为这些概念划出明确的界限。尽管这又是事物的本性决定的，但我们还是必须明确地再次提醒。

因此我们认为，一个战区（无论其范围大小）和该战区内的部队（无论其规模大小）是一个可以归结为**一个重心**的单位；胜负就应该在这个重心上决出；防御者在这一战区成为胜利者，从广义上说就是成功的战区防御。

---

[1]"重心"一词，作者用了拉丁语"Centra gravitates"。——译者注

★ 第二十八章 ★

战区防御（续一）

防御是由两个不同的要素组成的，即**决战**和**等待**。本章要讨论的就是这两个要素的结合。

首先，我们必须指出，虽然等待状态不是已经结束了的防御，但它毕竟是防御向其目标进发所经过的一个区域。只要一支部队没有离开交由它负责的地段，进攻所引起的双方的紧张状态就一直持续。只有决出了胜负，才会带来平静；只有当进攻者或防御者离开战区，才能认为胜负已经决出（不管是怎样的一种胜负）。

只要一支部队在它所在的地区坚守，这一地区的防御就还在继续。从这个意义上讲，战区防御与**在其中的**这一地区进行防御是一回事。敌人是否一时攻占了这个战区内或多或少的土地，在此是无关紧要的，因为这些只是"借"给敌人的。

我们想通过上述观点来确定等待状态与整个防御的正确关系，但是只有在确实应进行一场决战以及双方都认为决战不可避免时，这种观点才是正确的，因为双方军队的重心和这些重心所在的战区只有通过这一决战才是**有效的东西**。决战的想法一旦消失，重心也就失去了作用，从某种意义上说，整个军队也就失去了作用。这时构成整个战区概念的第二个要素——占有国土，就成为目的而直接跃居首位。换句话说，双方在一场战争中越是不寻求决定性的打击，战争越是一种纯粹的相互监视，那么占有国土就越变得重要，防御者就越追求直接保护所有地区，进攻者就越追求在推进中扩大占领的地区。

毋庸讳言，绝大部分战争和战局与其说是接近于生死存亡的斗争（至少有一方力求决战的斗争），还不如说是更接近于纯粹的监视状态。只有19世纪的战争才在极大程度上具有前一种特点，以至人们在这些战争中可以运用根据这种特点建立起来的理论。但是由于很难设想未来所有的战争都具有这种特点，而更可预计的是，未来多数战争将再次倾向于具有相互监视的特点，因此一个理论要想对现实有用，就必须考虑到这一点。为此我们将首先考察由决战意图贯穿和指导的整个军事行动，即发生真正的（如果我们可以这样表达的话）、绝对的战争的情况，然后在另一章[1]再考察由于多少接近于监视状态而产生了变化的战争。

在第一种情况下（是防御者不得不等待进攻者发起决战，还是防御者自己寻求决战，在此对防御者来说是一样的），战区防御的实质在于防御者以一种随时可以发起有利决战的方式在该战区坚守。这一胜负可能是通过一次会战决出，可能是通过一系列其他大规模的战斗决出，但也可能是通过双方军队的部署所形成的纯粹的态势（**可能发生的战斗**）决出。

即使假设会战不像我们认为的、以前借很多机会已经指出的那样是最主要、最常用、以及最有效的决定胜负的手段，但它毕竟是决定胜负的手段之一，足以要求只要情况允许就**最大限度地集中兵力**。战区中的一次主力会战是重心对重心的打击；我们在自己重心上能够集中的兵力越多，取得的效果就越有把握和越大。因此任何部分使用兵力的做法，如果不是为特别的目的（这个目的要么即使是通过一次获胜的会战也是达不到的，要么是会战胜利本身的一个条件），都是**不可取的**。

然而不仅最大限度地集中兵力是一个基本条件，一个使部队能在足够有利的条件下进行会战的部署和位置也是一个基本条件。

我们在《抵抗的方式》一章里了解到防御有不同的层次，它们与上述基本条件是完全可以类比的，因此根据具体情况的需要把这些基本条件与它们联系起来并不困难。但是有一点初看上去似乎是自相矛盾的。由于它是防御中最重要的问题之一，因此我们就更有必要加以阐明，这就是如何击中敌人的重心。

---

[1] 指本篇第三十章。——译者注

如果防御者及时得知敌人将沿哪些大路推进,在哪条大路上肯定能遇上敌军的核心,那么他就可以沿这条大路去迎击敌人。这种情况成为一种常见的情况,因为即使由于防御者在采取一般举措、设置坚固要塞和大的武器库以及确定军队的平时员额等方面先于进攻者,从而成为进攻者行动的依据,但是在行动真正开始时,相对于正在进入战场的进攻者来说,防御者已经拥有其特有的后发制人的优势。

要想以一支较大的部队进入敌国,就必须进行大量的准备工作,例如储备食品和武器装备等。这些准备工作持续的时间足以让防御者有时间采取对策。同时人们应该看到,防御者所需要的时间比进攻者所需要的少,因为在任何国家人们平时为防御所做的准备都多于为进攻所做的准备。

不过尽管在大多数情况下确实是这样,但是防御者在个别情况下仍有可能不清楚敌人推进的主要路线。如果防御是以那些费时的举措(例如构筑一处坚固阵地等)为基础的,那么就更容易出现这种情况。此外,即使防御者确实是位于进攻者的前进线上,但是只要他没有对进攻者发起一次攻势会战,那么进攻者只要稍微改变一下其原来的方向就可以绕过防御者所占据的阵地,因为在欧洲有人定居的地方,阵地左右不可能没有道路通过。在这种情况下,防御者显然不能在阵地上等待他的对手,至少不能指望在那里进行会战。

但是在我们讨论防御者在这种情况下还能采取哪些手段之前,必须先考察一下这种情况的本质及其出现的可能性。

在每个国家,同样在每个战区(我们现在就是只谈战区),当然都有一些对进攻来说特别容易奏效的目标和地点。我们认为,在谈论进攻时更明确和详细地论述这个问题最为合适。在这里,我们只想指出,如果说最有利于进攻的目标和地点是进攻者决定其进攻方向的一个理由,那么这个理由反过来也会影响防御者,在防御者丝毫不了解敌人意图的情况下,这个理由应该引导他行动。假如进攻者不选定这个最有利的方向,那么他就将放弃他本可以得到的一部分好处。我们看到,如果防御者在这个方向上,那么进攻者采取避开他和从他侧面通过的手段不是无偿的,而是要付出代价的。由此可见,一是一方面防御者**错过其对手行进方向的危险**以及另一方面进攻者**从其对手侧面通过的能力**,都不像初看上去那样大,因为进攻者选定这一个或那一个方向时,其明确的、大多起决定作用的理由早已存在；二是防御者及其固定在某地的设施在大多数情况下不会错过敌军的核心。换句话说，如果防御者的部署得当，那么通常可以确信，对手会来找他。

但是我们不应该也不能因此就否认防御者连同其部署可能在某次遇不到进攻者。这就产生了一个问题：防御者此时应该怎么办，防御者的位置本来应带来的好处还剩下多少？

我们自问，如果进攻者从防御者的侧面通过，那么防御者还能采取哪些手段呢？这些手段是：

1. 防御者一开始就把兵力分为两部分，以便用一部分兵力有把握地击中对手，然后用其余部分赶去增援。

2. 防御者集中兵力占领一处阵地，在对手从侧面通过的情况下，迅速向侧面前出。在大多数情况下，防御者已经无法再准确地实现这种侧向前出，而是不得不后退一些，进入新的阵地。

3. 防御者集中兵力从侧面进攻对手。

4. 防御者对敌交通线采取行动。

5. 防御者采取与对手同样的方法，从其侧面通过，去反攻对手的战区。

我们之所以在这里列出最后一种手段，是因为人们可以设想这一手段在这种情况下可能产生效果，不过实际上这一手段与防御的意图（选择防御的理由）是矛盾的，因此只能把它视为对手犯了大错或具体情况的其他特点而导致防御者采取的一个反常手段。

对敌交通线采取行动有一个前提，即我们的交通线比敌人的优越。当然这也是一个良好的防御阵地的基本条件之一。尽管这种行动应该总是给防御者带来某个好处，但是在单纯对战区进行防御时，这种行动很少适合发展成为作为战局目的的**决战**。

单独一个战区的面积通常不会大到使进攻者的交通线很敏感的程度，而且即使进攻者的交通线很敏感，防御者也很难通过对其交通线采取行动而阻止他实施打击，因为进攻者实施打击通常只需很短的时间，而防御者的这一手段要产生效果是缓慢的。

由此可见，在针对一个力求决战的对手时，以及在我们自己也热切希望进行这一决战时，这种手段在大多数情况下是完全不起作用的。

防御者还可以利用的其余三个手段都致力于进行一场直接的决战，致力于以重心击中重心，因此它们与防御的任务更相符。但是我们现在一开始就要指出，在不完全否定前两个手段的情况下，我们认为应优先考虑第三个手段，认为它在大多数情况下是真正的抵抗手段。

如果兵分两路部署，那么人们就有卷入一场哨所战争的危险。如果针对的是一个坚定的对手，那么这种哨所战争在最有利的情况下也只能是一种**大规模的相对抵抗**，而不会是防御者想要的一个决战。即使防御者判断正确，懂得避开这条歧路，但由于暂时分兵进行抵抗，总还是会明显削弱自己打击的力量，而且人们永远没有把握，不知首先前出迎敌的那些部队是否会受到过大的损失。不仅如此，这些部队的抵抗通常以退向赶来的主力部队结束，而这往往给部队带来战斗失败和举措不当的印象，从而以这种方式显著地削弱部队的士气。

第二个手段是以在一处阵地上集中的兵力，到对手企图避开我方阵地前往的地方去设伏。防御者运用这种手段时，面临因抵达太迟而陷入两种举措均半途而废的危险。此外，一场防御会战要求统帅沉着冷静、深思熟虑并了解甚至熟悉地形，而这一切在紧急前出时是做不到的。最后，可构成一个有利的防御会战战场的阵地毕竟太少，不是在任何道路和道路上的任何地点都可以找到的。

相反，第三个手段即从侧面攻击进攻者，和他打一场改变了正面的会战，是极为有利的。

首先，我们知道，在这种情况下，进攻者总是会暴露他的交通线（在这里是退却线），而防御者就其总的情况来看，特别是就我们要求他的部署所具备的战略特点来看，在这种情况下是处于有利地位的。

其次（这是主要的一点），每一个想从防御者的侧面通过的进攻者都会在两个完全对立的意图之间不知所措。最初他是想前进的，以便抵达进攻目标的所在地，而由于时刻有可能受到来自侧面的攻击，他又需要随时组织向侧面的打击，而且是集中兵力的打击。这两个意图是矛盾的，会使内部关系极为混乱，使进攻者很难采取万全之策，以致他在战略上几乎处于最不利的境地。假如进攻者确切地知道将在何时何地受到攻击，那么他可以巧妙和灵活地为此采取一切对策。但是在他不清楚何时何地会受到攻击而又必须前进的情况下，一旦发生会战，他就几乎不可避免地处于紧急和肯定不利的境地。

如果说对防御者来说有发起一次进攻会战的有利时机,那么首先就应在上述情况下期待这个时机出现。如果人们再考虑到,防御者在这种情况下还有了解和选择地形的有利条件,可以准备和开启其行动,那么人们就不会怀疑,防御者在这种情况下对其对手占有确切的战略上的优势。

因此我们认为,防御者可以在一个位置良好的阵地上集中兵力,沉着地等待对手从侧面通过;如果进攻者没有前来进攻防御者的阵地,如果情况不适合对进攻者的交通线采取行动,那么对防御者来说,从侧面攻击进攻者就是决战的一个优越手段。

这种情况在历史上几乎没有出现过,部分是因为防御者们很少有勇气在这样的阵地中坚持,而是要么分兵,要么通过横向和对角方向行军急忙前出到进攻者的前面;部分是因为进攻者在这种情况下通常不敢从防御者的侧面通过,其行动通常因此而陷入停顿。

在这种情况下,防御者被迫进行一场进攻会战;防御者想必就会缺少**等待、坚固的阵地和良好的防御工事**等带来的其他好处;在一般情况下,前进中的进攻者的不利处境并不能完全抵偿防御者缺少了的上述好处,因为进攻者正是为了避开防御者的这些有利条件才陷入这种处境。不过进攻者的这种处境总会给防御者带来**某些补偿**,因此理论在这里不能像某些历史评论家在提出一个残缺理论时常做的那样一下子抹杀掉一个重要因素的作用,认为利弊相互抵消了。

人们不要认为我们在这里是玩弄逻辑。相反,我们越是务实地考察这个问题,就越认为,这是一种涵盖、贯穿和调整整个防御事务的思想。

防御者只有下决心,一旦对手从他侧面通过即以全部兵力攻击他,才有把握避开防御很容易导致的两种绝境,即分兵部署和紧急前出。在这两种绝境中,防御者将为进攻者所左右,不得不求助于最紧急和最危险的举措。这种防御体系只要碰到一个果断的、渴望胜利和决战的对手,就会被粉碎。但是如果防御者为进行共同的打击而在正确的地点把他的兵力集结起来,如果他决心在最糟糕的情况下用这支部队从侧面攻击对手,那么他就是**做对了**,就可以得到防御在他的处境下能为其提供的一切好处。这时,**准备良好、沉着、稳妥、一致和简单**就成了他行动的特点。

我们在这里不能不提一下与这里探讨的概念有密切关系的一个大的历史事

件，这样做主要是为了防止他人错误地引用这个例子。1806年10月，普鲁士军队在图林根[1]等待拿破仑率领的法军时，部署在法军可能用于进军的两条大路之间，一条经爱尔福特[2]、莱比锡至柏林，一条经霍夫、莱比锡至柏林。普军原来的意图是径直翻越图林根森林山脉[3]，开到弗兰肯地区。在放弃了这一意图后，他们不清楚法国人会沿两条大路中的哪一条过来，于是就选择了这个位于两条大路中间的阵地。作为这种中间位置的阵地，它本应导致普军采取紧急前出的举措。

在法军经爱尔福特过来的情况下，普军也正是这样考虑的，因为通往爱尔福特的小路是完全可以通行的。相反，向通往霍夫的大路上前出是不可想象的，部分原因是普军距这条大路有2～3天的行程，另一部分原因是中间有很深的萨勒河谷，而且布伦瑞克公爵从未有过向那里前出的意图，没有为此做任何准备。相反，霍恩洛厄侯爵或者说马森巴赫上校始终有这样的意图，后者曾力图使公爵接受这一想法。至于从萨勒河左岸的部署转为一次针对推进中的拿破仑的进攻会战，也就是转为上述的侧面攻击，就更谈不上了，因为如果说萨勒河会妨碍普军在最后时刻仍给敌人设伏，那么在敌人已经占领萨勒河对岸（至少是一部分）时，这条河就更会妨碍普军转为进攻。于是布伦瑞克公爵决定（如果还能把这个人数众多的大本营在着实混乱和犹豫不决的情况下所做出的这种决定称之为个人决定的话），在萨勒河的后面等待事态的进一步发展。

无论这一等待的结果如何，普军肯定会面临以下三种情形之一：

1. 如果敌人渡过萨勒河寻找普军，普军可以对敌人发起进攻；

2. 如果敌人让萨勒河挡住，普军可以对其交通线采取行动；

3. 如果普军认为可行和有利，可以通过一次快速的翼侧行军在莱比锡附近即前出到敌人前面。

在第一种情况下，普军由于有巨大的萨勒河谷而在战略上和战术上占很大优势；在第二种情况下，普军在纯战略上同样占有大的优势，因为敌人在普军和中

---

[1] 图林根（Thüringen），历史上德国中部一地区，大致包括今图林根州。——译者注
[2] 爱尔福特（Erfurt），今德国图林根州首府，位于图林根盆地南部、格拉河畔。——译者注
[3] 图林根森林山脉（Thüringer Wald），位于德国中部图林根地区，因树木茂密而得名。长约150公里，宽约35公里。——译者注

立的波希米亚之间只有一个很狭窄的基地，而普军的基地非常宽阔；甚至在第三种情况下，由于有萨勒河的保护，普军仍不会处于不利的境地。尽管普军大本营处于混乱和情况不明之中，但大本营确实讨论过所有这三种情况。但是如果说一个**想法**在混乱和犹豫不决的状态中尚可存在，那么**实施**这个想法则想必会在这个混乱造成的旋涡中一败涂地，这当然是没什么可奇怪的。

在前两种情况下，萨勒河左岸的阵地可被视为真正的翼侧阵地。作为翼侧阵地，它无疑具有很大的优越性。但是用一支对自己的任务没多大把握的部队占据一个翼侧阵地来对抗一个优势很大的敌人，来**对抗拿破仑这样的一个人，这是一个非常冒险的举措**。

布伦瑞克公爵经过长时间的犹豫之后，于10月13日选择了上述最后一种举措，但是已经太晚了。拿破仑已经开始渡萨勒河，耶拿和奥尔施泰特会战[1]已经不可避免。犹豫不决的公爵此时处境尴尬：如果**前出**的话，此时离开自己所在地区为时已晚，而要发起一次**有利的会战**又为时过早。尽管如此，普军的阵地仍表现出了强有力的属性，以至公爵能够在奥尔施泰特附近消灭对手的右翼部队，同时霍恩洛厄侯爵能够通过一次惨烈的退却战斗脱离险境。但是普军在奥尔施泰特附近未敢坚持夺取本来**有把握得到**的胜利，而是以为在耶拿附近可以获得**完全不可能得到**的胜利。

无论如何，拿破仑感觉到了普军在萨勒河畔阵地的战略意义，他未敢从它侧面通过，而是决定在敌人眼皮底下渡过萨勒河。

我们相信，通过以上所述已经充分说明了采取决定性行动时防御与进攻的关系，并且已经根据防御计划各项内容的地位和相互联系指出了其相互关系。我们不打算更详细地研究具体的部署，因为这将使我们陷入无穷无尽的具体情况。如果统帅为自己提出了一个确切的目标，那么他就会处理，看一下如何让各种地理的、统计的和政治的以及敌我军队物质和人员的因素适应这一目标，并看一下它

---

［1］1806年10月14日，拿破仑率法军主力约10万人在耶拿（Jena，今德国图林根州一城市，位于萨勒河左岸）附近击败霍恩洛厄指挥的普鲁士和萨克森联军5.3万人。同日，双方在均不知晓当日耶拿会战的情况下，法军达武元帅率领约2.9万人在奥尔施泰特（Auerstedt，今德国图林根州一小镇，西南距耶拿约25公里）附近击败布伦瑞克公爵指挥的普军主力约5万人。在追击中，普军纷纷投降。在这两场会战中，法军伤亡约1.5万人，普军伤亡和被俘3.3万人。普鲁士国王威廉三世偕全家逃往东普鲁士。拿破仑于当月27日进入柏林。——译者注

们在实施方式上对这一方或另一方有什么制约。

但是为了在这里更确切地联系我们在《抵抗的方式》一章里认识的防御不断加强的问题,并让我们进一步了解这一问题,我们想在这里指出与此有关的一般情况。

1. 防御者以一次攻势会战迎敌的理由可能有以下几个:

(1)如果防御者知道进攻者将以非常分散的兵力推进,也就是说即使防御者兵力很少,仍有获胜的希望。

但是实际上进攻者是不大可能这样分散推进的,因此防御者只有已经知道敌人分散推进,攻势会战的计划才是有利的。没有充分的根据,只凭单纯的**假设**就指望出现这种情况,并把一切希望寄托在这上面,通常会使防御者陷入一种不利的境地。后来的情况将不像防御者期待的那样,他将不得不放弃攻势会战,可又没做防御会战的准备,于是只好不情愿地开始退却,并几乎把一切交由偶然性去支配。

在1759年的战局中,多纳[1]率领的部队对俄国人进行的防御差不多就是这种情况。这次防御以韦德尔将军指挥的齐利晓会战的失败而告终。

制订计划的人过于喜欢使用这一手段,因为他能很快地制订出计划,却没有多问一下这一手段所依据的种种假设在多大程度上是有理由的。

(2)如果防御者本来就有足够的兵力进行会战。

(3)如果对手非常笨拙和犹豫不决,从而促使防御者发起攻势会战。

在这种情况下,出敌不意的效果有可能比一个良好阵地所能提供的一切地利更有价值。以这种方式让精神力量参与战斗,是一个良好战法的最原本的实质。但是理论必须经常大声地指出:提出这些假设必须有**客观的理由**。没有这些**具体的理由**,只是一味地谈论出敌不意,谈论一次不寻常进攻的优越性,并在此基础上制订计划、考察和评析,那完全是一种不能被允许的、毫无根据的做法。

(4)如果防御者的素质特别适于进攻。

如果弗里德里希大帝认为他的军队是一支灵活、勇敢、可靠、惯于服从、行

---

[1] 多纳(Christof Ⅱ von Dohna-Schlodien,1702—1762),伯爵,普鲁士中将。曾参加第一次和第二次西里西亚战争。——译者注

动准确、充满自豪感并受此鼓舞的军队，而且熟练掌握了斜向进攻方式，认为这支军队在他坚定而大胆的手中与防御相比更是一个适于进攻的工具，那么他的这种看法无疑不是空洞的或错误的。弗里德里希大帝的军队的这一切特点是其对手们所没有的，他正是在这方面明确地占有优势。在大多数情况下，对他来说，利用这些特点比求助于堡垒和地形障碍更有价值。但是这样一种优势是极少见的，一支训练有素、惯于进行大规模运动的军队只是这种优势的**一个部分**。即使弗里德里希大帝断言，普鲁士军队特别善于进攻，而且后来有些人不断地这样附和，我们也不应该对这种提法给予过多的认同。在战争中，人们在进攻时大多感到比防御时更容易和更有勇气，这是所有部队都有的一种感觉，恐怕没有一支军队的统帅和指挥官不是这样称赞他们的军队。因此在这里我们不应轻易地被一种表面上的优越感迷惑，而忽略了实际的有利条件。

兵种的比例，具体说骑兵多而火炮少，也可能成为发起进攻会战的一个非常自然和重要的理由。

我们还可以列举以下几个理由：

（5）如果防御者根本找不到良好的阵地。

（6）如果防御者急需决战。

（7）最后，上述几个或全部理由共同产生作用。

2. 防御者在一个地区等待对手，然后在该地区向对手发起进攻（例如1759年的明登会战[1]）。这样做的最自然的理由是：

（1）双方的兵力对比对防御者并非过于不利，防御者不必去寻找一处坚固和得到加强的阵地。

（2）有特别适于等待对手的地形。至于这一地形的特点则属战术问题，我们只想指出，这种地形的特点主要是要便于我方通行而不便于敌方通行。

3. 为在其中确实等待敌人进攻，防御者应在以下情况进入一处阵地：

（1）如果双方兵力对比失衡，防御者兵力很少，不得不在地形障碍中和防御工事后寻求保护。

---

[1] 1759年8月1日，英国、普鲁士、布伦瑞克-吕讷堡、黑森-卡塞尔联军与法国、萨克森联军在明登（Minden，今德国北莱茵-威斯特法伦州一城市）城前进行会战。前者获胜，阻止了法国人占领汉诺威选帝侯国。——译者注

（2）如果地形为防御者提供了一处这样良好的阵地。

当防御者自己不寻求决战，而是满足于一种消极的结果，并且能够指望对手迟疑和犹豫不决，最后无法实施其计划时，以上第2种和第3种抵抗方式就更值得防御者注意。

4. 一处坚不可摧的设防营垒只有在下述情况下才能达到目的：

（1）如果该营垒位于一处非常优越的战略地点。

这样一处阵地的特点是，其中的守军根本无法被战胜，因此敌人不得不尝试采取其他手段，也就是说，敌人要么不考虑攻占该阵地，继续追求其目的，要么包围和以绝粮迫使该阵地投降。如果敌人无力做到这两点，那么该阵地的战略优越性想必很大。

（2）如果防御者可以期待得到外援。

在皮尔纳附近阵地中的萨克森军队当时就是这种情况。不管人们因此战不幸的结局[1]而针对该举措说了什么，可以肯定的是，假如1.7万名萨克森人采用了其他方法，也还是永远不会让4万普鲁士人失去作用。如果说奥地利军队在罗布西茨[2]附近没有更好地利用由此而得到的优势，那只能说明奥军的整个作战指挥和组织很差。毫无疑问，假如萨克森人没有进入皮尔纳营垒，而是前往波希米亚，那么弗里德里希大帝就会在这次战局中把奥地利人和萨克森人赶过布拉格，并占领这个地方。谁不愿承认待援的这个好处，而总是只想到萨克森全军被俘，谁就是根本不懂得像上述那样权衡利弊，而没有权衡利弊就不会得到可靠的结果。

但是由于上述两种情况很少见，因此利用设防营垒是一个必须深思熟虑后再采取的举措，而且是一个很少能被运用得当的举措。如果有人希望通过这样一处营垒而使敌人**望而生畏**，进而使其全部行动瘫痪，那是过于危险的，也就是说，他将面临不得不在没有退路的情况下作战的危险。如果说弗里德里希大帝在崩策尔维茨附近利用这种营垒达到了他的目的，那么人们应该佩服他正确地判断了对手，当然同时也应比在其他场合更多地考虑到，弗里德里希大帝在最后的关头会

---

[1] 萨克森军队最后不得不于1756年10月16日向普军投降。位于萨克森军队阵地前的普军由37个步兵营和携有28门重炮的26个骑兵中队组成。——译者注

[2] 罗布西茨（Lobositz），即今捷克城市洛沃西采（Lovosice），位于易北河左岸，南距布拉格约70公里。七年战争期间，1756年10月1日，奥军试图前往皮尔纳营垒营救萨克森军队，在此受到弗里德里希二世的阻击，并被击败。——译者注

找到率领残部夺路而出的办法，因为他身为国王无须再向他人负责。

5. 如果防御者在边境附近有一个或多个要塞，那么出现的主要问题是：防御者是应该在要塞前面，还是在要塞后面进行决战。防御者在要塞后面进行决战的动机是：

（1）敌人占有优势，这迫使我们先削弱其力量，再同其战斗；

（2）这些要塞就在边境附近，在它们后面进行决战可使防御者只牺牲不得不牺牲的国土；

（3）这些要塞具有防御能力。

要塞的主要任务之一无疑（或者应该）是打掉敌军大部队推进的势头，并大幅削弱我们准备与之决战的那部分敌军的力量。如果说我们很少看到有人这样利用要塞，那是因为双方中的一方很少寻求决战，而我们这里谈的只是决战的情况。因此我们认为，当防御者在边境附近有一个或几个要塞时，应该把这些要塞留在自己的前面，并在要塞后面进行决战，这是一个既简单又重要的原则。我们承认，在要塞后面进行会战与在要塞前面进行会战相比，即使失败时战术上的结果相同，在前一种情况下丧失的土地会稍多一些。不过之所以出现这个区别，与其说是根据事实材料得出来的，不如说是想象力造成的。我们自己也会回想到，在要塞前面进行会战，防御者可以选择一处良好的阵地，而在要塞后面进行会战，在大多数情况下会不得不变成进攻会战，否则在敌人围攻要塞的情况下，要塞有失守的危险。但是如果防御者在要塞后面进行决定性会战，那么他面对的敌人此前已经被要塞削弱了四分之一或三分之一，如果防御者有多个要塞，敌人甚至会被削弱一半。在这种情况下，上述微小的差别与防御者取得的上述好处相比，又算得了什么呢？

因此我们认为，在**决战不可避免**（不管是对手寻求决战，还是我们自己的统帅寻求决战），而我们还没有相当的把握战胜敌人，或者地形条件并未一定要求我们在前面较远的地方进行会战的情况下，一个位于附近的、有抵抗能力的要塞想必会强有力地促使我们从一开始就退向要塞后面，在那里借助要塞进行决战。如果我们此时在距该要塞很近的地方进入阵地，以至进攻者不先把我们赶走就无法围攻或包围该要塞，那么我们就会迫使进攻者来进攻我们的阵地。因此在我们看来，在一个大的要塞后面不远处选择一处良好的阵地，是危险处境下的一个最简单和最有效的防御举措。

当然，如果要塞距边境很远，那就是另一个问题了。因为如果防御者在这种情况下采取上述举措，就会让出其很大一部分战区。我们知道，防御者只有在迫不得已的情况下才能做这样的牺牲。在这种情况下，这种举措更接近于向本国腹地退却。

另一个条件是要塞的抵抗能力。众所周知，有些设防城市，特别是大城市是不能接敌的，因为它们经不住大部队的猛烈进攻。在这种情况下，我们的阵地至少应位于这些城市后面很近的地方，以便守军能够得到支援。

6. 最后，只有在下列情况下，防御者向本国腹地退却才是一个自然的举措：

（1）如果防御者与对手在物质和精神方面的力量对比让防御者无法在边境或者边境附近进行成功的抵抗；

（2）如果防御者的主要任务是赢得时间；

（3）如果国土的情况有利于防御者向腹地退却。这一点我们在第二十五章已经谈过。

至此，我们在这一章讨论了由于这一方或那一方寻求决战而使决战不可避免的情况下的战区防御。但是我们当然必须提醒一下，在战争中情况不会这么简单。如果有人想把我们理论上的原则和分析运用到实际战争中去，那么他还必须注意第三十章的内容，必须想到统帅在大多数情况下是处于决战和不决战这两种倾向之间的，根据实际情况，有时**更接近**这一倾向，有时**更接近**另一倾向。

★ 第二十九章 ★

战区防御（续二）——逐步抵抗

我们在第三篇第十二章和第十三章中曾指出过，在战略上逐步抵抗不符合事物的本性，应该同时使用现有的所有力量。

对所有可运动的战斗力量来说，这无须做进一步说明了，但是如果我们把战区本身连同其要塞、地形障碍甚至其面积也视为战斗力量，那么这一力量是不能运动的，我们只能逐步利用这种战斗力量，或者我们必须一开始就退得很远，以至那些应该发挥作用的部分都位于我们的前面，这样战区就能发挥它在削弱敌军方面的一切作用。敌人就不得不包围我们的要塞，不得不通过其驻防部队和哨所守军保障占领区的安全，就不得不长途行军，不得不从很远的地方运来所有必需品，等等。不管进攻者**是在决战前还是在决战后**前进，上述所有这些对他的影响都会出现，只是在前一种情况下还会更大些。由此可见，如果防御者一开始就计划推迟决战，他就拥有了一个手段，可以让所有那些不可移动的战斗力量一起发挥作用。

从另一方面看，防御者推迟决战严格来说并不会对进攻者的胜利影响范围产生任何影响，这是很清楚的。关于胜利的这一影响范围，我们在研究进攻时将做进一步的考察[1]，但在这里就想指出，胜利的影响范围是到进攻者的优势（双

---

[1] 作者在本书第一卷第四篇第十章中曾专门谈过这个问题。——译者注

方精神和物质力量对比的产物）消失时为止的。而进攻者这一优势的消失，一方面是因为占领战区要消耗兵力，另一方面是因为战斗中的伤亡损失。无论这些战斗是在战争开始时发生的，还是在结束时发生的，也无论这些战斗是在战区的前部进行的，还是在战区的后部进行的，进攻者上述两部分的损失不会有根本的变化。例如，我们认为假如1812年拿破仑在维尔纳附近取得对俄国人的胜利，那么与后来在博罗季诺取得的胜利相比，其影响范围是没有区别的（假设这两次胜利的规模是相同的）；法军即使是在莫斯科附近取得胜利，也不会让拿破仑走得更远；莫斯科无论如何是这一胜利影响范围的界限。当然进攻者（出于其他原因）在边境进行一次决定性的会战可能会给他带来大得多的胜利成果，然后也许有更大的影响范围，这也是没有片刻怀疑的。因此在这方面，防御者推迟决战也是**不受影响的**。

我们在《抵抗的方式》一章里谈到的那种可被视为最大限度的推迟决战，我们称之为**向本国腹地的退却**，它是一种专门的抵抗方式，采用这种方式的主要意图是使进攻者自己消耗力量，而不是防御者用会战这把剑消灭他。但是只有当这种意图占主导地位时，推迟决战才能被看作一种专门的**抵抗方式**，因为否则的话，很明显人们就会认为这种抵抗有很多不同的程度，并且把这些不同的程度与所有防御手段联系起来。也就是说，我们不把战区在削弱敌军方面或多或少一起发挥作用视为一种专门的抵抗方式，而只是视为根据情况和条件的需要，对固定的抵抗手段的一种混合使用。

如果防御者认为在他决战时不需要这些固定的战斗力量，或者认为利用它们时在其他方面的相关代价过大，那么对他来说这些力量就可以留待以后使用，在某种程度上成为防御者不可能等到的新的增援力量。防御者凭借这些力量就可以相同的可运动的战斗力量在第一次决战后再进行第二次决战，也许还能再进行第三次决战，也就是说，以这种方式有可能**逐步地**使用力量。

如果防御者在边境上输掉了一场会战，但并没有成为一场大败，那么人们很容易想到，他在最近的要塞后面就已经有能力进行第二次会战。是的，如果防御者要对付的是一个不怎么坚定的对手，那么一处较大的地形障碍也许就足以让对手停下来。

由此可见，正确的战略在利用战区时像利用其他手段一样，就是要**经济地使用力量**。使用的力量越少越好，但是必须使用足够的力量。当然在这里也与做生意一样，问题不在于纯粹的精打细算，而在于其他方面。

为了避免出现大的误解，我们必须指出，这里考察的不是人们在会战失败后还能采取或试图采取何种抵抗举措，而只是考察防御者**预期**可以从第二次抵抗中得到多少成果，就是防御者在其计划中可以对成果做多高的估计。在这里，防御者必须注意的几乎只有一点，那就是对手的情况，具体是对手的性格特点及其拥有的各种因素。一个性格软弱、缺乏自信、荣誉心不强或者受到种种因素束缚的对手在他顺利的情况下会满足于已经得到的一般的好处，当防御者敢于向他发起新的决战时，他就会畏缩不前。在这种情况下，防御者就可以将其战区的各种抵抗手段陆续用于新的决战行动中（尽管这些决战行动本身很弱），在这些决战行动中防御者总是有望扭转局势。

但是谁都会感觉到，我们现在已经是在要考察无决战战局的路上了，这种战局更是逐步使用力量的领域，我们想在下一章中更多地论述它。

★ 第三十章 ★
战区防御（续三）——不求决战的战区防御

能否产生和以什么方式会产生双方都不是进攻者的战争（双方都没有什么积极的意图），对此我们将在最后一篇进行详细的考察。在这里我们无须一定要研究这一矛盾，因为对一个单独的战区来说，我们从双方各自与整体的关系中就已经能够找到这种双方均防御的理由。

但是，不仅在这种不求决战的战局中没有必须决战的焦点，而且在战史上还有大量战局，其中并不缺少一位进攻者，即其中一方并不乏积极意图，但这种意图很弱，以至于进攻者不再是不惜任何代价追求自己的目标，不是一定会促成决战，而只是试图得到当时处境所能提供的好处。在这里，进攻者要么根本不追求任何明确的、自己定下的目标，只是收获时间的推移带给他的好处，要么他虽然有一个目标，但只在情况有利时才去追求它。

这样的进攻已经离开了向着目标前进的严格逻辑上的必然性，几乎像一个流浪汉在战局中游荡，左顾右盼地试图捡到廉价的果实。这样的进攻与防御本身没有多大区别，进行防御的统帅也可以摘取这样的果实。尽管如此，我们还是准备在《进攻》篇中对这种进攻做进一步的哲学的考察，在这里只提出一个结论：在这种战局中，无论是进攻者还是防御者都不求决战，因此决战就不再像拱门上的冠石那样是一切弧线的终点，就不再是所有战略行动都归向的终点。

只要我们读一下各个时代和国家的战史，就会知道这种战局不是一般地占多数，而是如此之多，以至其他类型的战局反而成了例外。即使今后这种情况应该有变化，但毕竟可以肯定，还是会有很多这样的战局，因此我们在研究战区防御时必须考虑到这种战局。我们将尝试指出这种战局的最显著的特点。战争的真实情况大多处于两个不同方向之间，有时接近这个方向，有时接近那个方向，因此我们只能从这些特点在战争的**绝对形态**中由于其反作用所引起的变化来看这些特点的实际作用。我们在本篇第三章[1]里说过，等待是防御优于进攻的最大长处之一。在现实生活中，人们很少能做到一切行动都符合实际情况，在战争中则是最难做到的。由于人的认识不完善，由于人们害怕结局不利，由于有诸多影响行动进程的偶然事件，因此总有很多当时情况允许采取的行动实际上没有实施。与人类任何其他行动相比，在战争中，人的认识更不完善，出现灾难性结果的危险更大，偶然事件更多，因此战争中的贻误数量（如果我们可以这样说的话）想必也会多得多。这正是防御坐等其成、获得果实的好地方。如果我们把国土面积在作战中独有的重要性与这一经验结合起来，那么就产生了"先占者得利"这条原则。该原则在和平时期的斗争（诉讼）中也是一条神圣的原则。这个原则在这里代替了**决战**（在以**打垮对方**为目的的所有战争中，决战构成了整个行动的焦点）。这个原则起到很大的作用，当然不是引发很多行动，而是给不行动以及所有那些符合不行动利益的行动提供了依据和理由。在无法寻求和期待决战的地方，人们也就没有理由放弃什么，因为只有为了换取决战时的有利条件，人们才有可能放弃某些东西。结果是防御者总是想要保住即保护所有的或者尽可能多的东西，而进攻者则想在不进行决战的情况下攻占尽可能多的地方，也就是尽量扩大他所占的地盘。我们在这里只谈前者。

凡是防御者没有派驻部队的地方，就都有可能为进攻者所占有，此后等待就**对进攻者有利**了。于是防御者就致力于到处直接保护国土，并只考虑对手是否会对自己担负保护任务的部队发起进攻。

在我们进一步指出防御的特点以前，我们必须先谈谈《进攻》篇中所说的进攻者在不求决战时通常追求的目的。这些目的是：

---

[1] 原文如此，疑误。应为本篇第八章。——译者注

1. 在不进行决定性战斗的情况下，攻占对方大片国土。

2. 在上述同样情况下，夺取一处重要的仓库。

3. 夺取一处未受到保护的要塞。虽然围攻要塞是一种常常要付出很大努力的、规模多少有些大的行动，但它是一种不会带来任何灾难性后果的行动。进攻者在最不利的情况下可以放弃这一行动而不至于受到大的实际损失。

4. 最后，进行一次意义不大的胜利的战斗。进行这种战斗无须冒大的风险，但也不会得到大的好处。这种战斗不是作为整个战略纽带上影响重大的节点来进行的，而是为战斗本身进行的，是为获取战利品和赢得军人荣誉而进行的。为这样一个目的，进攻者自然不会不惜代价地去发起战斗，而是要么等待偶然出现的机会，要么通过巧妙的行动来促成这种机会。

针对进攻者的上述四个目的，防御者应努力采取以下举措：

1. 将部队部署在要塞前面，以保护要塞；

2. 扩大防御正面，以保护国土；

3. 在正面宽度不足以保护国土的地方，通过侧面行军，迅速赶到敌人前面设伏；

4. 在努力采取上述三个举措时，避免进行不利的战斗。

很清楚，防御者前三个努力的意图是把主动权推给对手，自己则充分利用等待的好处。这种意图是如此符合事物的本性，以至假如人们一概地否定它，是很愚蠢的。决战的可能性越小，这种意图就会越强。尽管在行动的表面，以及在一些不起决定作用的小规模行动中还经常有可能出现相当活跃的活动，但是上述意图在这种战局中永远构成最深的基础实质。无论是汉尼拔，还是法比尤斯，无论是弗里德里希大帝，还是道恩，只要他们既不寻求决战，又不等待决战，那么他们就都是在奉行这一原则。第四项努力是为其他三个努力纠偏的，是它们不可缺少的条件[1]。

我们现在想对上述这些问题做些更详细的考察。

防御者把部队部署在要塞前面，以保护要塞不受敌进攻，这初看上去有些不合理，似乎是一个多余的举动，因为构筑要塞的目的本来是让它抵抗敌人的进

---

[1] "不可缺少的条件"，作者使用了拉丁语 "Conditio sine qua non"。——译者注

攻，但是我们看到这种把部队部署在要塞前面的举措出现过无数次。战法就是这样，最普通的事情往往看上去是最难理解的。可是谁又会有勇气根据这种看似的矛盾而把那些无数次出现过的举措都说成是错误呢？这种举措总是反复出现，证明它一定有一个深远的原因。而这个原因无非就是我们前面提到过的人在精神上的惰性[1]。

如果我们把部队部署在要塞前面，那么如果敌人不先打败我们的部队，就无法进攻要塞。然而一次会战就是一次决战，如果敌人不寻求决战，那么他就不会发起会战，也就是说，我们不必使用会战这把剑就保有了我们的要塞。因此，在所有我们估计对手不一定寻求决战的情况下，我们应该先看一下对手是否决心发起决战，因为对手极有可能不发起决战。如果敌人与我们的估计相反，是准备向我们发起进攻的，那么在大多数情况下，我们在这一刻还有退到要塞后面这一手段。如果我们考虑到还有这一手段，那么我们把部队部署在要塞前面的危险就更少了。这样一来，我们不付任何代价即可维持现状的**巨大**可能性甚至不会面临**丝毫**的危险。

如果我们把部队部署在要塞后面，那么我们就给进攻者送去了一个正合其意的目标。如果要塞不是很大，进攻者即使准备非常不足，也是会顺利或不顺利地去围攻它的。为了不让敌人的围攻以攻占而结束，我们就要前去解围。这样一来，积极的行动和主动权就到了我们一边，而对手在围攻要塞时可被视为向其目标前进，现在却最多是个占有者。经验告诉我们，事情总是这样转变的，这也是事物的本性决定的。我们已经说过，围攻不会导致灾难性的后果。从来不敢发起一场会战的最软弱、最不果断、最懒惰的统帅只要能够接近要塞，就会毫无顾虑地前去围攻，即使他只有野战炮，因为在最不利的情况下，他可以放弃这个行动而不会受到实际的损失。除了事态的这种变化外，大多数要塞多少会面临被强攻或以某个不常见的方式被攻占的危险，因此防御者在考虑各种可能性时绝不可忽略这一情况。

权衡这两种情况下的利弊后，防御者当然会认为，在较好的条件下打仗得到好处，不如极可能**根本无须**打仗就得到好处。因此在我们看来，把部队部署在要

---

[1] 可能是指作者此前提及的人的认识不完善，害怕出现不利结局等。——译者注

塞前面这种习惯做法是很自然和简单的。弗里德里希大帝用格洛高[1]要塞抵抗俄国人，用施韦德尼茨、尼斯和德累斯顿等要塞抵抗奥地利人时，几乎总是遵循这个习惯做法。贝沃恩公爵[2]在布雷斯劳附近采取这一举措却失败了。假如当时他把部队部署在布雷斯劳后面，就不会受到进攻。但是当时国王不在布雷斯劳附近，故奥地利军队占有优势，而一旦国王靠近布雷斯劳，奥地利人将面临失去这一优势的危险，这也使得进行布雷斯劳会战[3]的时刻**肯定不是一个可以预计不进行决战的时刻**，因此普鲁士军队在布雷斯劳的阵地看来不是很合适。假如不是贝沃恩公爵担心奥军炮击布雷斯劳这个存有军需品的地方（一旦受到炮击，他就会受到国王的严厉责备，因为后者在此情况下绝不会公道地考虑问题），他肯定倾向于把部队部署在布雷斯劳的后面。对于公爵**试图**通过进入布雷斯劳前面的一处设防阵地以保住要塞，人们最终是不应加以责备的，因为卡尔·冯·洛林[4]亲王当时已满足于攻占施韦德尼茨，又受到国王[5]进攻的威胁，是很可能停止前进的。因此，对贝沃恩公爵来说，最好的办法是对会战本身不要太认真，而是应该在奥军开始进攻时穿过布雷斯劳后撤，这样公爵就可以得到等待所带来的全部好处，而不必付出大的代价[6]。

　　如果说我们在这里已经为防御者在要塞**前面**部署找到了一个较高层次的和有力的理由，并为这种部署做了辩护的话，那么我们仍要指出，还有一个次要的、但更直接的理由，不过仅有这个理由是不能成立的，因此它不是很有力。这个理由就是部队习惯利用最近的要塞作为物资存放地。这种做法是如此方便，又有一些好处，以至于一位将军不会轻易决定从远处的要塞运来必需品或者把必需品放置在未设防的地点。而如果要塞成了部队的物资存放地，那么在很多情况下把部

---

[1] 格洛高（Glogau），即今波兰下西里西亚省城市格沃古夫（Głogów），位于奥得河畔，东南距布雷斯劳100公里。——译者注

[2] 即奥古斯特·威廉（Wilhelm August Herzog von Bevern，1715—1781），公爵，普鲁士将军，参加过波兰王位继承战争和三次西里西亚战争。——译者注

[3] 1757年11月22日，卡尔亲王率奥军在布雷斯劳附近与贝沃恩公爵率领的普军进行会战，前者获胜。——译者注

[4] 卡尔·冯·洛林（Karl Alexander von Lothringen，1712—1780），公爵，奥地利元帅，奥皇弗朗茨一世之弟，曾任奥属尼德兰总督，多次参加对土、法、普等国的战争。——译者注

[5] 指普鲁士国王弗里德里希二世。——译者注

[6] 布雷斯劳守军于1757年11月25日向奥军投降，贝沃恩公爵本人在此前一天被俘。——译者注

队部署在要塞前面就是完全必要的，而且在大多数情况下也是很自然的。但是我们清楚地看到，这个较直接的理由很容易被那些不爱问更多理由的人高估，它既不足以解释出现过的所有情况，也不足以重要到在与其相关的事物中起决定作用。

不必冒险打一场会战就夺取一个或几个要塞，是所有不求大规模决战的进攻者的自然目标，以至防御者把阻止敌人实现这一意图当成了自己全部努力的一个主要内容。于是我们看到，在有很多要塞的战区内，几乎一切运动都是围绕着这些要塞进行的——进攻者试图出敌不意地接近一处要塞，并因此而运用一些计谋，防御者则总是试图通过有准备的运动尽快地设伏，以阻止敌人接近要塞。从路易十四到萨克森元帅[1]的几乎所有尼德兰战局[2]中都贯穿着这种特点。

关于保护要塞就谈这么多。

通过扩大部队部署的正面以保护国土，这一手段只有与较大的地形障碍结合在一起才是可以设想的。人们采用这一手段时不得不设立的大小哨所只有依靠坚固的阵地才会有一定的抵抗能力。由于很少能找到足够的天然障碍，于是就要加上筑垒术。不过人们应该认识到，通过这种方法在一个点上得以进行的抵抗永远只能被视为一种**相对的**抵抗（参阅《战斗的意义》那一章），而不能视为**绝对的**抵抗。尽管这样的哨所也有可能不被击破，也就是说在个别情况下能够得到一个绝对的结果，不过由于哨所数量多，每个哨所与整体相比都是软弱无力的，有可能受到敌人优势兵力的进攻而失守，因此假如把一切希望都寄托于各个哨所的抵抗，是不明智的。防御者在如此扩大的正面上只是有望相对地延长抵抗时间，而无望获得真正的胜利。但是就这种防御的总的目的和总的任务来说，单独的哨所能起到这种作用也就足够了。在不用担心发生大的决战和不必为战胜对方整体而不停前进的战局中，争夺哨所的战斗不会有什么大的危险，即使这些战斗以防御者失去哨所而结束，也是如此。在这种情况下，进攻者除了夺得该哨所和一些战利品外，很少能得到其他好处。这个胜利对整个防御不会有进一步的影响，不会破坏防御者的基础，不会导致众多建筑物跟着一起倒塌。对防御者来说，在最坏

---

[1] 即赫尔曼·莫里茨（Hermann Moritz Graf von Sachsen，1696—1750），库尔兰公爵、萨克森伯爵，德意志统帅和军事理论家，萨克森选帝侯奥古斯特一世的私生子。曾在法军任职，是法国七大元帅之一。——译者注
[2] 指1667—1668年及1672—1678年路易十四世，以及1746—1747年萨克森元帅在尼德兰进行的战争。——译者注

的情况下，即整个防御体系因个别哨所丢失而受到影响的情况下，仍然有时间集中自己的部队，用全部兵力向进攻者**表示**要决战，而按照我们的假设，进攻者是不求决战的，因此通常在防御者集中兵力以后，进攻者就不再继续前进了，行动也就结束了。防御者损失了一些国土、人员和火炮，而这也是能让进攻者满足的结果。

另外，如果防御者努力做到其失败的可能性（或更准确地说是概率）很小，而进攻者胆怯或谨慎地（这两种形容用哪个都行）停在防御者哨所的前面，不想碰得头破血流，那么我们说，防御者就可以冒一下这种一旦失败将面临的风险。在这个考察中，只是不要忘记，我们假设的是一个不愿冒险做任何大事的进攻者。对这样的进攻者来说，一个中等大小但很坚固的哨所就可以让他停止前进，因为即使进攻者肯定可以攻破这个哨所，他也会考虑要付出什么样的代价，以及与他在这一胜利后，以他的处境所能采取的行动相比，这个代价是否过大。

上述情况表明，对防御者来说，将部队部署在宽大正面上很多相邻的哨所中，可以让他进行有力的相对抵抗，从整个战局的角度来看，是可以取得一个满意的结果的。读者在这里会想到战史中的一些例子，为使读者立即找准地方，我们想指出，这种宽大正面的阵地在战局的后半期最常见，因为这时防御者对进攻者及其这一年的意图和情况才有真正的了解，而进攻者自带的原本不多的进取精神此时已经消失。

在这种扩大正面部署，从而保护**国土**、**储备品**和**要塞**的防御中，所有大的地形障碍，例如大小河流、山脉、林地和沼泽等，当然都应起到大的作用，并拥有头等的重要性。关于这些地形障碍的运用，可以参阅我们前面的论述。由于地形要素拥有这样的头等重要性，因此尤其要求参谋部具备有关知识和从事有关的活动，这些是习惯上被视为参谋部最应具备的能力。由于参谋部一般说来是军队中书写量和印刷量最大的那个部分，因此历史上战局中有关地形运用的部分就被记载得更多些，同时也就产生了一个相当自然的倾向：把运用地形的问题系统化，并把历史上对个案的解决方法作为以后解决其他问题的方法。但是这是一种徒劳的，因此也是错误的努力。即使是在这种更多是被动的和更局限于当地情况的战争类型中，每个情况也是与众不同的，对其必须区别对待。因此关于这些问题的最优秀的、理智的回忆录，也只是适合帮助我们了解这些问题，但是不能成为规定。这些回忆录实际上又成了**战史**，其内容只是这些战争所特有的一个方面。

无论参谋部的活动（我们在此按通常的观点将这种活动描述为参谋部所特有的）是多么有必要和值得重视，我们还是要提醒注意从这一观点中产生的经常有损于整体的强行决定行为。参谋部中最强势的一些人的重要性常使他们对其他人，首先是对统帅本人起到某种泛泛的支配作用，并从中产生一种趋于片面的思维习惯。最后统帅就只看到群山和山口，本来应该根据具体情况自由选择的举措成了肤浅的模仿，成了第二天性。

1793年和1794年，当时普鲁士军队参谋部的灵魂、著名的山地和山口攻防专家格拉韦特上校就曾使两位特点迥异的统帅（布伦瑞克公爵和默伦多夫[1]将军）采取了完全相同的战法。

沿一个险要地带建起的防线有可能导致出现哨所线战争，这是显而易见的。如果确实要以这种方式直接保护战区的整个正面，那么在大多数情况下，这一防线必然会导致出现哨所线战争，因为与大多数战区的正面相比，受命进行防御的部队的自然的战术正面很小。不过由于进攻者受当时条件及其准备程度的限制，只能沿一定的主要方向和道路行动，如果过多地偏离它们，即使面对最消极的防御者，也会导致出现过多的不便和不利，因此对防御者来说，在大多数情况下只需保护在主要方向左右一定普里或数日行程大小的区域就够了。防御者只要在主要道路和接近地设置哨所，在它们之间的地区设置监视哨就可以实现这种保护。结果自然是进攻者可以一路部队从两个哨所之间通过，并从多个方向对其中一个哨所进行有计划的进攻，于是这些哨所在建立时为此做了些防备，或者有翼侧依托，或者构成翼侧防御（所谓钩形防御），或者得到后方预备队或邻近哨所一些部队的支援。这样一来，哨所的数量还可以进一步减少。通常结果是，一支进行这种防御的部队分为4或5个主要哨所。

为保护距离过远但又多少受到威胁的主要接近地，可以指定一些专门的防御中心，它们在某种程度上构成大战区内的小战区。在七年战争期间，奥地利人的

---

[1] 默伦多夫（Wichard Joachim Heinrich von Möllendorff，1724—1816），普鲁士元帅。曾参加第二次西里西亚战争、七年战争和巴伐利亚王位继承战争。——译者注

主力在下西里西亚[1]山区大多就是这样占据4~5个哨所，同时一支小的、相对独立的部队在上西里西亚拥有一个类似防御中心的防御体系。

这样一处防御体系越是远离直接的保护，就越要借助运动和积极的防御，甚至是攻势手段。某些部队可以被看作预备队，此外一个哨所也应派出能抽出的兵力赶去支援另一个哨所。这一支援可以或者确实是从后面赶去增援和恢复消极的抵抗，或者是从侧面进攻敌人，或者是干脆威胁敌人的退路。如果进攻者不是以进攻，而只是以一个位置威胁一个哨所的侧面，具体是试图对该哨所的交通线采取行动，那么防御者就可以要么真正进攻对方为此而前出的部队，要么试图对敌人的交通线采取行动，以进行报复。

由此可见，不管这种防御的主要基础是多么具有消极的本性，也还是要接纳一些积极的手段，以便在复杂的情况下可以通过一些方式加以应对。人们通常认为那些运用积极甚至攻势手段最多的防御是更好的防御，不过这种防御一方面非常依赖地形的特性、部队的素质，甚至是统帅的天赋；另一方面，人们容易对这种防御中的运动和其余的积极辅助手段有过多期待，从而容易过多地放弃利用一处险要的地形障碍进行局部防御。至此我们认为，关于扩大防御线正面的问题已经进行了足够多的探讨，现在我们要谈谈第三种辅助手段，即通过快速的侧面运动设伏。

这种手段一定是我们这里所谈的国土防御的手段之一。原因如下：首先，即使防御者的阵地正面很宽，也往往不能占据本国所有受到威胁的门户；其次，在很多情况下，防御者不得不准备以自己的主力前去支援那些敌主力要进攻的哨所，否则这些哨所很容易被攻破；最后，一位不愿让自己的部队固定在一处正面宽大的阵地上做消极抵抗的统帅，想必更愿意通过经深思熟虑和充分准备的快速运动来达到其保护国土的目的。统帅留出的空隙越大，就越需要高超的运动技巧，以便及时前出到这些地点。

防御者这种努力的自然结果是到处寻找在这种情况下进入后可以带来很多好处的阵地，也就是防御者的部队（或者只是一部分部队）一旦进入阵地后可使对

---

[1] 下西里西亚（Niederschlesien），指西里西亚地区的西北部，今大部分属波兰，小部分属德国。——译者注

手打消进攻的念头。由于这些阵地总是反复出现，而且一切都围绕着如何及时抵达这些阵地，因此这些阵地在某种程度上成了整个战法的中心，所以人们也把这种战法称为**哨所战争**。

正如**在没有大规模决战**的战争中扩大部署正面和相对抵抗并无真正的危险一样，这种通过侧面行军设伏也没有大规模决战时会面临的危险。但是如果防御者是在最后关头才想起急忙前出到一处阵地，而对手坚决果断，能够和愿意做大事，也就是说不怕投入相当大的力量，那么防御者就走上了彻底大败的道路，因为这样紧急和慌张地进入一处阵地，经不住敌人以全部力量进行的不顾一切的冲击。当然如果对手不是用整个拳头，而只是用手指头进攻防御者的工事，如果对手无法利用可能得到的大的战果（或者更确切地说，如果他无法利用旨在取得大战果的初始行动），如果他只想以小的代价得到一般的好处，那么防御者用这种抵抗方式对付他还是能够成功的。

一个自然的结果是：通过侧面行军设伏这一手段一般也是在战局的后半期更多地使用，很少在战局开启时使用。

在这里，参谋部又有机会把它在地形方面的知识变成一套关于阵地和通往阵地道路的选择与准备的、相互关联的举措体系。

最后将出现这样的情况：一方力图抵达某一地点，另一方则力图阻止对方抵达这个地点，因此双方就经常面临不得不在对手眼皮底下实施运动的情况，于是就不得不比在其他情况下更为谨慎和准确地组织这些运动。以往主力部队没有区分为独立的师，行军时也总是被视为一个不可分的整体，这种谨慎和准确的要求会带来更多的不便，因此需要很多战术技巧。当然正是在这些时候，一个列阵中个别的旅要不时地赶到前面，以确保某些地点的安全，也就是说要独立承担任务，即使其余部队没有上来，也要准备接敌。但是这在当时和一个长期内是**反常现象**，当时的行军次序安排一般总是着眼于将整个部队按原有次序带到目的地，尽可能避免上述临时支援行动。现在主力的各部分又分成很多单独的部队，只要其他部队相距足够近，这些单独的部队就可以与整个敌军开始、继续和结束战斗。现在即使是在对手眼皮底下进行这样的侧面行军，也没有太大的困难。以前不得不通过机械的行军次序安排达到的目的，现在通过提前派出个别的师、加快其他师的行军速度以及更自由地运用整个部队就可以达到。

防御者利用上述受到考察的手段应阻止进攻者夺取一处要塞,阻止他占领一个较大的地区或物资库。如果防御者借助上述手段到处向进攻者发起战斗,以至后者在这些战斗中要么胜算很小,在失利的情况下面临过大的受到反击的危险,要么对其目的和所处情况来说需要消耗过多的力量,那么进攻者的行动就会被阻止。

如果防御者通过自己的技巧和组织达到了这个目的,而进攻者看到的到处都是防御者采取了明智的举措,已经让他无望实现哪怕是一个一般的愿望,那么进攻者为遵循攻势原则,往往就会在满足纯粹的军人荣誉方面寻找出路。赢得任何一次大的战斗,都会让部队看上去已经占有优势,可以满足统帅、宫廷、军队和民众的虚荣心,某种程度上也就满足了人们对每次进攻都抱有的期待。

于是进攻者的最后希望就是进行一场有些重要性但仅是为胜利和战利品而战的有利战斗。但愿人们不要认为我们这样说是自相矛盾,因为我们在这里仍未离开我们自己的假设:防御者的良好举措打消了进攻者借助一场胜利的战斗达到除了满足虚荣心以外任何其他目的的希望。进攻者要实现这个希望,是有两个条件的,即战斗中的各种情况有利,以及战斗的胜利确实能导致实现除了满足虚荣心以外的其他目的中的一个。

第一个条件在没有第二个条件的情况下也很有可能存在。如果进攻者只是着眼于得到战场上的荣誉,而不是还要通过战斗得到其他好处,那么防御者单独的部队和哨所就会更经常地面临陷入不利战斗的危险。

如果我们完全置身于道恩的处境和他的思维方式,那么我们就可以理解,只要他想得到的只是当天的战利品,那么他无须改变自己谨小慎微的性格就会敢于袭击霍赫基尔希[1],而取得一个后续影响丰富的胜利(这一胜利本可迫使国王[2]让德累斯顿和尼斯各自为战),完全是他不愿介入的另一项任务[3]。

不要认为我们区别这两种胜利是吹毛求疵甚或根本毫无意义。恰恰相反,我们在这里涉及的是战争的最深刻的特点之一。对战略来说,一场战斗的意义就是这场战斗的灵魂。我们只能尽可能多地反复强调,在战略上,一切主要的东西都

---

[1]霍赫基尔希(Hochkirch),今德国萨克森州一城市,西距包岑10公里。1758年10月14日,弗里德里希二世在此受到奥军袭击。——译者注
[2]指普鲁士国王弗里德里希二世。——译者注
[3]指道恩在袭击霍赫基尔希后,未能乘胜追击普军,以扩大战果。——译者注

产生于双方的最终意图，即产生于全部思维活动的终点，因此会战与会战之间会有很大的战略区别，以至于人们根本不能再把它们视为同一个手段。

尽管进攻者取得这样的胜利几乎不能被视为对防御的一个根本的影响，但即使是这一有利之处，防御者还是不愿让给对手的，尤其是人们永远都不知道还会再加上什么偶然因素，因此防御者在用兵时必须经常注意对手所有大部队和哨所的情况。当然，这里大部分问题取决于这些部队指挥官们的智慧，但是如果统帅方面部署的任务不当，也会使这些部队卷入无法避免的灾难。在此有谁会忘记兰德斯胡特附近富凯军和马克森[1]附近芬克[2]军的例子呢？

在这两个战例中，弗里德里希大帝都过分相信自己一贯想法的作用。他不会相信富凯在兰德斯胡特阵地中真的能以1万人击败3万人，而是相信兰德斯胡特阵地仍会像以往一样坚固，犹如一张有效的汇票能得到对方的认可。他也不会相信芬克能顶住从四面八方拥来的敌人的优势兵力，而是相信普军对道恩的翼侧进行佯动后，后者一定会放弃萨克森的一般阵地，转而进入波希米亚更有利的阵地[3]。他前后对劳东和道恩的判断都错了，这就是其举措的失误所在。

对于弗里德里希大帝的个别举措，人们大可指责他过于骄傲、鲁莽和固执，但即使是不过于骄傲、鲁莽和固执的统帅也会有上述失误。撇开这些失误不谈，在我们研究的这个问题[4]上总是有一个很大的困难，那就是部队指挥官们的洞察力、努力程度、勇气和坚定性不可能总是符合统帅的期待，因此统帅不能把所有问题都交由下属指挥官去做判断，而是不得不给他们做出某些规定，从而使他们的行动受到约束，而这样就不容易符合当时的情况。这是一种完全无法避免的苦恼。没有深入到部队最后环节的强制性的和权威的意志，就不可能指挥好部队。谁要是随着习惯总是相信和期待部下能做得最好，那么这就已经说明他完全没有能力指挥好部队。

---

[1] 马克森（Maxen），今德国萨克森州城市米克利茨塔尔（Müglitztal）的一部分，西北距德累斯顿18公里。——译者注
[2] 芬克（Friedrich August von Finck，1718—1766），普鲁士中将。——译者注
[3] 1759年9月，萨克森首府德累斯顿的普鲁士守军向神圣罗马帝国军队投降。弗里德里希二世试图挽回局势，命令芬克中将率领1.5万人佯动至马克森附近，威胁奥军主力后面的交通线，以迫使奥军退向波希米亚。11月20日，芬克被3.2万人的优势之敌包围，次日率部投降。——译者注
[4] 指防御者要避免进行不利的战斗。——译者注

因此统帅必须总是密切关注每支部队和每个哨所的情况，以便不会出乎意料地眼看着他们陷入一场灾难。

防御者的上述所有这四种努力都是为了维持现状。这些努力越是顺利和成功，战争在同一地点就会拖得越久；而战争在一个地点上停留得越久，给养就越重要。

从战争一开始，或者至少在战争开始后不久，就需要用仓库供给来取代征用和提供，用固定的运输队（这种运输队要么由农民的车辆，要么由属于军队自己的车辆组成）来取代每次征用农民的车辆。总之，这就很接近于正规的仓库供给了，关于这一点我们在《给养》[1]一章里已经阐述过了。

但是对这种战法产生大影响的并不是给养，因为给养就其任务和特点而言已经局限于很狭小的空间了，虽然也许会影响到任务的部署，甚至会影响到很大一部分任务的部署，但是这些影响不会改变整个战争的特点。相反，相互针对对方交通线的行动具有大得多的重要性，原因一是在这种战局中缺少较大和较有力的手段，因此统帅只能采取这类较弱的手段；二是在这种战局中不缺少必要的时间，可以等待手段产生效果。因此，确保自己交通线的安全仍是一件特别重要的事。切断防御者的交通线虽然不会是敌进攻的一个目的，但是却能成为迫使防御者退却，从而令其交出其他目标的一个非常有效的手段。

所有保护战区本身的举措当然肯定也有保护交通线的作用。也就是说，对交通线的安全保护已经部分包含在这些举措之中。我们只想指出：对交通线的安全保护是部署时应考虑的一个主要问题。

用小部队或者相当规模的部队护送单个的运输队，是保护交通线安全的一个**特别**的手段，一是因为即使阵地正面延展到最大，也不总是足以保护交通线的安全；二是因为在统帅欲避免扩大部署的地方，尤其需要这样的保护。因此，我们在滕佩尔霍夫的译著《七年战争史》中看到很多弗里德里希大帝让单独的步兵团或骑兵团，甚至有时让整个旅护送其面包和面粉车辆的例子。在奥地利人方面，我们从未看到过有关记载，原因一是他们没有如此详细记载战史的人，二是他们占据的阵地总是正面延展得很长。

---

[1] 指本书第二卷第五篇第十四章。——译者注

上面我们谈到了防御者基本上不含任何进攻因素的四种手段，它们构成不着眼于决战的防御的基础。现在我们还要谈几种攻势手段，防御者可以将它们或多或少地与上述四种手段并用，在某种程度上就像是上述四种手段的调料。这些攻势手段主要是：

1. 对敌交通线采取行动，同时也可考虑针对敌物资存放地采取行动；

2. 进入敌占区进行牵制和袭扰行动；

3. 在有利的条件下，进攻敌军部队和哨所，甚至进攻敌主力部队，或者只是以这些进攻相威胁。

上述第一个手段在所有这样的战局中始终是有效的，但在某种程度上完全是悄无声息的，并未采取实际行动。防御者的每一处有影响的阵地都能使进攻者担心其交通线的安全，从而发挥该阵地的绝大部分的作用。我们在上面讲述防御时已经谈过，在这样的战争中，给养具有突出的重要性，这对进攻者来说也是一样的。因此进攻者在做战略上的思考和部署时，很大程度上要考虑到来自敌阵地的可能的攻势影响。关于这一点，我们在讨论进攻时还要谈到。

防御者不仅通过选择阵地对敌交通线施加一般的影响（如同力学中的压力一样，有一种**看不见的**影响），而且确实也以部分兵力向敌交通线做进攻性的推进，这同样属于这种防御的范畴。但是要想让这种行动带来好处，防御者必然要考虑进攻者的**交通线位置**、**地形特性**或**军队特点**是否有利于他采取这种行动。

进入敌区袭扰（目的是报复或为取得好处而掠夺）本不能被视为防御手段，它们更多是真正的进攻手段，但是通常与本来的牵制行动的目的联系在一起，而牵制行动的意图是削弱与我们对峙的敌军，因此可被视为一个真正的防御手段。但是由于牵制行动同样也可在进攻时使用，它本身就是一种真正的进攻，因此我们认为在下一篇再详细讨论这个问题更合适。我们在这里提到它，只是为了把一个战区的防御者所能运用的小规模的攻势手段悉数列举出来，并且只是要指出一点，即这些小规模的攻势手段在规模和重要性方面可以大到使整个战争具有进攻的**姿态**，从而使防御者得到攻势带来的荣誉。1759年战局开始前，弗里德里希大帝对波兰、波希米亚、弗兰肯采取的行动就是这样的[1]。弗里德里希大帝的这一战局本身显然是一次纯粹的防御，但是这些进入敌区的出击给了它攻势的特性，这一特性也许由于其在士气方面的作用而具有特别的价值。

当进攻者把事情想得过于简单，从而在个别地方暴露出大的弱点时，防御者应想到把进攻敌军部队或主力作为整个防御的必要补充。整个行动就在这种不事声张的条件下实施，不过防御者在这里也可像对对手的交通线施加影响时一样，向攻势的领域更进一步，与其对手一样，把伺机进行有利的战斗作为其用兵的一个特别内容。要想在这种行动中取得一些成果，防御者要么必须在兵力上显著地超过其对手（一般来说这是违背防御特性的，但毕竟是有可能做到的），要么必须具备相关的方法和才能，使自己的部队较为集中，并通过行动和运动来弥补由于部队集中而在其他方面不得不付出的代价。

七年战争中的道恩是前一种情况，弗里德里希大帝是后一种情况。我们几乎总是看到道恩只是在弗里德里希大帝过于大胆和轻视他的时候才发起攻势，在霍赫基尔希、马克森和兰德斯胡特就是这样。相反，我们看到弗里德里希大帝几乎不停地在运动，试图以自己的主力给道恩的某支部队造成些损失。由于道恩拥有优势兵力，而且罕见地小心谨慎，因此弗里德里希大帝很少成功，至少成果从来不大。然而人们不能因此就认为弗里德里希大帝的努力是毫无效果的。在这种努力中更多的是包含着一种很有效的抵抗，因为对手为避开不利的打击，不得不处于小心和紧张的状态，这样敌人本可用于进攻的那些力量就被抵消掉了。对此人们只需回想一下1760年的西里西亚战局，当时道恩和俄国人正是由于十分担心不时受到普鲁士国王的进攻并被制服，才无法前进一步。谈到这里，我们认为，对构成不求决战的战区防御的主导思想和最主要的手段（整个行动的依据）的所有内容都已经谈到了。我们把这些问题列举出来，主要是为了让读者了解整个战略行动之间关联的全貌，至于使这些内容生动起来的具体举措，例如阵地、行军等，我们此前已经比较详细地考察过了。

---

[1] 1759年，普军处于守势，但仍不时对奥、俄军队采取牵制和袭扰行动。2月，弗里德里希二世派沃贝尔斯诺夫将军（Moritz Franz Kasimir von Wobersnow，1708—1759，普鲁士少将）前往波兰破坏俄军的仓库，4月派海因里希亲王自德累斯顿出发攻入波希米亚，5月前往图林根进行袭扰，此后又深入弗兰肯，焚毁敌军用物资，掠夺粮仓和征收战争税。——译者注

如果我们现在再看一下整个问题，想必会注意到，在进攻的要素如此弱，双方对决战的要求如此小，积极的动机如此缺乏，而内部的牵制力量如此多的时候（就像我们这里所设想的那样），进攻与防御之间的本质区别想必就会逐渐消失。当然在战局开始时，由于其中一方要进入另一方的战区，因此在一定程度上呈现出的是进攻的形式。不过很有可能而且经常出现的是，进入另一方战区的这一方很快将其所有力量用于在敌人的国土上保卫本国。于是双方就相互对峙，实际上是相互监视。双方都在考虑如何不失去任何东西，同样也许双方都在考虑如何为自己赢得到实际的好处。这样一来，有可能出现原来的防御者反而在获取好处方面超过其对手的情况，弗里德里希大帝就是这样。

进攻者越是更多地放弃作为一位前进者的地位，防御者越是较少受到进攻者的威胁，越是较少需要进行真正的防御来保障自己的安全，进攻与防御之间就越容易出现一种均势。在这种均势中，双方行动的目的都是从对手那里夺取一些好处，并保护好自己不受任何损害，也就是说双方都着眼于进行一种真正的**战略机动**。所有那些双方力量对比或政治意图不允许进行大规模决战的战局，显然都或多或少具有这一特点。

关于战略机动，我们将在下一篇中用专门的一章[1]进行研究。不过，由于这种双方力量均衡的赌博在理论上常常受到不应有的重视，尤其是在防御中受到这种不应有的重视，因此我们认为有必要在此研究防御时对它做进一步的探讨。

我们把这种机动称为双方力量的均衡的赌博。凡是没有整体运动的地方，就会出现均势；凡是没有大目的推动的地方，就不会有整体的运动。也就是说，在这种情况下，无论双方的兵力多么悬殊，都可以认为他们处于均势。此时从整体的这种均势中产生了采取较小行动、实现较小目的的个别动机。这些较小行动和目的之所以能够展开，是因为它们不再面临大决战和大危险的压力。也就是说，双方把赌一次大输赢的资本换成了小的筹码，把整个行动分解成了很多较小的行动。随着这些争取较少好处的较小行动的进行，双方统帅之间就展开了一场运用技巧的斗争。由于在战争中永远不可能完全没有偶然和幸运，因此这种斗争永远是一种**赌博**。不过这里产生了另外两个问题：与一切都集中于唯一一次大行动相

---

[1] 指本书第三卷第七篇第十三章。——译者注

比，在这种机动中，偶然性对胜负所起的作用是否小了？思考和理智所起的作用是否大了？我们对后一个问题的答复是肯定的。整体分成的部分越多，对时间（包括具体时刻）和空间（包括具体地点）的考虑越经常，计算的领域显然就越大，也就是说思考和理智就越起到支配作用。思考和理智所起的作用会使偶然性活动的领域缩小一部分，但不是一定能全部抵消它，因此我们不是一定要对前一个问题也做肯定的答复。也就是说，我们一定不能忘记，思考和理智不是统帅的唯一的才智力量。在取决于唯一一次大决战的场合，勇气、力量、果断、沉着等素质更为重要，而在双方力量均衡的赌博中，这些素质所起的作用就会小一些，在这里精于计算的突出重要性的增加不仅缩小了偶然性的活动范围，而且也削弱了上述这些素质的作用。从另一方面看，在进行大决战时，这些闪亮的素质能在很大程度上削弱偶然性的作用，即在一定程度上填补了计算和才智在这种情况下无法顾及的地方。因此我们看到，这里是多种力量的一个冲突，人们不能因此就断言偶然性在大决战中比在双方力量均衡的赌博的总结局中起到更大的作用。如果说我们在这种力量赌博中看到的主要是双方运用技巧的斗争，那么这指的只是在计算方面的技巧，而不是指整个军事造诣。

正是战略机动在这一面的特点让人们给整个战略机动赋予了上述那种不应有的重要性。首先，人们把这种技巧与统帅的整个才智价值搞混了，而这是一个很大的错误，因为如上所述，我们必须承认，在大决战的时刻，统帅在精神方面的其他素质有可能控制住当时情况的冲击。如果说这种控制更多是源于巨大的感受，源于几乎无意识产生的精神上的那些灵感，即未经长时间的思索，但它仍是军事艺术中的一位真正的公民，因为军事艺术既不是纯粹的智力活动，智力活动在其中也不是最重要的活动。其次，人们认为战局中每一次无果活动的出现想必是由于一方甚至双方统帅运用了这种技巧。而实际上，产生这种无果活动的一般的和最主要的原因总是在于总的情况，是战争使这些总的情况成为这种赌博。

由于文明国家之间的大多数战争的目的更多是一种相互监视，而不是打垮对方，因此大多数战局想必自然带有战略机动的特点。对这些战局中的那些不是著名统帅指挥的战局，人们不会注意它们；而如果战局中有一位著名的、引人注目的统帅，甚或是两位这样的统帅对峙（例如蒂雷纳和蒙泰库科利[1]），那么人们就会出于这些统帅的名望而把这整个机动艺术打上"杰出"的最后印记。接下来，人们就把这种赌博视为军事艺术的巅峰，视为在军事艺术上有高度修养的表现，继而把它视为研究军事艺术的主要源泉。

这一观点在法国革命战争以前的理论界相当普遍。法国革命战争一下子打开了一个完全不同的战争现象的世界，这些现象最初有些粗糙和任其自然，后来在拿破仑指挥的战争中汇聚成为一个好的方法，带来了让所有人惊叹的成就。这时人们就抛弃了旧的模式，认为这一切都是新发现和伟大思想的结果，当然也是社会状况改变的结果。人们认为根本不再需要旧方法了，而且也绝不会再经历旧方法了。但是正如在各种观点发生如此大的变革时总会产生不同的派别一样，在这里，旧观点也有其骑士护卫者。这些护卫者把较新的现象视为粗野的暴力冲击，视为军事艺术的普遍没落，并且认为正是那种均衡的、无果的、无所作为的战争赌博应该成为培养军事人才要达到的目标。最后这一观点是如此缺乏逻辑和哲理，以至于人们只能称之为概念的极度混乱。但是持相反观点，认为旧方法不会再出现也是欠考虑的。在军事艺术领域内出现的较新现象中，极少能归因于新的发明或思想方向，大部分是新的社会状况和社会关系的结果。即使是这些新的社会状况和社会关系，由于它们正处于不确定的社会变化过程之中，所以也不应把它们当作标准。因此毫无疑问，以往战争因素中的大部分因素还会重新出现。这里不是深入探讨这些问题的地方，我们只想指出这种双方力量均衡的赌博在整个战法中的位置，指出它的意义以及它与其他事物的内在联系，借以说明它总是双方受到限制的处境的产物，是显著缓和了的战争要素的产物。在这种赌博中，某一方的统帅可能表现得比另一方的统帅更高明，因此如果他在兵力上能够和对方抗衡，就能获得一些好处，或者如果他的兵力少于对方，那么他这种在才干方面的优势就能让他与对方保持均势。但是如果认为统帅就此表现出了最高的荣誉和伟大，则是违背事物本性的。相反，这种战局往往是一个可靠的标志，表明要么双方统帅都没有大的军事才能，要么有才能的那位统帅受制于条件，不敢进行大

---

[1] 蒙泰库科利（Raimondo Montecuccoli，1609—1680），公爵，奥地利元帅，神圣罗马帝国将军，17世纪著名的军事理论家、外交家和政治家。1664年，曾战胜进攻维也纳途中的土耳其军队。1672—1675年曾率领神圣罗马帝国军队与蒂雷纳率领的法军作战。——译者注

的决战。而只要有这种情况出现，那里就永远不会是军人获得最高荣誉的领域。

上面我们谈了战略机动的总的特点。现在我们还要谈谈战略机动对作战的一个特殊影响，即战略机动常常使部队离开大路和城镇，把其引向偏僻的或者至少是不重要的地方。当一时出现、很快又消失的小利益成为确定任务的依据时，国家的大的方针框架对作战的影响就会变弱。因此我们看到，部队往往开到从战争大而简单的需要来看从不应该去的地点，因此战争过程中具体情况的变换和可变性在这里比在有大决战的战争中还要大很多。我们不妨回顾一下七年战争中的最后五个战局。尽管总的态势没有变化，但是每个战局都不同，仔细观察一下就可以看到，在这几个战局中，同一个举措没有出现过两次，而来自联军方面的进攻要素却比此前战争中的大多数战局都强烈得多。

我们在本章《不求大规模决战的战区防御》[1]中，只是指出了行动应有的几个努力方向，以及它们的内在联系、关系和特点。至于其中的具体举措，我们在此前就已经了解得比较详细了。现在的问题是，对这些不同的努力方向能否提出涵盖整体的原则、规则和方法？我们的回答是，如果以历史为依据，那么我们并不能从反复出现的形式中找到这些东西。对具有如此多样和可变本性的整体来说，除依靠经验以外，我们认为几乎不存在任何其他理论法则。有大规模决战的战争不仅简单得多，而且也更合乎自然，其内在矛盾更少，更客观，更受内在必然性法则的支配：因此理智可以给这种战争规定形式和法则。而在不求决战的战争中，我们感到要做到这一点就困难得多。甚至在我们这个时代才出现的大规模作战理论中的两个主要原则（亚当·冯·比洛[2]的基地宽度原则和若米尼[3]的内线阵地原则），如果人们把它们运用到战区防御上，它们在实践中也从未表现出是有力和有效的原则。但是作为单纯的形状，这两个主要原则恰恰应该在这里表现得最有效，因为行动时间越长、所占空间越大，形状就越会变得有效，越会

---

[1] 原文如此，疑误。本章实际题目是《不求决战的战区防御》。——译者注

[2] 亚当·冯·比洛（Adam Heinrich Dietrich Freiherr von Bülow，1757—1807），男爵，普鲁士军事理论家，普鲁士将军弗里德里希·冯·比洛（Friedrich Wilhelm Frreiherr von Bülow，1755—1816）之弟。主要著作有《新军事体系的精神》《新军事原理》《新战术》，对19世纪普鲁士、奥地利两国军事思想有较大影响。——译者注

[3] 若米尼（Antoine-Henri Jomini，1779—1869），男爵，将军，军事理论家。生于瑞士，先后在法国、瑞士、俄国军队任职，著有《战争艺术概论》等30余部军事理论著作。——译者注

比其他影响结果的因素有分量。尽管如此，我们看到，它们无非是事物的个别方面，尤其是不会带来决定性的好处。手段和当时情况的特点想必就已经具有大的、打破所有泛泛原则的作用，这是非常明显的。如果说道恩元帅的特点是善于做出宽大正面的部署和慎重选择阵地，那么普鲁士国王的特点则是集中主力，总是紧靠对手，随时准备行动。这两个人的特点不仅源于各自军队的特点，而且也源于他们各自的条件。随时行动对一位国王来说，比每一位要对上负责的统帅更容易做到。在这里我们还要再次强调，评析者没有权利认为可能出现的各种不同的风格和方法有高低之分，并把其中一个置于其他之下。这些风格和方法都是平等的，应根据具体情况来评判它们的使用价值。

我们在这里无法一一列举由于军队、国家和各种情况的特点而可能产生的不同的风格。至于说它们的影响，我们此前已经笼统地谈过了。

因此我们承认，在本章中无法提出原则、规则或方法，因为历史没有给我们提供这些东西。相反，几乎在每一个具体场合，人们都会碰到特殊情况，它们经常是完全不可理解的，有时甚至是令人惊讶的，但是从这个角度研究历史仍然是有益的。即使是在没有体系、没有真理机器的地方也是有真理的，只是在大多数情况下，要通过熟练的判断和长期经验形成的直觉才能找到这一真理。如果说历史在此没有给出任何公式，但它像在其他所有场合一样，在此提供了**训练判断**的机会。

我们只想提出一个涵盖整体的原则，或者更准确地说，我们想以一个专门原则的形式重复一下我们在这里所论述的一切问题的自然前提，并把它更生动地呈现在读者眼前。

前面所列出的一切手段只有**相对**的价值。它们都是在双方某种程度上没有能力战胜对方的情况下运用的手段。在这个领域之上，有一个更高的法则在起支配作用，那是一个完全不同的现象的世界。统帅决不能忘记这一点，决不能自以为安全，尽管身处狭窄圈子，却误以为身处什么**绝对的**圈子并在其中活动。统帅决不能认为他在这里使用的手段是**必然的、唯一的手段，不要在自己已经担心这些手段不适用时仍然使用它们。**

在我们这里所在的立足点上，几乎不可能出现上述这种错误，但是在现实世界中不是这样，因为现实世界中的事物对比不是那么强烈。

我们不得不再次提醒读者注意,为使我们的观点清晰、明确和有力,我们只是把完全对立的,即每种方式中最极端的对立面作为考察的对象,但是战争的具体情况大多处于中间位置,其受这一极端对立面支配的程度仅取决于其与这一对立面接近的程度。[1]

因此,问题的关键总的来说是统帅首先要判明对手是否有兴趣和能力通过采取较大和较具决定性的举措来超过自己。只要统帅有这样的担心,就必须放弃用于避免小损失的小举措,就只有采取手段,通过自愿的牺牲使自己有一个较好的处境,从而应对一次较大的决战。换句话说,对统帅的第一个要求是正确地判断情况,并根据这个判断采取行动。

为了通过实际生活中的例子更多地让读者了解这些观点的准确性,我们想快速地谈一些在我们看来误判情况的实例,也就是说,在这些例子中,一方的统帅是以对手行动不够坚决为前提而采取举措的。我们从1757年战局的开启谈起,当时奥地利人所在的位置证明他们没有料到弗里德里希大帝会发起如此有力的攻势。甚至当卡尔·冯·洛林公爵已经陷入率其部队投降的危险时,皮科洛米尼[2]指挥的军队还停留在西里西亚边境。这也说明,奥地利人对情况完全不了解。

1758年,法国人不仅完全被《采文修道院协定》[3]的影响迷惑(这一事实不属于我们在这里要谈的范围),而且两个月后,他们对其对手可能采取什么行动也完全判断错了,结果让他们损失了自威悉河直至莱茵河的土地。至于1759年弗里德里希大帝在马克森附近,以及1760年在兰德斯胡特附近,由于不相信其对手会采取那么坚决的举措而对敌情完全误判,我们已经谈过了。

---

[1]根据理解,这段话的意思是:上面的观点是把完全不求决战的战局同纯粹求决战的战局做对比而提出的,但是实际上战局大多处于这两者之间,因此上述观点对实际战局适用到什么程度,要看实际战局与完全不求决战的战局或纯粹求决战的战局接近到什么程度。——译者注

[2]皮科洛米尼(Ottavio Enea Joseph Fürst Piccolomini d'Aragona, 1698—1757),侯爵,奥地利将军。——译者注

[3]1757年9月8日,法国埃斯特雷元帅与英国、黑森、汉诺威联军司令康伯兰公爵在下萨克森的采文(Zeven,今德国下萨克森州一城市)修道院签订协定(Konvention von Kloster Zeven),规定汉诺威军队除在少数城市中留驻守备部队外,一律撤至易北河右岸,法国则保留全部占领区。但英国政府不承认该协定,召回康伯兰公爵,普鲁士的费迪南德将军接任联军司令。1758年2月18日,联军袭击法军的冬营。4月,法军被迫退回莱茵河左岸。——译者注

在历史上恐怕很难找到比1792年在判断敌情方面所犯的更大的错误了[1]。反法联军以为用少量的辅助部队就可以使法国内战有决定性的发展，结果却受到由于政治狂热而彻底改变了的法国人民的巨大压力。我们之所以把这个错误称为大的错误，是因为事后的结果表明这个错误很大，而不是因为当时容易避免犯这个错误。在作战本身不能否认的是，此后几年联军失败的主要原因在于1794年战局[2]。联军方面完全未认识到在这次战局本身敌人进攻的有力特性，因此使用了扩大阵地正面和战略机动这种狭隘的方法对付敌进攻，而且我们从普奥之间政治上的不一致和愚蠢地放弃比利时和尼德兰也可以看出，联军各国政府对汹涌而来的洪流的威力是多么知之甚少。1796年，在蒙特诺特[3]、洛迪[4]等地进行的个别抵抗行动足以证明，奥地利人在"对付拿破仑的关键是什么"这个问题上是多么知之甚少。

1800年，梅拉斯惨败，这并不是法军袭击的直接结果，而是因为他对这一袭击的可能后果估计错了。

1805年的乌尔姆是联军那张学究气十足但极为薄弱的松散战略关系网的最后一个结扣，它足以挡住道恩或拉齐那样的统帅，但无法挡住拿破仑这样的革命皇帝。

1806年，普鲁士人处于犹豫不决和混乱之中，这是陈旧、狭隘和无用的观点和举措与一些清醒的认识和对当时局势重大意义的正确感觉相混合的结果。假如普鲁士人对其处境有清楚的认识和充分的评估，那他们怎么会把3万人留在普鲁士，并准备在威斯特法伦另开一个战区呢？怎么会决定通过发起小规模攻势（就

---

［1］法国革命成功后，奥地利和普鲁士于1792年共同出兵法国。当时普奥当局认为法国革命军队是乌合之众，没有什么抵抗力。不料革命后的法国市民和农民政治热情高涨，踊跃参军，联军无法取胜。结果联军在9月20日瓦尔米炮战中失利，被迫退出法国。——译者注
［2］1794年是第一次反法联盟战争的第三年。法国革命政府进行一系列军事改革，如实行征兵制度，改组旧军队，淘汰旧军官，废除陈规旧法，采用新编制、新战术、新的补给方法等，在这一年的战斗中表现出显著的效果。但反法联盟各国政府和联军将领完全没有认识到法国革命军队具有完全不同的性质以及新的战法所具有的威力，而是仍采用旧的战法，在军事上屡遭失败。——译者注
［3］蒙特诺特（Montenotte），即今意大利萨沃纳省小镇卡伊罗蒙特诺特（Cairo Montenotte）。1796年4月12日，法军与奥地利-撒丁联军在该地附近进行会战，法军获胜。——译者注
［4］洛迪（Lodi），今意大利洛迪省省会，位于阿达河畔，西北距米兰约30公里。1796年5月10日，法军与奥军在该地的阿达河大桥附近展开激开，法军获胜。——译者注

像让吕歇尔[1]军和魏玛[2]军所做的那样）以取得某个成果呢？又怎么会在讨论局势的最后时刻居然还在谈论仓库面临的危险和某个地段的损失呢？

甚至在1812这个所有战局中最著名的战局，开始时也不乏由于误判情况而导致的错误行动。在维尔纳的大本营里有一些著名的人物坚持在边境打一场会战，以便做到只要敌人踏上俄国领土就让其受到惩罚。这些人很清楚，这次边境附近的会战有可能，甚至一定会失败，因为尽管他们不知道前来进攻8万俄军的是30万法军，但他们毕竟知道敌人肯定拥有巨大的兵力优势。他们的主要错误是对这一会战的价值估计不当。他们认为，即使这一会战失败了，也不过是与其他败仗一样的败仗。而实际上人们几乎可以肯定，如果在边境上进行这一主要决战，会带来一系列完全不同的其他后果。甚至依托德里萨营垒也是一个完全误判对手而采取的举措。假如俄军在其中停留，那么想必他们会被四面切断退路从而完全陷于孤立，然后法军就不乏手段迫使俄军投降。该营垒的构筑者并未想到要对付力量和意志如此强大的敌人。

然而即使是拿破仑有时也会做出错误的估计。1813年停战以后，他认为派几个军就可以对付联军的次要部队、布吕歇尔，以及瑞典王储[3]。他认为自己的这几个军虽然不足以进行真正的抵抗，但是可以促使对方像在过去的战争中常见的那样谨慎小心而不敢贸然行动。他没有充分估计到深仇大恨和迫在眉睫的危险会让布吕歇尔和弗里德里希·冯·比洛做出怎样的反应。

拿破仑对年迈的布吕歇尔[4]的进取精神根本没有估计足。在莱比锡附近，从拿破仑手中夺走胜利的正是布吕歇尔的进取精神；在拉昂附近，布吕歇尔本可全歼拿破仑，只是因为出现了完全在拿破仑估计之外的情况，才未成功[5]；最后在滑铁卢附近，拿破仑像受到致命的雷击一样，由于判断失误而受到了惩罚[6]。

---

［1］吕歇尔（Ernst Wilhelm Friedrich Philipp von Rüchel，1754—1823），普鲁士将军。——译者注
［2］指当时的萨克森—魏玛—埃森纳赫公国（1741—1815），公爵是卡尔·奥古斯特（Karl August von Sachsen-Weimar-Eisenach，1757—1828）。——译者注
［3］即贝纳多特。——译者注
［4］布吕歇尔当年已是71岁高龄。——译者注
［5］当时布吕歇尔身患眼疾，无法指挥，因此没有进行猛烈的追击。——译者注
［6］在1815年6月18日的滑铁卢会战中，拿破仑因未考虑到布吕歇尔会驰援英军而大败。——译者注